과학자들의
돈 버는 아이디어

과학자들의
돈 버는
아이디어

이종호 지음

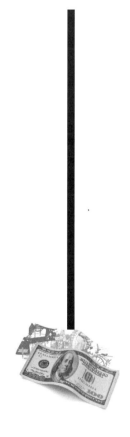

사과나무

과학자들의
돈 버는 아이디어

1판 1쇄 발행 2012년 7월 30일

지은이 이종호
펴낸곳 도서출판 사과나무
펴낸이 권정자
등록 1996년 9월 30일(11−123)
주소 경기도 고양시 행신동 샘터마을 301−1208
전화 (031) 978−3436
팩스 (031) 978−2835
이메일 bookpd@hanmail.net

값 13,800원
ISBN 978−89−6726−000−2 03320

전문가가 성공에 이르는 중요한 다섯 가지 기술은
집중력, 차별화, 조직력, 혁신, 그리고 커뮤니케이션이다.

— 마이클 패러데이

종이처럼 가벼운 철판을 만들 수 있을까

과학기술은 부국강병의 원천

지난 400년 동안 지속되어온 인류의 기술혁신은 18세기 중엽 산업혁명과 함께 비약적으로 발전했다. 그러나 자동차와 전기가 발명되던 지난 1870년대를 정점으로 줄곧 내리막길을 걷고 있다. IT도 한계점을 드러내어, 과거 기차나 비행기의 발명을 뛰어넘는 혁신적인 기술개발이 등장하지 못하고 있다. 21세기 들어 전 세계는 고용 없는 저성장으로 고통을 겪고 있다. 지금 지구촌을 암울하게 만들고 있는 경제위기의 저변에는 오늘날 과학기술이 진보하지 못하고 남의 특허를 베끼는 모방 기술이나 다른 사람의 발명품을 개량하는 기술 수준을 벗어나지 못하는 데도 한 원인이 있다. 우리나라도 과학기술의 선진화를 이루지 않고서는 미래를 장담할 수 없다.

한국전쟁이 끝나고 국민들의 삶은 곤궁했다. 1950년부터 1961년까지 미국의 원조는 25억 달러, 군사원조는 4억 달러로 국가 총수입의 73퍼센트에 달했다. 그러나 지금 우리나라는 교역 규모 1조 달러의 기적을 이루어내면서 불과 반세기 만에 G20의 반열에 올랐다. 2차대전 이후 "원조를 받는 나라에서 다른 나라를 원조하는 유일한 나라"가 된 것이다.

지난 1970년대 이후 정부는 해외에 나가 있던 많은 고급 두뇌들을 국내로 불러들여 중화학공업의 육성을 꾀했다. 과학기술에 대한 이들의 헌신이 대한민국의 국가경쟁력을 키웠다. 지금 세계 많은 나라들이 한국을 경제성장의 롤모델로 삼고 있는 이유이기도 하다. 과학기술의 발전은 발명의 원천이기도 하지만 개인과 기업에게는 부와 명예를, 국가는 부국강병의 과실을 가져다준다.

강철이 만든 '대영제국'

철강은 '산업의 쌀'이다. 주철(鑄鐵)과 연철(軟鐵)은 18세기 중반~19세기초에 이르는 제1차 산업혁명의 씨앗이 되었고, 이어 개발된 강철은 제2차 산업혁명의 촉매제였다. 당시 첨단산업이던 강철 제조법을 기반으로 영국은 강대국으로서의 확고한 위치를 자리잡았다. 강철로 만든 대포와 총을 앞세워 아시아 아프리카를 정복했고, 식민지에 철로를 놓아 침략의 발판을 삼았다. 강철로 만든 다리가 최초로 건설된 것도 영국이었다.

19세기 중엽 영국이 '해가 지지 않는 나라'로 그 세력을 떨칠 수 있었던 것도 산업혁명으로 국력을 길렀기 때문이다. 영국의 철강공업이 획기적인 발전을 이룰 수 있었던 배경에는 코크스 제련법을 개발하는 등 질 좋고 값싼 철을 공급함으로써 가능했다. 과학의 발전이 영국의 산업혁명 시대를 열었고 또 영국이 세계를 지배할 수 있는 터전을 마련한 셈이다.

과학기술과 문명의 이동

그러나 산업혁명의 발상지였던 영국은 100년 전 "해가 지지 않는 나라 대영제국의 꿈"을 접고 세계의 패권을 미국에게 넘겨주는 수모를 겪어야 했다. 지금은 "금융업과 축구산업만 남은" 나라가 되었다. 만일 지금 당장 포클랜드에서 전쟁이 발발해도 재정이 없어 출병할 수 없는 실정이다. 기술개발의 원천인 제조업을 포기했기 때문이다.

그동안 세계 경찰국가를 자처하던 미국은 2008년 글로벌 금융위기 이후 침체에서 헤어나지 못하고 있다. 이 또한 제조업을 포기했기 때문이다. 반면 중국은 금융위기 속에서도 세계 경제성장의 견인차 역할을 하고 있다. 중국의 급부상은 세계 경제의 중심이 동북아로 이동하고 있음을 보여준다. 동북아의 중심축에 있는 한·중·일 세 나라는 '유교 문화권'이라는 공통점을 가지고 있다. 이러한 지정학적 이점을 우리가 크게 주목해야 하는 이유이기도 하다.

천재성 하나로 부(富)를 이룬 과학자들

이 책에는 인류 문명에 기여한 28명의 과학자들이 등장한다. 그들 중에는 살아서 부와 명예를 누린 사람도 있고, 아인슈타인처럼 죽은 뒤 그 명성만으로도 부와 명예의 상징이 된 사람도 있다.

그들 발명의 역사는 경영의 역사와 궤를 같이한다. 뉴커먼(Newcomen)의 증기기관은 동력을 공급할 기틀을 마련했고, 다비(Darby)의 코크스 제련법으로 대량생산할 기계를 만들 수 있었으며, 모스(Morse)의 전신기는 물류 발전의 기초를 마련했다. 이 세 가지 혁신이 동시에 접목되어 산업혁명의 견인차가 되어주었다.

이 책에 등장하는 과학자들은 세상을 깜짝 놀라게 할 발견을 위해 자신의 모든 재능과 노력을 쏟아부었다. 1901년 독일의 폴 에를리히는 606번의 실험 끝에 마침내 획기적인 매독 치료제 '살바르산 606'을 개발했다. 606번의 실험을 했다는 것은 곧 605번의 실패가 있었다는 의미이다.

반면 변화를 읽지 못해 실패한 사례도 있다. 1975년 코닥(Kodak)은 세계 최초로 디지털 카메라 특허까지 냈지만, 잘 나가는 필름카메라 시장에 걸림돌이 될 것으로 판단해 연구와 개발투자를 소홀히 한 결과 2000년대 들어 역사의 뒤로 사라져버렸다.

종이처럼 가벼운 철판

인류는 산업혁명 이후 수많은 기술개발로 문명의 진보를 가져왔다. 그 저변에는 새로운 기술 개발을 위한 과학자들의 끊임없는 노력이 있었기에 가능했다.

세계는 지금 새로운 전환점에 서 있다. 돌파구를 찾지 않으면 곧 추락할 것 같은 불안감에 떨고 있다. 더구나 한국은 조만간 세계의 패권국가가 될 중국의 동향에 촉각을 곤두세우고 있다.

혁신적인 기술 개발이 강대국으로 가는 조건임을 인식하며, 이 책이 기업의 CEO와 미래 세대들에게 과학적이고 창조적인 사고를 하는 데 조금이나마 도움이 되기를 바란다. 그리고 조만간 우리나라에서 "종이처럼 가벼운 철판을 만들어낼 수 있다"는 희망을 가져본다.

2012년 7월 저자

차례

 '검은 황금' 석유는 19세기 중엽만 해도 사람들의 관심을 끌지 못했다. 원유를 태워 불을 밝힐 수는 있었
지만, 대부분의 경우 돌팔이 의사들이 만병통치약으로 선전하는 별 쓸모없는 시커먼 액체에 불과했다.
석유를 만병통치약으로 여긴 것은 백인들이 신대륙에 상륙하기 이전부터 아메리칸 인디언들이 석유를
류머티즘 치료용으로 사용했기 때문이다. 당시 일부 미국인들, 소위 약장수들은 그것을 세네카(Seneca)
유라고 불렀다.

01

전문가의
협력을
구하라

조지 비셀 George Bissell, 1821~1884
아이디어맨이 제안한 만능에너지, 석유

미국이 지금과 같은 강대국이 된 데에는 여러 가지 이유가 있겠지만 그 중에서도 서부 개척이 큰 역할을 했다. 그 중심에는 골드러시라는 광풍이 큰 동력이 되었다는 것이 정설이다. 미국 서부에서 금광이 발견되었다는 소문이 퍼지자 수많은 사람들이 일확천금의 꿈을 안고 서부로 몰려갔다. 그러나 골드러시의 환상에 사로잡혀 서부로 달려간 수많은 사람들은 황금을 만져보기는커녕 금 냄새도 맡지 못하고 좌절하여 스스로 사라졌다.

서부 개척시대 초기의 사람으로 미국인 다비(Darby)처럼 우여곡절을 겪은 사람도 없을 것이다. 그 역시 골드러시의 환상에 젖어 서부로 달려갔다. 놀랍게도 그에게는 남다른 행운이 찾아왔다. 서부에 도착한 지 단 몇 주일 만에 질이 좋은 광맥을 찾아낸 것이다.

채굴에 필요한 장비를 구입할 자금이 없었던 그는 광맥을 덮어두고 (당시에는 자기 광구임을 현장에 표시해두고 추후에 이를 확인시키면 채굴권을 인정해주었다) 자신의 고향 메릴랜드 주 윌리엄즈버그로 돌아가 가족과 이웃사람들에게 자신이 금맥을 발견한 사실을 이야기하고 자금 지원을 요청했다. 모든 사람들이 기꺼이 그의 제안에 동참했고 그는 금 채굴 장비를 싣고 자신의 광구로 향했다.

첫 차(車)분 광석이 채굴되어 제련소로 수송되었는데, 분석 결과 콜로라도 주에서 가장 광질이 우수한 금광의 하나로 판명되었다. 단 몇 트럭의 광석만으로도 그가 빌린 빚을 모두 갚을 수 있다는 평가였다.

최상급 금광은 그로 하여금 미국에서 가장 부유한 부자가 될 수 있다는 장밋빛 미래를 꿈꾸게 했다. 그런데 급작스러운 이변이 일어났다. 황금빛 무지개를 막 잡으려는 순간 황금 광맥이 사라진 것이다.

그는 광맥을 다시 찾기 위해 필사적으로 굴착 작업을 했지만 모두 허사였고 결국 포기하지 않을 수 없었다. 아쉽기는 하지만 다비는 많은 기계 장비를 불과 수백 달러에 고물상에 팔아넘기고 고향으로 돌아가야 했다.

한편 다비의 중고 굴착기계와 함께 채광권까지 구입한 고물상은 남다른 생각을 가진 사람이었다. 그는 다비가 엄청나게 질 좋은 광산을 발견했음에도 단 몇 트럭만 채굴하고 포기했다는데 의문을 표시했다. 금맥이 그렇게 독립적으로 존재할 수는 없다고 생각한 것이다.

그는 광산 기사를 초청하여 다비가 포기한 광산을 면밀하게 조사했다. 광산 기사는 다비가 단층선에 대한 지식, 즉 광맥에 대한 지식이 없어 어이없는 실수를 저지른 것 같다고 보고했다. 광산 기사는 다비가 굴착을 포기한 곳에서 불과 1미터도 떨어지지 않은 곳에서 광맥이 발견될 것으로 예측했다. 놀랍게도 광맥은 정확히 그 지점에서 발견되었다. 고물상은 다비에게 돌아갈 행운을 넘겨받아 갑부가 되었다. 다비가 포기하기 전에 전문가의 조언만 받았어도 행운은 그의 것이었을 터였다.

| 석유를 조명 연료로 |

에너지 파동이 일어나는 이유는 세계 곳곳에 매장된 원유의 양이 한정되어 있기 때문이다. 21세기 들어 중국이 '에너지 먹는 하마'로 등장한 이후, 지금 같은 추세로 석유를 소비한다면 수십 년 안에 원유가 고갈될 것이라고 학자들은 수차 경고를 하고 있다.

'검은 황금' 석유는 19세기 중엽만 해도 사람들의 관심을 끌지 못했다. 원유를 태워 불을 밝힐 수는 있었지만, 대부분의 경우 돌팔이 의사들이 만병통치약으로 선전하는 별 쓸모없는 시커먼 액체에 불과했다.

석유를 만병통치약으로 여긴 것은 백인들이 신대륙에 상륙하기 이전부터 아메리칸 인디언들이 석유를 류머티즘 치료용으로 사용했기 때문이다. 당시 일부 미국인들, 소위 약장수들은 그것을 세네카(Seneca)유라고 불렀다. 석유를 세네카라고 부른 이유는 아마도 세네카족 인디언이 사용하였든가 혹은 세네카 호(Lake Seneca) 근처에서 산출되었기 때문으로 추정하고 있다.

미국 석유산업의 아버지로 불리는 조지 비셀(George Bissell)은 전형적인 자수성가형 인물이다. 1821년 가난한 집안에서 태어났지만 어렵사리 다트머스 대학을 나와 라틴어와 그리스어 교사, 신문기자로 활약하다가 독학으로 변호사 자격을 딴 집념의 사나이로, 뉴욕 월가에서 주식 전문 변호사로 일하고 있었다.

그가 석유와 인연을 맺은 것은 1850년대 중반이었다. 과로로 건강이 나빠져 휴양차 고향에 들른 그는 그곳에서도 인근에서 채취한 등유(석유)가 두통이나 치통, 류머티즘에 대한 만병통치약으로 통용되고 있는 것을 보았다. 일부 사람들은 석유를 불을 밝히는 데 사용하고 있었다.

순간 그의 머릿속에 전광석화 같은 아이디어가 떠올랐다. 석유로 불을 켤 수 있다면 조명용 연료로도 사용할 수 있지 않을까! 당시 조명용 연료로는 고래기름으로 만든 등유가 고급이었고 최첨단 조명 방식으로 가스등을 사용하기도 했지만 일부 지역에 국한되었다. 일설에 의하면 그가 사업 아이디어를 착안한 것은 고향이 아닌 뉴욕의 한 가게에 들러 만병통치약을 한 병 산 것이 계기가 되었다는 설도 있지만 어쨌든 그는 석유의 미래가 매우 전망 있다고 생각했다.

뉴욕으로 돌아온 비셀은 어떻게 자신의 아이디어를 실현시킬 수 있을지 골몰했다. 그가 내린 결론은 어린아이라도 생각할 수 있는 단순한 것이었다. 석유를 조명용 연료로 사용하려면 대량의 원료 즉 석유를 우선 확보해야 하고, 석유는 유전에서 캘 수 있다는 사실에 주목했다. 이 문제를 해결하기 위해서 선결해야 할 문제는 유전 확보인데 이를 위해서는 막대한 자본이 필요했다. 한마디로 투자자들에게 자신의 아이디어를 설명하고 투자금을 받아야 한다는 단순한 생각이다. 말은 간단하지만 아이디어를 갖고 있더라도 투자 유치 과정은 험난할 수밖에 없다.

아이디어와 자본이 만나 사업을 추진하게 되면 그 이윤을 나누게 되는데, 미국의 경우와 한국의 경우는 다소 차이가 있다. 미국의 경우 자본가보다는 아이디어맨의 지분이 높은 반면, 한국의 경우 어떤 개발자가 좋은 아이디어를 갖고 있다고 하더라도 특별한 경우

조지 비셀

를 제외하곤 투자자가 더 많은 주식을 갖게 된다. 미국의 경우는 이와 정반대가 상식이다. 아주 특별한 경우가 아닌 한 발명자가 투자자보다 더 많은 주식을 갖는다. 투자자의 역할은 발명자의 아이디어가 실용화될 수 있도록 자본을 제공하는 것임을 분명히 하고, 발명자가 자신의 아이디어를 마음껏 전개할 수 있도록 실용화 단계에 전혀 개입하지 않는다.

어쨌든 비셀은 발명자가 아니라 사업성이 있는 아이디어를 갖고 있을 뿐이었다. 발명처럼 독점적 사업권이 보장되는 특허를 갖고 있는 것이 아니어서, 일단 아이디어가 공개되면 돈 많은 사람 아무라도 먼저 사업화하면 그뿐이다.

오늘날에는 깊은 바닷속까지 시추할 만큼 유전을 찾아 혈안이 되어 있지만 당시 사람들은 석유란 석탄층의 기름방울이 지표면이나 바위틈을 통해 흘러나오는 것이라고 믿었다. 석유(石油, rock oil)라는 말 자체도 그런 의미이다. 그러나 비셀의 아이디어는 당시의 통념을 깨고 땅 속에 매장되어 있는 석유를 수직으로 파서 뽑아내겠다는 계획이었다. 문제는 거의 모든 사람들이 땅 속에 엄청난 석유가 매장되어 있다는 말을 믿으려 하지 않는다는 점이다.

| 전문가의 자문을 받다 |

비셀은 투자자들이 그의 말만 듣고 선뜻 모여들지 않으리라는 것을 잘 알고 있었다. 이런 불리한 상황에서 굳이 자신이 모든 사람들을 설득할 필요는 없다고 생각했다. 자신의 아이디어가 "현실성이 있다"

는 전문가의 정확한 자료와 지지를 받아낸다면 투자자들을 설득할 수 있다는 것이다. 적어도 서부 개척 초창기, 전문가의 조언이 없어 단 1미터를 남겨두고 철수한 다비의 실패를 답습하지는 않겠다는 생각이었다.

비셀의 입맛에 맞는 학자를 찾는 것은 그다지 어려운 일이 아니었다. 당대의 유명한 화학자 실리먼 2세(Benjamin Silliman Jr., 1816~1885)가 예일대학교에 있었기 때문이다. 그는 아버지에 이어 2대째 미국 최고의 화학자로 알려진 사람이다.

비셀은 실리먼 2세를 찾아가 믿을 수 없는 거액을 제시하면서 그가 갖고 온 원유 샘플의 성분 분석을 의뢰했다. 그가 약속한 연구비는 526달러 8센트(지금의 가치로 약 10만 달러 정도)였다.

실리먼 2세는 선뜻 비셀의 제안을 받아들이고 3개월 내에 중간 보고서를 제출하기로 했다. 문제는 비셀이 약속한 연구비를 제때 줄 능력이 없었다는 점이다. 실리먼 2세는 약속된 연구비가 들어오지 않자 연구를 중단하고 지방으로 여행을 떠나버렸다. 거액의 연구비를 받기로 한 계약에서 연구비 지급이 다소 연체되었다고 해서 연구 자체를 중단한다는 것은 매우 이례적인 일이었다.

사실 실리먼 2세가 연구를 중단한 것은 전략이었다. 실리먼 2세는 비셀이 갖고 온 원유 샘플을 보고 비셀보다 더 높은 가능성을 알아보았다. 그런데 실리먼 2세는 비셀이 주도권을 쥐고 있는 한 무궁무진한 석유의 사업화 과정에서 얻을 자신의 수익이 크지 않음을 알고 있었다. 그가 취할 수 있는 방법은 비셀로 하여금 좀더 애를 태우는 수밖에는 없었다. 그런 행동을 할 수 있었던 것은 비셀에게는 전문가인 자신의 서명이 들어간 분석자료가 꼭 필요하고, 그것이 프로젝트를 진행시킬 근거가 된다는 사실을 잘 알기 때문이었다. 그런 계산으로 실리먼은 비셀의 실수를 꼬투리 잡아 더 이상 연구를 수행하지 않겠다고 선언한 것이다. 비셀의 입장에서는 실리먼 2세의 연구 중단은 투자자들을 설득할 수 있는 유력한 근거를 잃는 것이고, 이는 사실상 프로젝트 자체의 무산을 의미했다.

실리먼 2세의 마음을 읽은 비셀은 주저하지 않고 미국인다운 결정을 내린다. 자신의 불찰에 대한 보답으로 회사의 주식을 나눠주겠다고 제안했다. 그 말뜻은 실리먼 2세도 자신의 프로젝트에 주역으로 참여해 달라는 의미였다.

실리먼의 도박은 성공했다. 비셀로부터 동업 조건과 연구비를 확보한 그는 곧바로 비셀이 그토록 원하는 보고서를 내놓았다. 1855년 4월의 일이다. 실리먼 2세의 보고서 내용은 비셀이 원하는 것, 즉 석유의 모든 가능성을 확인시켜 주었다. 실리먼은 당시까지 조명용 연료의 대명사였던 고래기름을 대체하는 연료로 석유가 '매우 유용하다'라고 적기까지 했다. 비셀을 더욱 감격하게 만든 것은 "석유의 사업성이 매우 좋을 것"이라는 말이었다.

'나는 귀하의 회사가 그다지 비용이 들지 않는 단순한 처리로 매우 귀중한 제품을 제조할 수 있는 원료를 손에 넣었다고

벤자민 실리먼 2세

확신해도 좋은 근거가 충분히 있다고 생각합니다. 가장 간단한 화학적 방법에 의해 달성될 수 있으며 특히 원료 대부분이 낭비 없이 제품으로 제조될 수 있고, 더욱이 그것은 관리하기 매우 수월합니다. 이런 결론은 나의 실험이 증명하고 있다는 점에서 주목할 가치가 있습니다.'

석유가 다양한 물질로 분류될 수 있으며 램프에 사용될 수 있는 양질의 기름을 매우 값싼 공정으로 얻을 수 있다는 실리먼의 예언은 그때까지 화학자가 내린 예언 가운데 가장 뛰어난 것의 하나로 평가된다. 그로부터 1세기가 지난 1959년 한 신문은 실리먼 2세의 이 예언을 "추후에 완전히 진실로 증명된 것으로 방대한 석유산업을 성장시킨 바탕이 되었다"고 보도했다.

| 미국 석유산업의 탄생 |

땅 속에 엄청나게 많은 석유가 매장되어 있으며 이것이 조명연료로 적합하다는 실리먼의 평가가 내려지자 비셀의 아이디어는 순풍에 돛 단 듯이 진행되었다. 그가 제안한 사업 아이디어는 현대의 벤처사업처럼 말 그대로 모험이었음에도 많은 투자자들이 모여들었다.

그러나 보고서와 자금만으로 땅 속에서 석유가 펑펑 솟아나는 것은 아니다. 석유를 어디에서 찾느냐 하는 원천적인 문제가 남아 있었다. 석유는 틀림없이 전망 좋은 물질이지만 어디에서 그 많은 양의 석유를 확보하느냐가 관건이었다. 유전을 찾는 문제에 대해 뚜렷한 해답을 찾지 못하자 곧바로 투자자들이 항의하기 시작했다.

결국 석유를 찾는 일도 비셀의 몫이었다. 이번에는 그는 석유 탐사 작업 책임자로 에드윈 드레이크(Edwin Drake, 1819~1880)를 채용했다. 비셀이 철도원 출신의 드레이크를 석유탐사 책임자로 채용한 이유는 다소 엉뚱하다. 그가 무임승차권을 가진 철도 직원이어서 교통비를 아낄 수 있었기 때문이라고 한다.

비셀은 타이터스빌(Titusville) 인근 하천에는 언제나 검은 기름띠가 떠다녀 기름 냇물이라는 뜻의 '오일크리크(oil creek)'라 불린다는 사실에 주목했다. 국내에서 온천(溫泉) 개발 열풍이 불 때 온(溫)이란 단어가 있는 지명을 가진 지역을 집중적으로 탐사했던 것과 유사한데 이는 충분한 근거가 있다. 비셀은 드레이크에게 소금 광산 주변부터 찾아보라고 말했다. 대부분 염정 부근에서 원유가 나오기 때문이었다. 그는 유천(油泉, 땅에서 석유가 나오는 곳)으로 불리는 곳을 1갤런에 12.5센트를 주는 조건으로 임대했다.

드레이크가 펜실베이니아 주 타이터스빌에 들어갔을 때 그곳 주민들은 그를 소금업자로 알았다. 시추공을 뚫어 소금물을 끌어올린 다음 가열해 소금을 만드는 공정도 석유 시추작업과 비슷했기 때문이다.

비셀의 사업적인 재능은 당대의 초일류 과학자 실리먼을 설득해 동업자로 만드는 데 그치지 않았다. 그는 유전 탐사를 위해 그 지역 주민들의 암묵적인 지지를 받는 것이 중요하다고 생각했다. 일개 철도 직원에 불과한 드레이크를 일부러 '대령'이라고 부르면서 편지나 소포에 '드레이크 대령 귀하'라고 적어 주었다. 채굴 기술자와 채굴지 주민들을 보다 효율적으로 다루기 위해서였다. 남북전쟁이 일어나기 몇 년 전이지만 전직 대령이라는 직함은 비셀의 생각대로 일꾼들로

하여금 드레이크를 신망 있는 인사로 인식시키기에 충분했다. 졸지에 신망 있는 전직 대령이 된 드레이크는 1857년부터 1년 반 동안 타이터스빌 인근을 뒤졌지만 별 성과를 거두지 못했다.

비셀의 아이디어, 설득력 그리고 끈기에도 불구하고 결실이 나오지 않자 비셀조차 자신의 운명이 다했다고 생각할 지경이었다. 그러나 역사는 이들 3인방을 불행의 나락으로 몰아넣지는 않았다. 투자자들로부터 확보한 자금이 모두 고갈되어 더 이상의 유전 개발을 포기해야 할 절망적인 순간에 그야말로 극적인 행운이 찾아왔다. 힘이 빠진 채 마지막이 될지도 모를 시추작업을 하던 중 시추공과 연결된 펌프에서 원유가 뿜어져 나온 것이다! 1859년 8월 28일이었다.

석유 3인방은 그야말로 행운의 사나이들이었다. 드레이크가 석유를 처음 발견한 곳은 지하 30미터로, 인근 수 킬로미터 내에서 이후 그렇게 얕은 곳에서 유전이 발견된 예는 없었다. 30미터는커녕 유전층에 도달하기까지 적어도 330미터 이상을 파내려가야 했다. 타이터스빌 지역의 시추 자체가 극히 드문 행운이었다.

이 사건은 석유 역사에서 매우 중요하게 기록된다. 드레이크가 사상 최초로 수직 굴착식 시추에 성공했기 때문이다. 어떤 이는 1859년 8월 28일이 미국의 석유산업이 탄생된 날이라고까지 말한다. 그가 사용한

에드윈 드레이크

굴착 방식은 기존의 땅을 파헤치는 방식이 아니라 작은 증기기관으로 추진되는 드릴로 구멍을 뚫는 것이었다.

| 밤을 밝히는 석유 |

비셀과 실리먼, 드레이크 등 초기의 석유 3인방이 개발한 타이터스빌 유전은 20세기 초 텍사스 주 스핀들탑(Spindletop) 유전이 발견되기 전까지 미국 최대의 유전지대로 각광받았다. 석유가 나오자 타이터스빌에는 순식간에 투기 광풍이 불었다. 1년 사이에 타이터스빌에서만 300개의 유정이 뚫렸고 미국 전역에서 개발 붐이 일어났다.

타이터스빌 유전

광풍의 진원지는 타이터스빌에서 24킬로미터밖에 떨어지지 않은 퍼트홀이라는 작은 마을이었다. 마침 1865년 4월 남북전쟁이 끝난 뒤여서 수만 명의 참전 용사가 일확천금의 꿈을 안고 유전 개발에 몰려들었다. 1865년 6월 퍼트홀에서 하루 생산된 양은 2천 배럴이었는데 이는 그 당시 전체 석유 총생산량의 3분의 1에 달하는 양이었다.

유전 근처에서는 토지 확보 경쟁이 일어나 1865년 7월 퍼트홀의 한 농가가 130만 달러에 팔렸는데 2달 만에 다시 200만 달러로 팔렸다. 9월에는 퍼트홀의 원유 생산량은 하루 6천 배럴로 뛰어올랐다. 퍼트홀의 인구도 1만5천 명으로 급증했고 은행, 기숙사는 물론 무려 50개의 호텔이 들어섰다. 방 하나에 6명이 짚단을 깔고 자야 할 정도였다.

그런데 갑자기 석유가 고갈되기 시작했다. 다른 지역에서는 석유 생산량이 폭발적으로 증가했지만 퍼트홀은 진전이 없었다. 첫 유전이 발견된 지 채 1년도 지나지 않아 투기꾼들이 썰물처럼 빠져나간 후 퍼트홀은 유령마을로 변했다. 당연히 투기붐도 사라졌고, 200만 달러에 팔렸던 농장은 1878년 경매에서 단 4.37달러에 팔렸다.

| 석유산업의 시작 |

당시 조명용 원료로는 1등품의 고래기름, 2등품 식물성 기름, 3등품의 송진 추출유 등이 있었다. 고래기름은 질이 좋았지만 무차별 포획으로 고래의 개체수가 줄어들어 포경선이 먼 바다까지 나가야 했기 때문에 가격이 매우 비쌌다. 식물성 유지는 품질이 낮았고, 송진 추출유도 가격은 저렴했으나 그을음이 심하고 폭발성이 강해 자주 폭발사고를 일으키곤 했다.

바로 이런 등유 시장의 틈새를 석유가 비집고 들어갔던 것이다. 석유는 미국인들의 생활양식을 바꾸는 데 결정적인 기여를 했다. 해가 지면 곧바로 잠자리에 들던 사람들이 값싼 등유 램프 덕에 밤늦게까지 책을 읽거나 다른 일을 할 수 있었다. 《톰 아저씨의 오두막》으로 미국 사회의 골머리 아픈 노예제 해방이라는 문제를 제기했던 스토우(Harriet Beecher Stowe, 1811~1896)는 다음 같은 말로 등유를 예찬했다.

'불순물이 많이 섞인 저질 등유는 끔찍한 폭발을 일으키지만 좋은 품질의 등유는 더할 나위 없이 좋은 조명용 연료이다.'

석유 재벌 록펠러가 회사명을 '스탠더드 오일(Standard Oil)'로 지은 것도 엄격한 품질 관리로 생산되는 '표준 등유'를 판매한다는 이미지를 주기 위해서였다. 등유는 가격 면에서 다른 어느 것보다 경쟁력이 있었다. 석유로 만든 등유가 나오기 전, 도시 가정은 매월 약 10달러를 가스 사용료로 지불했지만 등유는 1년 동안의 사용료가 평균 10달러에 불과했다.

그러나 곧 석유가 과잉 공급되자 값이 폭락했고 석유의 사업적 전망은 어두워졌다. 유전이 발견된 초기 1배럴 당 13.75달러이던 것이 1866~1867년에는 배럴당 2.40달러로 곤두박질쳤다. 석유 값이 폭락한 이유는 그 용도가 조명용 등유로 한정되어 있었기 때문이다. 당시 석유 생산량의 약 70퍼센트가 조명용으로 쓰였다.

더구나 석유 폐기물도 골칫거리였다. 초기의 원유 소비는 거의 등유에 한정되었기 때문에 석유 사업자들은 원유에서 등유만 추출하고 나머지를 폐기 처리해야 했다. 방법은 간단했다. 남는 폐기물을 몰래 버리는 것이다. 석유폐기물은 냄새가 많이 나고 비가 오면 진창이 되어 사람들의 항의가 빗발치자 석유산업은 큰 위기에 봉착했다.

그러나 석유가 이러한 역경을 이겨낼 수 있었던 것은 석유의 장점이 서서히 알려지기 시작하면서부터였다. 석유가 당시 주요 에너지원이었던 석탄보다 부피도 작고 무게는 가벼우면서도 더 많은 열을 낼 수 있다는 것이 밝혀졌다. 산업혁명을 이끌었던 석탄은 부피가 큰 고체 덩어리여서 고운 가루로 만들더라도 액체인 석유보다는 밀도가 낮았다. 따라서 보관 장소도 많이 차지했고 다루기도 번거로운 데다 운반도 불편했다. 더구나 석탄 가루를 온 천지에 뿌려 인근을 시커멓게 만들었다.

석유의 에너지 밀도는 석탄보다 약 50퍼센트 높다. 게다가 액체여서 철도나 선박, 송유관 등을 통해 저장과 수송이 보다 간편했다. 더욱이 중유나 휘발유가 내연기관에 사용되면서 수요는 폭발적으로 증가했고 폐기물 문제도 자연스럽게 해결되었다.

1862년 프랑스 기술자 에티엔 르누아르(Etienne Lenoir, 1822~1900)가 석탄가스로 작동하는 내연기관을 선보인 데 이어, 1867년 독일의 니콜라우스 오토(Nikolaus A. Otto, 1832~1891)가 휘발유로 움직이는 내연기관을 발명함에 따라 원유의 용도는 등유에서 휘발유까지 그 영역을 확장시켰다. 결정적으로 벤츠자동차 설립자인 카를 벤츠(Karl Benz, 1844~1929)가 1886년 휘발유 엔진을 장착한 자동차를 선보임으로써 그 가치가 더욱 높아진 석유는 이후 거대한 사업으로 발전했다.

| 석유 3인방의 마지막 행적 |

오늘날의 세계를 석유 시대로 만든 세 사람의 운명은 달랐다.

'석유의 아버지'라는 명예를 얻은 비셀은 거부가 되어 변호사 업무를 그만두고 고향에 돌아와 학교 교장으로 재임하면서 덕망 있는 사람이라는 존경을 받았다. 게다가 고향과 모교에 전 재산을 기부하라는 유언을 남겨 사람들을 감동시켰다. 자금과 기술도 없이, 석유를 연료로 사용한다는 역발상의 아이디어 하나로 장기 프로젝트를 추진한 그의 재능은 실로 놀라운 것이었다.

유전을 찾는 그의 노력이 아니었으면 이후 산업의 발전이 훨씬 늦어졌을지도 모른다. 말하자면 무일푼이면서도 그는 번뜩이는 아이디어와 전문가 실리먼을 끌어들인 재치, 투자자들을 설득시키는 능력, 그리고 지하 30미터에서 석유를 발견하는 행운까지 겹쳐 현대 문명의 단초를 이끌어냈다. 그야말로 좋은 아이디어 하나로 신화를 창조하는 신화를 만드는 재능을 한껏 발휘한 것이다. 더구나 자신이 평생 번 재산을 모두 기부하여 아이디어를 가진 사람의 모범을 보여주었다.

깐깐하기 그지없지만 비셀이라는 아이디어맨을 확실하게 조종해 주식까지 할당 받았던 과학자이자 사업가인 실리먼은 연구용역비 외에도 지분으로 배정받은 주식으로 큰 재산을 모았다. 반면 드레이크는 두 사람에 비해 끝까지 운이 따르지는 않았다. 그도 석유 채굴로 어마어마한 재산을 모았지만 주식투자로 모두 날려버리고 빈털터리가 되었다. 그러나 다행히 펜실베이니아 주 정부는 유전시대를 연 주인공으로서 석유개발에 큰 공헌을 한 그에게 종신연금을 지급하기로 결정했다. 그는 명예를 건진 것만이라도 다행이라 생각하며 말년을 쓸쓸하게 보내야 했다.

그리고 또 한 사람, 전문가의 조언 없이 단 1미터 앞에서 채광을 중단하여 막대한 부를 놓친 다비도 훗날 큰 부자가 되었다. 그는 광산을 포기한 후 보험설계사로 전업하여 자신의 경험을 교훈 삼아 다음과 같이 다짐했다.

"나는 황금을 1미터 앞에 두고 중단했다. 앞으로 보험 가입을 권유할 때 사람들이 'No'라고 말하더라도 결코 물러서지 않으리라."

1800년대 중반 다비는 생명보험업계에서 연간 100만 달러 이상의 실적을 올리는 판매원이 되었다. 그의 '찰거머리 같은 끈기'는 그가 금광업에 관여할 때의 '중도 포기'에서 배운 실패의 교훈 덕이었다. 당시의 1백만 달러는 현재 가치로 1억 달러가 넘는 어마어마한 액수이다.

산업혁명이 시작될 무렵, 인간이 활용할 수 있는 에너지 공급원은 제한적이었다. 우선 사람의 노동력을 장시간 같은 일을 시키기에는 어려움이 많다. 결국 소나 말 등 인간을 대체할 수 있는 동물을 활용해야 하는데 이들 역시 인간보다 힘은 세지만 생명체이기는 마찬가지라 불편하기는 똑같다. 가장 큰 과제는 지속적이면서 큰 에너지를 공급할 방법을 찾는 일이었다.

02
새로운
분야를
개척하라

토머스 뉴커먼 Thomas Newcomen, 1663~1729

물을 끓여 에너지를 얻는 뉴커먼 기관

현대 과학기술 문명이 '산업혁명(産業革命, Industrial Revolution)'에 의해 촉발되었다는 것은 잘 알려진 사실이다. 산업혁명은 18세기 중엽부터 19세기 중엽까지 약 100년 동안 영국을 중심으로 발생한 기술·조직·경제·사회적 변화를 총칭하는 용어로 다음과 같이 설명된다.

'18세기 중엽 영국에서 시작된 기술혁신과 이에 수반하여 일어난 사회·경제 구조의 변혁으로 유럽 제국(諸國), 미국·러시아 등으로 확대되었으며, 20세기 후반에 이르러서는 동남아시아와 아프리카 및 라틴아메리카로 확산되었다. 이런 의미에서 산업혁명을 광의로 해석하여 농업 중심사회에서 공업사회로의 이행이라고 보는 한 산업혁명은 인류 역사에서 아직도 끝나지 않았다고 할 수 있다. 이 광의의 산업혁명은 흔히 공업화라고 부르는 것으로서, 이를 간단히 정의하기는 곤란하지만 물질적 재화의 생산에 무생물적 자원을 광범하게 이용하는 조직적 경제과정이라고 할 수 있다. 따라서 공업화의 기원을 18세기 산업혁명에서 구하지만, 산업혁명은 A.토인비가 말한 바와 같이 격변적이고 격렬한 현상이 아니라 그 이전부터 시작되어 온 점진적이고 연속적인 기술혁신의 과정이라고 보는 것이 지배적이다.'(《두산백과사전》)

이를 좀더 풀어서 설명하면 산업혁명이 일어났기 때문에 비로소 기술적인 면에서 단순한 도구들이 대·소형 기계로 대체되었고, 조직적인 면에서 기존의 가내 수공업이 공장 규모로 바뀌었다는 뜻이다. 경제적인 면에서 국내 시장 및 해외 식민지를 바탕으로 광범위한 자본이 축적되었으며 사회적인 면에서는 산업 자본가 및 임금 노동자를 중심으로 한 계급 사회가 형성되었다. 한마디로 말해 인류는 산업혁명을 통해 농경사회에서 공업사회로 급속히 재편되기 시작했다.

산업화는 기술적 혁신과 경제 성장을 가져왔을 뿐 아니라 근본적인 사회적 변화의 과정도 촉발시켰다. 사람들은 시골에서 도시로 이주했고 도시의 저소득 공장 노동자의 인구가 급증하면서 계급 분쟁이 심화되었다. 사회적 통제를 목적으로 하는 공립학교와 감옥과 같은 새로운 강압적인 기관들도 등장했다.

가장 중요한 변화는 소규모 생산을 담당하던 가정이 생산의 중심에서 물러나고 새로운 노동 분업화로 외부 생산 시설, 즉 공장이 생겼다는 점이다. 남자들은 집 밖의 공장에서 일했고 여자는 노동력의 재생산을 위한 집안 일에 종사했다.

| 산업혁명의 원동력 |

산업혁명이 진정한 추진력을 얻게 된 계기는 세 가지의 새로운 과학기술이 동시에 접목되었기 때문으로 볼 수 있다. 첫째, 효율적으로 대형기계를 작동시킬 수 있는 에너지 공급. 둘째, 효율적이고 장기간 작동이 가능한 대형 기계를 만들 수 있는 재료. 셋째, 생산된 제품을 신속하게 소비자에게 전달할 수 있는 교통망 등이다.

새로운 시대에 부합하는 세 가지 혁신이 동시에 일어났다는 것이야말로 현대 과학기술의 탄생에 결정적인 계기가 되었다는 데는 학자들도 의견을 같이한다. 그러나 많은 학자들이 가장 궁금하게 생각한 것은 "도대체 왜 이런 일이 동시에 갑자기 일어났는가?"이다.

인간의 발달사를 보면 인류에 큰 영향을 주는 결정적인 사건일수록 시간의 간격이 있게 마련이다. 이 문제에 관한 한 현대 학자들의 생각은 단순하다. 그런 일이 일어날 수 있는 필요충분조건이 동시에 갖춰졌기 때문이라는 것이다.

토머스 뉴커먼

결론부터 말한다면 이들 새로운 혁신에 참여한 사람들에게 커다란 동기부여가 주어졌기 때문이다. 대량생산을 위한 기술의 혁신 과정은 엄청난 부와 명예를 얻는 지름길이었고, 이것이야말로 산업혁명의 원동력이 되었다는 뜻이다. 한 마디로, 새로운 아이디어를 개발하여 실용화하면 사회적, 경제적으로 큰 성공을 거둘 수 있었기에 많은 사람들이 총력을 다해 새로운 발명과 기계 제작, 기술의 혁신에 뛰어들었다.

말은 간단하지만 실상은 그렇게 만만하게 진행된 것은 아니다.

산업화 과정에서 중요한 것은 당대에 가장 요구되는 생산품들을 효율적으로 만들어내는 것이다. 그러나 아직 기계기술이 발달하지 않았으므로 좋은 아이디어가 있다 하더라도 이를 곧바로 생산으로 연결시키기란 쉽지 않은 일이다. 즉 특정 생산 제품을 대량으로 만드는 데 필수적인 에너지 공급원이 확실하지 않았기 때문이다.

산업혁명이 시작될 무렵, 인간이 활용할 수 있는 에너지 공급원은 제한적이었다. 우선 사람의 노동력을 장시간 같은 일을 시키기에는 어려움이 많다. 결국 소나 말 등 인간을 대체할 수 있는 동물을 활용해야 하는데 이들 역시 인간보다 힘은 세지만 생명체이기는 마찬가지라 불편하기는 똑같다.

가장 큰 과제는 지속적이면서 큰 에너지를 공급할 방법을 찾는 것이다. 하지만 목표가 설정되었다고 해도 아무도 문제점을 해결할 타개책을 생각해 본 적이 없었다. 다시 말해 산업혁명에 불을 당길 기계를 작동시키기 위해 효율적인 에너지를 공급한다는 것은 당시로서는 불가능한 과학 분야였다고 볼 수 있다.

그러나 인간은 끊임없이 불가능의 영역에 도전해 해결책을 찾아내면서 오늘에 이르렀다. 인간의 장점이라고도 볼 수 있는 이러한 도전, 즉 아무도 시도해 보지 않은 새로운 분야를 개척한다는 것은 그만큼 위험하면서도 그 성공의 결과는 매우 달콤한 것이었다.

결론을 먼저 말한다면 남보다 앞서 새로운 영역을 개척하고 또 성공했기 때문에 명예와 부를 한꺼번에 거머쥔 사람이 있으며 그것이 산업혁명이 제 궤도로 갈 수 있는 원동력이 되었다는 것이다.

제임스 와트보다 70여 년 전에 태어나 당대에 누구보다도 효율적인 증기기관을 만들어낸 토머스 뉴커먼(Thomas Newcomen)이 그러한 도전에 성공한 사람이다.

| 그리스 시대에 등장한 증기기관 |

증기기관 하면 대부분의 사람들은 곧 제임스 와트(James Watt, 1736~1819)를 연상하지만 와트보다 앞선 기술을 이끌어낸 사람이 바로 토머스 뉴커먼이다. 물론 뉴커먼도 독자적으로 모든 증기기관을 개발한 것은 아니다.

엄밀한 의미에서 증기기관의 원리는 1세기경 그리스의 과학자 헤론(Heron of Alexandria)으로 거슬러 올라간다. 그는 증기의 힘으로 신전(神殿)의 문을 열 수 있는 장치를 고안했다. 신전의 문이 저절로 열리는 원리는 다음과 같다.

헤론의 반응기 터빈

제단은 밀폐된 구리 상자로 되어 있는데, 여기에 불을 지피면 상자 속의 공기가 팽창하여 마루 밑에 놓인 둥근 물그릇에서 물이 나와 관을 지나 다른 양동이 속에 저장된다. 그러면 양동이가 무거워져 내려가기 때문에 문의 축에 연결해 둔 끈이 당겨지면서 문이 열린다. 문을 닫기 위해 불을 끄면 이와 반대로 팽창했던 공기가 식으면서 부피가 작아지고 양동이의 물이 대기의 압력에 의해 관을 통해 밀려 나온다. 그렇게 되면 양동이가 가벼워지므로 밧줄(끈)이 다른 끈에 매달려 있는 추에 이끌려 되감기면서 문이 저절로 닫히는 원리이다.

헤론은 간단한 반응기(反應器) 터빈도 제작했다. 헤론의 반응기 터빈은 불이 지펴진 가마로부터 두 개의 관이 나와 빙글빙글 도는 둥근 모양의 텅 빈 공[球]과 연결되어 있고, 둥근 공에는 두 개의 분출구가 있다. 가마 밑에서 불을 지피면 가마의 증기가 공 속으로 들어갔다가 분출구를 통해 뿜어져 나오면서 공을 돌린다. 이때 소리를 내며 회전하는 터빈은 산업혁명 이후의 증기기관차를 연상시킨다. 헤론의 반응기는 최초의 증기기관 장치인 셈이다. 오늘날의 과학자들이 헤론의 설계대로 복원시킨 반응기는 실제로 잘 작동되었다고 한다.

헤론 이후 증기기관이 다시 등장하게 된 것은 1698년경이다. 영국군 공병이었던 토머스 세이버리(Thomas Savery, 1650?~1715) 대령은 광부의 노동력을 줄여주는 데 공헌했다는 의미에서 '광부의 친구'로 불린다. 산업혁명으로 석탄의 수요가 폭발적으로 늘어나면서 광산 개발이 급속도로 진행되었는데 초기에는 표면에 드러난 매장량으로 충분했지만 노천광이 고갈되면서 점차 지하로 파고들어가야 했다. 그러나 지하에는 엄청난 장애물들이 있었는데 그 중 가장 큰 골칫거리가 물이었다. 갱도를 깊이 파면 팔수록 지하수가 고이는데, 자칫 물을 끌어올리는 양수(water lifting) 능력이 약하면 광부들이 물 속에 빠지기 십상이었다.

당시 가장 효율적이라고 알려진 방법은 말을 이용해 물을 뽑아내는 것이다. 그러나

토머스 세이버리

비용이 많이 드는 데다가 말을 먹이고 쉬게 해야 하므로 지속적인 동력원은 아니었다. 즉 음식을 먹지 않고도 인간과 동물의 노동력을 대체할 그 무엇을 찾아야 했다.

물이 끓어 증기가 생기면 같은 온도를 유지하면서 물이 차지하는 부피의 1517배까지 팽창된다. 증기를 다시 물로 응축하면 거의 완벽하게(99.93퍼센트) 진공이 가능하다. 근대 증기기관에서 동력은 압력 하에 증기의 미는 힘에서 비롯되지만 세이버리는 진공의 당기는 힘 즉 진공에 의해 기압의 미는 힘이 더 효율적이라고 생각했다.

다행히 세이버리에게도 선행 연구자가 있었다. 프랑스의 물리학자인 드니 파팽(Denis Papin, 1647~1712)이다. 파팽은 '보일의 법칙'으로 유명한 영국의 과학자 로버트 보일(Robert Boyle, 1627~1691)의 조수였다. 그는 여러 가지 발명으로 영국왕립학회의 회원으로 선출된 일류 과학자인데 그를 가장 유명하게 만든 것은 1679년 발표한 압력솥이다. 파팽은 물의 끓는점이 압력의 증가에 따라 높아지는 점을 이용해 물이 끓는점보다 높은 온도에서 식품을 끓이면 빠르고 부드럽게 익을 것으로 생각했다. 하지만 밀폐된 용기에 물을 끓이면 증기의 압력에 의해 용기가 폭발할 위험이 있었다. 이를 막기 위해 파팽은 오늘날에도 사용되는 '안전밸브'라는 장치를 발명했다. 안전밸브는 압력이 안전 한계에 도달하기 전에 증기가 빠져나가도록 하는 장치로, 요즘의 압력솥은 그 과학적 원리를 기초로 해서 만들어진 것이다.

1706년 파팽은 고압으로 작동하는 증기 펌프를 제작했는데, 관의 밑바닥에 물을 조금 채워 가열한 뒤 그 수증기의 압력으로 피스톤을 움직이게 하는 장치였다. 그러나 기술적 한계 때문에 실험 단계에서 그치고 말았다.

세이버리는 파팽의 원리를 한 단계 발전시켜, 2개의 용기와 수동식 꼭지 및 자동 밸브가 달린 장치에 보일러를 연결한 펌핑 엔진을 만든 것이다. 그의 장치는 그럭저럭 작동되어 경비도 3분의 1로 줄일 수 있었다. 물을 끌어올릴 수 있는 한도가 고작 6미터에 지나지 않아 광산 등에서 대단위로 실용화되기에는 부족했지만 그는 증기를 이용한 양수 펌프로 특허를 획득했다.

| 세이버리와 파팽, 그리고 뉴커먼 |

어떤 학자는 토머스 뉴커먼이야말로 약 200년 동안 진행된 유럽의 산업혁명에 불을 지핀 선두주자로 평가한다. 뉴커먼이 경제적이고 실용적인 증기기관을 처음으로 제작했기 때문이다. 즉 그에 의해 비로소 산업혁명이 본격적인 궤도에 진입할 수 있는 큰 틀이 만들어졌다는 것이다.

뉴커먼이 실질적인 산업혁명을 주도했다고까지 평가되는 것은 그만큼 뉴커먼의 아이디어가 획기적이었다는 것을 증빙한다. 뉴커먼은 어떤 면에서는 억세게 운이 좋은 사람이다. 그는 세이버리의 증기기관을 보고 자신이 세이버리 증기기관의 문제점을 해결하겠다고 생각했다. 한마디로 세이버리에 의존하지 않고 독자적으로 증기기관을 개발하겠다는 것인데 이런 생각은 현대적인 관점에서 보더라도 매우 무모한 발상이 아닐 수 없다.

뉴커먼이 이와 같은 생각을 품을 수 있었던 것은 세이버리가 차용한 방식이 아니라 파팽의 원리를 이용하되 독자적인 방법으로 양수기의 동력 문제를 해결할 수 있다고 생각했기 때문이다. 그는 상상 외로 어렵고 복잡한 작업을 구체화하기 위해 제일 먼저 배관공 존 캘리(John Calley)에게 도움을 청했다. 같은 고향 다트머스(Dartmouth) 출신인 존 캘리의 재능도 남달라, 1712년 두 사람은 합작으로 스타포드셔(Staffordshire)에서 최초로 산업체에 공급할 수 있는 증기기관을 제작하는 데 성공했다. 이 기계는 5.5마력(3만3천 파운드를 1분에 1피트 높이로 올리는 힘) 정도의 일을 할 수 있었다. 1마력은 원래 한 마리의 말이 내는 동력을 기본으로 정해진 단위이지만 보통 말이 내는 힘은 1마력보다 훨씬 적어 대체로 0.3~0.6마력 정도였으므로 새로운 뉴커먼 기관은 9~18마리의 말을 대신할 수 있는 그야말로 획기적인 기계였다.

어느 발명에서나 마찬가지이지만 뉴커먼의 증기기관 발명에도 에피소드가 있다. 그가 기초적인 실험을 하고 있을 때였다.

어느 순간 갑자기 엔진이 매우 빠른 속도로 작동하더니 지금까지보다 몇 배 빠르게 왕복 운전되는 것이었다. 조사해 보았더니 피스톤에 구멍이 뚫려 그 구멍을 통해 찬물이 실린더의 밑바닥으로 흘러내려 그 때문에 증기가 급속하게 응축된 것이다. 갑자기 새로운 아이디어가 떠올랐다. 즉 찬물을 실린더 외부에 붓는 대신 실린더 안에 직접 넣어서 증기를 응축시키는 것이다. 이렇게 해서 실용적인 증기기관이 탄생되었다.

뉴커먼이 증기기관을 획기적으로 혁신하

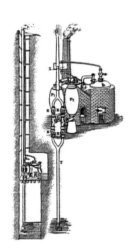

세이버리 스팀펌프

고 이를 산업체에 공급할 단계에 이르렀을 때 생각지도 못한 난관에 부딪혔다. 세이버리가 획득한 특허를 검토해보니 큰 틀에서 뉴커먼이 개발한 방식의 개념까지 포함하고 있었다. 발명자들이 특허를 제출할 때는 가능한 한 범위를 넓게 잡아 신청하는데, 뉴커먼의 증기기관이 세이버리의 특허에 포함되는 것이다. 그들이 개발한 증기기관을 실용화할 수 없다는 의미였다. 뉴커먼의 증기기관을 시험해 본 여러 탄광으로부터 폭발적인 요청을 받았지만 특허는 특허였다.

뉴커먼이 과학의 역사에 한 페이지를 장식할 수 있었던 것은 특허와 같은 골머리 아픈 문제도 슬기롭게 해결했기 때문이다. 뉴커먼은 곧바로 세이버리에게 동업을 제의했다. 효율적인 증기기관을 개발했지만 세이버리의 특허권을 확실히 인정할 테니 동업하자는 것이다. 두 사람 모두 이득을 얻을 수 있다는 뉴커먼의 제안에 세이버리도 곧바로 승낙했다. 세이버리 역시 기술자로서 자신의 기계를 보완한 뉴커먼 기계의 장점을 곧바로 알아차렸기 때문이다. 그러면서 그는 뉴커먼에게 통 큰 양보를 했다. 새로운 증기기관의 이름을 '뉴커먼 증기기관'으로 명명한 것이다. 뉴커먼의 기계는 날개돋친 듯 팔려나갔다.

그런데 지금 보면 뉴커먼의 기계가 얼마나 비효율적인지 금방 알아차릴 수 있다. 우선 관 속에 애써 끓인 증기가 가득 차 있는데도 옆에서 찬물을 주입하여 식힌 후 다시 뜨거운 증기를 넣어주어야 했다. 두 번째는 대단히 강한 증기의 힘으로 피스톤을 밀어 올릴 수 있는데 뉴커먼 기관에서는 오히려 그 힘을 억압하여 밖과 안의 기압이 균형이 되도록 했다. 사실 이 기관에서 증기는 큰 도움이 되지 않았다. 한마디로 피스톤이 순환할 때 열 손실, 즉 에너지 손실이 많았다. 심지어 증기기관을 가동시키기 위해 사용되는 석탄의 비용이 채굴한 석탄이나 광석을 판 금액의 40퍼센트가 넘는 경우도 있었다고 한다.

엄밀한 의미에서 투입된 에너지에 비해 얻어지는 동력은 크지 않았다. 그럼에도 불구하고 뉴커먼의 증기기관이 폭발적으로 보급된 것은 말과 소가 해결할 수 없는 이점, 즉 실용성 때문이었다. 관리가 어려운 동물을 사용하는 것보다는 여러 면에서 효율적이었다. 한마디로 '다른 방법이 없다'고 하는 기술적 한계 때문에 뉴커먼 증기기관은 곳곳에서 선풍적인 인기를 끌었고 영국을 벗어나 유럽 각지로 퍼져나갔다.

| 선행 연구자의 발자취 |

뉴커먼의 아이디어는 엄밀히 말해 선배가 만든 증기기관의 이론을 자신의 아이디어에 맞춰 변형한 것이다. 더구나 그 변형에 의한 발명도 그 자신의 말처럼 '피스톤에 구멍이 뚫린 것을 예의 관찰한 눈썰미'에 의한 것이다. 현대 사람들은 "그것이 뭐 그리 대단한 일이냐?"고 반문할 수 있겠지만, 그러나 200년 전의 눈썰미와 현대의 눈썰미를 같은 시각으로 볼 수는 없다. 산업혁명 초기에는 '과학'이라는 단어 자체도 없었고, 어떤 기계를 개량할 때 기초 이론이 정

뉴커먼 엔진

립되어 있는 상태도 아니었다. 뉴커먼이 피스톤에 뚫린 구멍의 의미를 알아채고 기계를 개량했다는 것은 탁월한 재능이 아닐 수 없다.

더구나 선배인 세이버리가 개발한 증기기관을 전혀 고려하지 않은 상태에서 독자적으로 증기기관을 개발한 것임에도 세이버리가 갖고 있는 특허권 등 골머리 아픈 문제를 말끔히 해결한 것은 대단한 능력이다. 현대에도 특허권 문제가 불거지면 상당한 문제점이 제기되곤 하는데 당시의 특허는 막강한 위력을 발휘하는 괴물과 같았다. 특허에 일단 저촉된다는 자체가 그동안 쌓아 놓은 모든 것을 무너뜨릴 수 있는 파괴력을 갖기 일쑤였다.

사실 세이버리는 자신이 기초 특허를 갖고 있으므로 뉴커먼의 아이디어를 듣고 그대로 도용해도 큰 문제가 될 일은 아니었다. 뉴커먼에게는 악몽이겠지만 세이버리에게는 그러한 권리가 있었다고 해도 과언이 아니다. 그런데도 18세기 초에 새로운 증기기관 아이디어를 도출하고 특허라는 괴물을 슬기롭게 해결했다는 것은 뉴커먼이 기술적인 재능뿐만 아니라 사업에 대한 유연성까지 겸했다는 것을 알 수 있다. 그러한 재능이 결국 산업혁명을 보다 한 차원 업그레이드시키는 견인차 역할을 했다는 데 사람들이 감사하고 있는 것이다.

더불어 그를 기쁘게 한 것은 엄청난 부를 쌓을 수 있었다는 점이다. 당대에 부호라는 개념은 명문가의 상속자에게나 어울리는 말이었다. 부모가 부호이거나 왕족이 아니라면 자신의 아이디어나 능력만으로 거부가 될 수는 없었다. 그러나 뉴커먼은 부모가 물려준 재산이 아닌, 자신이 개발한 기계로 당당히 부호의 대열에 합류했고 이는 다른 사람들에게도 좋은 아이디어만 가지면 부자가 될 수 있는 희망을 주었다.

그후로도 수많은 사람들이 뉴커먼처럼 성공의 길을 걷고자 했는데 그 길로 접어드는 열쇠가 바로 '과학적인 열정과 지식'이었다. 남들이 시도하지 않은 새로운 분야를 개척할 수 있는 과학이 성공의 지름길이라는 정보 자체가 산업혁명의 원동력이 되었고, 그 뒤를 이어받아 제임스 와트가 진정한 증기기관 시대를 열 수 있는 단초를 만들어주었다. 뉴커먼은 성공을 누렸지만 자만하지 않고 보다 성능이 좋은 증기기관을 만드는 데 게을리하지 않았다. 자동밸브를 접목해 성능을 향상시킨 뉴커먼 기관은 20세기 초까지 사용되었다.

03

아이디어의
비밀을
지켜라

에이브러햄 다비 Abraham Darby, 1678~1717

산업혁명을 이끈 코크스 제철법

증기기관이 산업혁명의 불을 당긴 데 이어 좀더 빠르게 산업혁명이 확산될 수 있었던 데는 결정적인 또 한 가지 원인이 있다.

산업혁명으로 각종 제품들의 수요가 폭발적으로 증가했지만 그것들을 값싸게 대량 생산할 기계를 제작하는 데 필요한 원자재가 기본적으로 공급되어야 한다는 점이다. 지금은 기계를 제작하는 데 필요한 수많은 재료들이 있지만 당시에는 철이 기본이었다. 즉, 생산력을 높일 수 있는 대형 산업기계를 대량으로 제작하자면 질 좋은 철이 저렴하게 공급되어야 했다. 이 문제를 슬기롭게 해결한 사람이 '철강의 아버지'라는 에이브러햄 다비이다.

철광석을 녹이려면 고열이 필요한데 주철(鑄鐵, cast iron)이나 선철(銑鐵, pig iron)을 만드는 제련 과정에 목탄(숯)이 사용되었다. 그러나 목탄이 너무 쉽게 타버리기 때문에 한 번에 생산되는 철의 양은 제한적이었다. 더구나 해양 국가였던 섬나라 영국은 강력한 함대를 항상 거느려야 하므로 목재를 철 생산에만 투입할 수는 없었다. 대형 군함(man of war) 한 척을 만드는 데 사용된 목재는 무려 통나무 4천 개가 필요해서 해양을 기본으로 하는 대영제국으로서는 만사 제치고 함선 제조에 목재를 투입하는 것은 당연한 일이었다.

목재는 빵과 맥주, 유리를 생산하는 데에도 필요해서 영국에서는 계속해서 산림이 벌목되지 않을 수 없었다. 국가 방위에 필요한 군함 건조용 목재마저 부족해지자 영국은 1558년 벌목을 제한하는 조치를 내리기도 했다. 국토의 30퍼센트 이상을 차지하던 삼림지대가 16세기 중반 이후 16퍼센트로까지 떨어져 벌목 금지령을 내린 것이다.

16~18세기 동안 영국의 일반적인 물가는 다섯 배 상승한 반면 장작의 가격은 10배나 상승했다. 당연히 제철에 필요한 목재가 부족했는데 용광로 한 개가 연간 소비하는 목재의 양은 4제곱킬로미터 면적의 숲에서 생산되는 목재와 맞먹을 정도로 제철 생산 효율이 좋지 않았다. 산업혁명의 진원지인 영국에서 가장 시급히 해결해야 할 문제는 쓰임새가 많은 목재를 불태워 없애서는 안 된다는 위기감이었다.

| 철의 대량생산 방법, 코크스 제련법 |

산업혁명의 진원지인 대영제국으로서는 제국을 지키기 위해 함선과 대포, 총 등 군수물자는 물론 공장을 가동시킬 생산기계도 만들어야 했지만, 다른 나라에 비해 국토가 작고 자원도 많지 않다는 것이 문제였다.

변방국으로 여겨졌던 러시아가 유럽의 일원으로 인정받을 수 있었던 것은 표트르 대제(Pyotr I, 1672~1725)의 탁월한 근대화 개혁 노력,

에이브러햄 다비

그리고 목재와 철 등 풍부한 자원이 있었기 때문이다. 18세기 초반까지 유럽의 제철 강국은 스웨덴과 러시아였는데, 삼림 자원이 고갈된 다른 나라와는 달리 침엽수림이 그대로 남아 있었고 철광석도 풍부했다.

이들 두 나라에 산업혁명의 중심지인 영국으로부터 주문이 밀려들었다. 면직공업의 기계화와 대형화가 시작돼 철 수요가 늘어났지만 제철에 필요한 목탄조차 제대로 생산할 수 없었던 영국은 철 수요의 절반 이상을 러시아와 스웨덴에서 수입해야 했다.

이런 절박한 때 학자들은 철을 생산하는데 필요한 에너지원으로 목재 대신 영국에도 풍부하게 매장되어 있는 석탄을 사용하면 된다고 조언했다. 문제는 일반 석탄에 불순물인 황이 많이 포함되어 있다는 점이다. 당시에는 철광석에 연료를 직접 닿도록 했기 때문에 황이 많은 석탄을 사용하면 철의 질이 형편없이 떨어졌다.

이때 구원투수로 나타난 사람이 에이브러햄 다비(Abraham Darby)이다. 뉴커먼보다 열다섯 살이 적은 다비는 뉴커먼의 증기기관이 갖고 올 파장을 잘 알고 있었다. 증기기관의 수요가 폭발적으로 증가한다면 철의 수요도 덩달아 증가할 것이기 때문이다. 그러나 질 좋고 값싼 철을 공급한다는 것은 간단한 일이 아니다. 우선 목탄을 사용하지 않고서도 질 좋은 철을 생산해야 하기 때문이다.

다비는 이 문제를 간단하게 해결했다. 그는 목탄 대신 코크스(석탄을 가열해 휘발 성분을 없앤, 구멍이 많은 고체 탄소 연료)를 사용하여 철을 만들었다. 사실 제철 공정에 코크스를 사용한다는 아이디어는 17세기 초부터 있었다. 원리도 매우 단순하다. 음식물을 익힐 때 야채나 고기를 직접 불에 굽지 않고 그릇에 담아 익히는 것처럼 철광석을 연료와 분리하는 것이다. 코크스를 이용하는 원리 자체는 알려졌지만 실제적으로 어떻게 적용하는가는 전혀 다른 문제였다. 중국의 제철공들은 이미 11세기부터 이 방식을 사용하여 철을 얻었지만 유럽에서는 아직 그런 기술이 없는 상태였다.

다비는 남다른 통찰력이 있는 사람이었다. 그는 다른 제철 생산업자들보다 한 수 앞선 생각, 즉 브리스틀(Bristol) 지역에서 생산되는 석탄에는 황 성분이 적다는 것을 알았다. 브리스틀에서 생산되는 석탄으로 코크스를 만들어 연료로 쓰면 질 좋은 철을 만들 수 있다고 생각한 것이다. 그 한 가지 아이디어가 그로 하여금 세계에서 가장 유명한 제철 그룹을 이루게 한다.

그러나 다비는 철저한 기술자인 동시에 사업가였다. 그는 1707년 자신의 아이디어로 제철에 관한 기초 특허를 받았지만 코크스 제련법의 핵심인 제조 공정은 특허에 포함시키지 않았다. 특허를 획득했다고 하더라도 제조 공정의 비밀이 밝혀지면 결국 다른 사람들에 의해 더 업그레이드 된 새로운 기술로 발전될 수 있기 때문이다. 당시 영국의 특허권 인정 기간은 15년으로 그다지 긴 기간은 아니었다.

학자들은 전형적인 기술자인 다비가 경험을 통해 다음과 같은 사실을 파악했을 것으로 추측했다.

'철광석을 녹이는 용광로의 크기와 공급되는 바람의 세기가 증가하면 온도가 더 높아진다. 그러면 석탄 속의 불순물도 모두 타버리므로 철을 망쳐놓았던 황 성분을 걱정할 필요가 없다.'

다비의 제철소에서는 영국 정부의 고민거리였던 목재를 소비하지 않고서도 질 좋은 철을 생산할 수 있어 다른 제철업자들과는 경쟁이 되지 않았다. 그의 제철소가 있는 콜브룩데일(Coalbrookdale) 인근 지역은 불과 몇 년이 지나지 않아 세계에서 손꼽히는 산업지대로 변모했다. 제철소에는 대량의 물을 공급해줘야 하므로 강 또는 바다 인근에 세워지는데 세번 강(Severn River, 길이 290킬로미터로 영국에서 가장 긴 강)은 물동량 면에서 유럽에서 가장 번잡한 강 가운데 하나가 되었다.

덩달아 주변에 공장들이 세워지고 온갖 종류의 기계 장치들이 생산되었다. 아버지의 대를 이어 1761년 철공장을 운영하던 무기제조업자 존 윌킨슨(John Wilkinson, 1728~1808)이 최초로 철로 만든 선박을 만들었다. 철선을 만들 수 있다는 것은 그야말로 획기적인 아이디어였다. 이는 보다 큰 선박도 만들 수 있다는 것을 의미하여 이 사건을 계기로 군함은 물론 대형 선박들도 철로 제작되었다. 엔지니어와 노동자들은 제철 산업이 약속하는 부를 찾아 아이언브리지(Iron Bridge) 계곡으로 몰려들었고 새로 이주해온 주민들을 위한 집과 학교, 교회, 은행 등이 세워지면서 콜포트(Coalport)라는 마을도 형성되었다.

1740년 1만 2천 톤이던 영국의 선철 생산량이 1840년 1840만 톤으로 1500배가 늘어난 것만 보아도 다비의 제철법이 얼마나 획기적이었던가를 짐작할 수 있다. 물론 이 즈음에는 다비의 기술이 알려져 다른 제철소에서도 목재 대신 석탄을 사용했으므로 영국의 제철은 획기적으로 증가할 수 있었다. 2011년 세계 6위의 생산량을 자랑하는 한국의 철강 생산량이 6840만 톤인 것과 비교하면, 1840년 영국의 제철 생산량이 얼마나 대단한가를 알 수 있다.

비로소 세계 철 생산의 주도권은 스웨덴에서 다시 영국으로 넘어왔다. 다비의 코크스 제철법으로 인해 더 이상 목재로 만드는 스웨덴 철을 수입할 필요가 없었기 때문이다.

영국은 지리적, 자원적 한계에도 불구하고 다비의 제철법에 힘입어 연철(軟鐵)과 강철 등 질 좋은 철을 생산하면서 그야말로 철의 강국으로 발돋움한다. 철의 강국이란 산업혁명을 주도하게 된다는 것, 즉 산업 발전에 필요한 기계들을 제작하기 위한 철을 값싸게 공급할 수 있는 독점적 지위를 의미했다. 세계는 다비의 제철법에 의해 진정한 의미의 새로운 '철기시대'로 진입할 수 있었다. 즉 다비에 의해 비로소 산업혁명이 제대로 이루어질 수 있게 된 것이다.

| 아이디어를 끝까지 지켜라 |

다비의 제철법이 제철 부분에만 영향을 끼친 것은 아니었다. 그의 진가는 현대 과학의 진수인 지적재산권 보호가 궁극적으로 산업화의 첨병이 될 수 있다는 것을 보여주었다는 데 있다. 다비는 자신이 고안한 제철법의 핵심 노하우가 알려지는 순간 다른 사람, 다른 지역에서 곧바로 생산할 것으로 생각했다. 다비는 그런 문제점을 근본적으로 해결할 방법은 일단 특허를 확보했더라도 끝까지 기술의 핵심을 공개하지 않는 것이라고 믿었다. 특허의

펨버턴

중요성을 강조할 때마다 단골로 거론되는 재미있는 일화가 있다.

1886년경 미국 애틀랜타의 시골 약제사인 펨버턴(John Pemberton, 1831~1888)은 마차를 몰고 시내로 나가 말뚝에 말을 매어두고 조용히 뒷문을 통해 한 약국에 들어가 젊은 주인과 거래를 시작했다. 잠시 후 펨버턴은 마차에서 낡아빠진 커다란 구식 주전자 하나와 나무 주걱을 갖고 와 젊은 주인에게 보여주었다. 두 사람 사이에 흥정이 오고가고 약국 주인은 2,300달러를 내밀었는데 그 돈은 그가 저축해 놓은 전 재산이었다. 돈을 받은 시골 약제사는 비밀의 처방이 적힌 조그만 종이쪽지 한 장을 약국 주인에게 건네주었다.

이것이 바로 아메리카니즘의 대명사 코카콜라 탄생의 전설이다. 코카콜라는 현재 전 세계 최대 설탕 소비자 중의 하나이며, 연간 수억 병에 달하는 유리병을 소비함으로써 유리공업을 이끌고 있고 당시 소도시였던 애틀랜타는 미국에서 가장 큰 거대 기업도시 중 하나로 성장했다.

그런데 거래가 성사되던 날 시골 약제사 펨버턴이나 젊은 주인 아서 캔들러(Asa Griggs Candler, 1851~1929)도 이 주전자로부터 세계를 뒤흔들 막대한 부가 쏟아져 나오게 되리라는 것을 알지 못했다. 펨버턴은 자신이 만든 고물딱지를 2,300달러나 받고 팔 게 된 것을 매우 흡족하게 생각했다.

한편 캔들러는 종이쪽지 한 장과 낡아빠진 주전자에 평생 동안 모은 저축금을 몽땅 걸었지만 펨버턴이 준 주전자가 언젠가 알라딘의 램프가 되리라고는 상상도 하지 못했다. 그러나 그는 펨버턴이 준 '코카콜라'를 사업화시킬 아이디어를 갖고 있었다.

캔들러는 펨버턴의 아이디어를 구체화하여 코카콜라를 청량음료로 판매하기 시작하면서 한 가지 기본 사업 방침을 세웠다. 즉 본사에서 원액(제법 미공개)만을 제조하여 국내 및 해외의 특정회사에게만 공급하는 프랜차이즈 방식으로, 백 년이 넘은 지금까지 철저히 지켜오고 있다. 코카콜라 사업권을 딴 특정회사에서는 본사에서 공급하는 원액에 물·탄산·설탕 등의 첨가물을 배합하여 병이나 캔에 넣고 루트 세일즈(직매) 방식으로 판매한다.

각국의 특정회사들이 이와 같은 계약에 동의하지 않을 수 없는 것은 원액 제조법을 공개하지 않기 때문이다. 사실 코카콜라 본사가 얼마나 철저하게 원액 제조의 비밀을 지키고 있는지는 인도에 코카콜라를 상륙시키려고 할 때의 협상 과정에서도 드러난다. 인도 측에서는 원액 제조의 비밀을 알려주지 않으면 인도 상륙을 불허하겠다고 완강하게 말했다. 인구가 거의 12억이나 되는 인도는 중국 다음으로 인구가 많은 국가로 코카콜라가 인도에서 거두어들일 예상 매출은 막대한 것이었다. 그러나 코카콜라는 인도 상륙을 거부했다. 전 세계적으로 코카콜라가 상륙하지 않은 나라가 거의 없지만 원액 제조의 비밀을 지키기 위해 자진 철수한 것이다. 알려지기로는 코카콜라의 조성 비율을 알고 있는 사람은 전 세계에서 단 두 명인데 이들은 만약의 사태에 대비하여 절대로 같은 비행기나 선박, 차를 타지 않지 않는다고 한다.

| 철의 용도를 넓혀 수요를 늘리다 |

다시 다비의 얘기로 돌아가서, 질 좋은 철을 값싸게 공급할 수 있는 다비의 제철소는 손자인 다비 3세로 이어졌다. 다비 3세까지 철저하게 제철의 비밀이 지켜진 것이다.

　다비로부터 시작된 신화는 이뿐만이 아니다. 철의 대량생산으로 세번 강의 물동량이 폭증했지만 다비의 제철소가 있는 콜브룩데일에는 다리가 없어 모든 물동량을 배로 운반해야 했다. 다비의 제철소에서 생산되는 물동량을 해결하는 것도 만만치 않은 일이므로 도시의 비약적 발전을 가로막는 장애를 극복하자면 다리를 건설해야 한다는 요구가 봇물처럼 터져나왔다. 특히 변덕스러운 날씨가 계속되면 배로 강을 건너는 것이 간단한 일이 아니었다.

　문제는 다리를 만들더라도 다리 위로 무거운 철을 이동시킨다는 것은 상상도 못할 일이었다. 다리라면 돌이나 나무로 만들어야 한다는 것이 그 당시의 생각이었다. 이때 천재적인 건축가 토머스 프리처

아이언브리지

드(Thomas F. Pritchard, 1723~1777)가 등장한다. 그는 철로 선박을 만들 수 있다면 다리도 만들 수 있다고 제안했다. 다비의 제철소에서 생산되는 주철로 다리를 만들자는 것이다. 그는 철을 이용하여 적절한 구조역학적인 설계만 한다면 상당한 무게의 하중도 견디는 다리를 만들 수 있다고 주장했다.

철로 다리를 만들자는 프리처드의 아이디어는 곧바로 제철 가문의 자손인 다비 3세(Darby III, 1750~1791)에게 들어갔다. 할아버지의 사업성을 물려받은 다비 3세는 프리처드의 주장을 곧바로 받아들여 건설비의 상당 부분을 제공하겠다는 대범한 투자를 했다. 이 다리 건설을 위해 당시로서는 천문학적 액수인 3천 파운드를 내놓았다. 이것이 1779년 세계 최초의 철교인 콜브룩데일교(Coalbrookdale Bridge)가 세워진 배경이다.

훗날 '아이언브리지'로 불리는 이 철교는 콜브룩데일에서 세번 강 어귀까지의 골짜기에 건설되었다. 총 길이 42.7미터(철제 부분 30.6미터), 수면 위의 높이는 15.35미터로 그리 크지 않으며 강 양쪽에 설치한 석조 교각, 배의 통행이 가능하도록 만든 상판, 그리고 상판을 떠받치는 주철로 된 다섯 개의 나란한 아치로 구성되었다. 각 아치는 반쪽 부분씩 만들어 이어 붙였는데 이를 위해 다비 3세는 1778년 용광로를 확장해야 할 정도였다. 또한 아주 적은 수의 여러 부품도 주조해야 하므로 제작 과정도 그에 맞추었다. 한마디로 아이언브리지 건설을 위해 전 재료가 조립식으로 제조되었다.

아치를 세우는 작업은 아주 세심하게 진행되었는데도 아치를 구성하는 약 378톤에 달하는 주철 부품들을 설치하고 연결하는 데는 불과 3개월밖에 걸리지 않았다. 각 부분의 부품 수를 적게 설계함으로써 작업을 단순화시켰기 때문이다. 이런 면에서 아이언브리지 철교를 현대 기계공학의 기본인 부품의 표준화, 즉 대량생산의 길목으로 가는 선구자로 본다.

다비 3세가 아이언브리지를 건조한 근본적인 목적은 철의 용도가 무궁무진하다는 것을 알리기 위해서였다. 다비 1세가 값싼 철을 공급하자 철의 사용처는 급격히 확대되어 일부 부자들은 가정용 수도를 나무 관에서 철관(鐵管)으로 교체했다. 그럼에도 불구하고 철의 용도는 기계류를 제외하면 고작해야 철봉, 꺽쇠, 경첩 등의 소품으로만 사용되었다.

철교를 만들면 완벽한 구조 역학적인 설계가 필요하여 매우 복잡한 구조물도 구축할 수 있다는 것을 보여줄 수 있을 것이라는 다비 3세의 예상대로 이후 철은 토목공사 재료로 각광받게 되었다. 아이언브리지가 동시대인들에게 얼마나 큰 충격을 주었는지는 1787년 이탈리아 한 여행가가 쓴 여행기에 잘 나타나 있다.

"콜브룩데일로 가는 길은 지옥으로 들어가는 입구와도 같다. 지구의 심장에서 뿜어져 나온 짙은 연기는 시커먼 기둥을 이루고 각종 기계장치들은 증기 구름을 토해낸다. 제철소 굴뚝에선 퀴퀴한 연기가 쉴 새 없이 솟아오른다. 나는 침침한 어둠을 뚫고 높다랗게 솟아오른 두 개의 언덕 사이로 평화롭게 흐르는 세번 강의 둑을 향해 내려갔다. 온전히 철로만 만들어진 다리 하나가 눈에 들어왔다. 서서히 어둠이 내리는 강 위로 부옇게 떠오른 다리는 마치 미지의 세계로 향한 문처럼 보였다."

| 주철 · 선철 · 연철, 그리고 베서머 강철 |

이 인상적인 구조물은 완성되자마자 순식간에 전 세계인의 관심을 끌어, 당시의 신사숙녀들에게 콜포트 방문은 '성지 순례'에 버금갈 정도였다. 1795년 사상 최악의 홍수가 일어났지만 범람을 견뎌낸 다리는 아이언브리지 하나뿐이었다. 불가능을 가능으로 바꾸며 근대화를 앞당긴 아이언브리지는 이후 증기기관과 함께 '산업혁명의 상징'으로 자리잡았는데, 세계 최초의 철교(鐵橋)라는 점이 인정되어 1986년 유네스코 세계문화유산으로 지정되었다.

다비에 의해 촉발된 철 제련 기술은 퍼들법에 의한 연철(soft iron), 베서머 제강법에 의한 강철의 등장으로 한 단계 업그레이드된다. 퍼들법이란 콜브룩데일의 제철소 직원이던 헨리 코트(Henry Cort, 1741~1800)가 고안한 연철(puddled iron이라고도 부름) 제조법으로, 끓는 쇳물을 휘젓는 방법(퍼들법)으로 만든 것이다. 콜브룩데일이 제철의 본산지로 자리매김하게 된 것은 다비의 선철에 이어 코트에 의해 연철이 개발되었기 때문이다.

연철은 주철(鑄鐵), 선철(銑鐵)을 밀어내고 건축 구조물에 본격적으로 쓰이게 되었지만, 베서머 제강법에 의한 강철이 등장한 이후 철은 비로소 현대 문명의 총아로 자리매김한다. '베서머 제강법'은 헨리 베서머(Henry Bessemer, 1813~1898)가 개발한 기술로 그에 의해 강철이 탄생하게 됐다고 해도 과언이 아니다. 주철과 연철이 18세기 중반~19세기

헨리 베서머

초에 이르는 제1차 산업혁명의 씨앗이 됐다면, 강철은 제2차 산업혁명의 촉매제였다.

'베서머 제강법'은 특히 생산성이 높았는데, 10톤의 철을 제련하려면 기존의 퍼들법으로는 3일이 걸렸지만 베서머법으로는 20분이면 충분했다. 강철 제조법이라는 첨단기술로 영국은 비로소 '대영제국'의 위용을 뽐낼 수 있는 확고한 위치로 자리잡았다. 영국은 강철로 만든 대포와 총을 앞세우고 아시아, 아프리카를 정복했고, 식민지에 강철로 만든 철로를 놓아 침략의 발판으로 삼았다. 베서머는 획기적인 제강법으로 명예와 부를 얻었고 1871년 영국철강협회 회장, 1879년에는 기사 작위를 받았다.

강철로 만들어진 다리가 맨 처음 건설된 것도 역시 영국이다. 스코틀랜드 에든버러와 파이프(Fife) 지역을 연결하는 포스교(Forth Bridge)가 그것이다. 1883년에 착공, 1890년에 완공한 포스교는 2.5킬로미터의 길이를 자랑하며 5만4천톤의 철이 사용되었다.

19세기 중엽 영국이 '해가 지지 않는 나라'로 그 세력을 세계에 떨칠 수 있었던 것도 산업혁명으로 국력을 길렀기 때문인데, 에이브러햄 다비는 그런 산업혁명의 진정한 주인공 중의 한 명으로 기록된다. 그는 질 좋고 값싼 철을 공급함으로써 산업혁명 시대를 열었고, 자신이 발명한 제철 기법을 3대에 걸쳐 지킬 수 있는 능력을 발휘했다는 점에서 그의 진가가 빛나는 대목이다.

04
시대에 맞는
아이디어를
찾아라

존 루돈 매캐덤 John Loudon McAdam, 1756~1836

최초의 고속도로 매캐덤 도로

루이 6세(Louis VI, 1081~1137) 때의 일이다. 1131년 어느 날 필립 오귀스트 왕자가 말을 타고 파리의 센 강변의 생자크 거리를 지나가다가 갑자기 튀어나온 돼지에 놀라 그가 탄 말이 진창에 나뒹굴고 말았다. 왕자는 그 충격으로 며칠 후 사망했고, 크게 분노한 루이 6세는 전국의 도로를 개선하라고 지시했다. 하지만 신하들이 제시한 예산은 천문학적이었다. 정부 총 예산을 투입해도 변변한 도로를 만들 수 없다고 생각한 루이 6세는 아주 간단하고도 현명한 조처를 내린다. 파리 주변 도로에서 돼지를 추방하라는 것이다. 형의 죽음을 알고 있던 동생 루이 7세(Louis VII, 1120?~1180)는 왕위에 오르자마자 곧바로 도로를 포장하는 데 힘을 기울였다. 어린 시절의 기억이 그에게 남아 있었기 때문이다.

그럼에도 불구하고 도로 사정은 그다지 개선되지 않았다. 1725년 폴란드의 공주 마리아 레슈친스카는 루이 15세와 결혼하기 위해 파리를 향해 길을 떠났다. 수천 명의 농민이 동원되어 공주가 여행할 도로를 보수해야 했는데 그 도로가 얼마나 형편없었는지를 알게 해주는 기록이 남아 있다. 공주의 호송대원 중 하나가 다음과 같이 적었다.

"마차가 자주 수렁에 빠지는 바람에 왕비는 겁에 질리곤 했다. 그렇게 되면 왕비의 수행원들이 왕비의 팔을 잡고 수렁에 빠진 마차에서 왕비를 끌어내려야 했다."

| 산업혁명의 걸림돌, 열악한 도로 사정 |

산업혁명이 전개되면서 값싼 제품들이 사람들의 구매를 촉발시켜 판매량이 급속도로 늘어났는데 이는 물동량이 크게 증가한다는 것을 의미했다. 영국의 경우만 보더라도 상품 유통의 범위는 이미 국가 단위를 넘어서 유럽 대륙을 가로지르고 대양을 건너는 수준에 이르렀다.

이들 값싼 제품들이 보다 넓은 지역에서 소비되기 위해서는 빠른 시간 안에 공급되어야 했다. 당시 가장 빠른 교통수단은 마차였는데 마차가 빨리 달리기에는 도로 사정이 매우 열악했다. 사실 역마차라고 해도 평균 속도는 사람이 걷는 속도보다 약간 빠른 정도였다. 현대의 고속도로에서도 노면이 패이거나 작은 파손이라도 발생하면 자동차의 주행에 지장을 받는다고 비난이 쇄도하는데, 하물며 과거의 도로는 말할 것도 없어 비가 조금만 내려도 진창이 되어 그야말로 악몽이었다.

엄밀하게 말하면 고속도로 개념은 이미 로마제국 시대에 있었다. 세계를 정복해나가던 로마로서는 식민지가 넓어지면 넓어질수록 빠른 시간에 이들 영토 간의 소통하는 방법이 관건이었다. 가장 중요한 것은 먼 변방에서 소요사태가 일어났을 때 진압할 군대를 신속하게 파견하는 것이 문제였다. 비행기나 자동차가 없는 시절이니 그 방법이 고속도로뿐임은 두말할 필요가 없다.

특히 클라우디우스 황제(B.C. 10~A.D. 40)가 영국과 스코틀랜드를 정복했을 때, 로마는 이들의 통치를 보다 원활하게 하기 위해 고속도로 건설에 매진했다. 여기에서 로마인들의 천재적인 아이디어가 태어난다. 그들은 어떠한 기후에도 고속으로 달릴 수 있는 도로의 건설, 즉 로마 도로(Via publicae) 건설 아이디어를 생각해낸 것이다.

로마의 고속도로는 도로 가운데를 약간 불룩하게 만들고 양쪽에 배수로를 설치하는 형태이다. 로마는 자신들이 지배하는 제국의 전 지역을 로마식 고속도로로 연결하기 시작하여 기원 180년 전 로마 지역에 고속도로를 건설했다. 그러나 서로마제국이 게르만족에 의해 멸망하자 로마 도로 건설도 중단되고 관리도 하지 않아 방치되다가 결국 중세시대에는 로마식 도로 건설 방법조차 사라졌다. 중세시대의 도로가 엉망이 된 이유도 로마 도로의 건설법을 활용하지 못했기 때문이다.

영국에서 산업혁명의 여파로 대량 생산물을 재빨리 원하는 곳에 공급하려 해도 엉망진창인 도로가 문제였다. 골치 아픈 도로 문제를 해결하겠다고 나선 사람이 도로 건설에 일가견이 있던 스코틀랜드 사람 존 매캐덤(John Loudon McAdam)이다. 물론 그 이전에도 선임자들이 있었다. 현대의 도로 건설 기술을 처음으로 개척한 사람은 프랑스의 엔지니어 피에르 마리 제롬 트레사게(Pierre Marie Jerome Tresaguet)인데, 엔지니어 집안에서 태어난 그는 1757~1764년까지 파리의 도로 건설에 종사했다. 1775년 트레사게가 프랑스의 도로와 교각 건설의 총감독이 되자 그는 보다 효율적인 도로 건설 아이디어를 생각해냈다.

그의 아이디어는 비교적 간단했다. 많은 교통량, 즉 하중에 견딜 수 있도록 도로 전체에 무거운 돌을 평평하게 깔고 망치로 두드려 기초를 튼튼히 한 뒤, 그 위에 약 17센티 두께의 큰 돌을 깐다. 그런 후 그 위에 또 다시 약 8센티짜리 작은 돌을 덮는 방식이었다. 전체적으로 도로의 중앙 부분을 약간 높인 형태인데 깨진 작은 돌로 도로면을 포장하여 배수가 잘되도록 했다. 그의 공법은 도로 표면이 단단하면서도 유연성이 있어서 말발굽이나 철로 만들어진 수레바퀴 자국을 남기지 않았다. 이러한 트레사게 공법이 현대식 포장의 시초가 되었는데, 덕분에 프랑스는 1800년대 유럽에서 가장 좋은 도로를 가질 수 있었다.

비슷한 무렵 영국인 존 메트캐프(John Metcalf, 1717~1810)는 영국 북부의 도로를 건설하면서 자신이 고안한 도로포장 기법을 적용했다. 그는 배수가 잘되도록 홈을 내는 방식을 사용했고 늪지대는 작은 나뭇가지로 채워 기초를 다지는 방식을 사용했다. 그가 사용한 도로 건설 방법은 트레사게의 방법과 더불어 훗날 도로건설의 한 축이 되었다.

당대의 고속도로는 토머스 텔퍼드(Thomas Telford)에 의해 한층 업그레이드된다. 1801년 영국의 '도로 및 다리 위원회' 위원이 된 텔퍼드는 거의 혼자 힘으로 토목공학이라는 새로운 분야를 개척했다고 평가받는 인물이다. 텔퍼드는 트레사게의 도로건설 방식에서 가장 중요한 부분을 자신의 아이디어로 변형시켰다. 약 17센티의 두꺼운 돌을 바닥에 깔고 그 위에 50센티 정도 기반 층을 덮은 뒤, 약 6.3센티의 돌을 두 겹으로 깔고 다시 5센티 두께로 자갈을 덮어 보다 견고한 도로를 완성시킨 것이다. 당시 사람들은 그에게 '도로의 거인'이라는 별명을 붙여주었다.

| 매캐덤, 역발상으로 승부하다 |

그러나 진정한 의미의 고속도로는 존 매캐덤의 작품이라고 할 수 있다.

매캐덤은 1756년 스코틀랜드 글래스고 인근 에이어(Ayr)에서 워터월드 가의 남작 제임스 매캐덤과 어머니 수잔나 코크란의 10남매 중 막내로 태어났다. 상류층의 자제로 남부러울 것이 없는 매캐덤은 메이볼에 있는 사립학교 드와크 학교에 다녔지만 아버지가 파산하여 워터헤드 가의 영지가 매각되는 등 경제적으로 어려워지자 미국에 있는 사업가인 삼촌 윌리엄 매캐덤에게 보내졌다. 윌리엄은 뉴욕 인근의 땅 3만 에이커를 소유할 정도로 부호였다. 미국에 건너온 매캐덤도 사업을 시작했는데 사업 수완이 뛰어나 곧 보스턴에서 찰스턴까지 사업장을 확장하고 대형 선박도 소유했다.

그러나 윌리엄 매캐덤이 미국 독립전쟁에서 영국 왕당파에 적극 가담한 것이 큰 문제였다. 존도 영국 왕당파를 지지하여 예비군으로 종사하면서 영국군에 군수품을 납품했다. 그러나 미국의 독립전쟁이 영국의 패배로 돌아가자, 그들에 대한 미국인들의 시각이 곱지 않아졌고 매캐덤은 1783년 스코틀랜드의 에어셔(Ayrshire)로 돌아왔다. 그가 벌어놓은 많은 재산은 미국 정부에 압수당했지만 그래도 남부럽지 않을 정도의 재산을 갖고 귀국할 수 있었다.

스코틀랜드로 돌아온 그는 당대의 큰손들과 회사를 만들기도 했으나 그가 진정 재능을 발휘한 분야는 토목공학, 즉 도로 건설이었다. 그는 영국 서해안의 해군기지에 물자를 공급하는 일을 맡았는데 임무는 완수했지만 도로 사정이 너무나 나쁜 탓에 너무 많은 물류비용이 지출되었다.

1801년 그는 브리스틀 시의 도로 감독관이 되었는데, 브리스틀은 에이브러햄 다비의 제철법으로 급격히 성장한 도시이다. 문제는 이곳의 도로 상태가 엉망인데다 보수조차 어려워 물동량을 제때에 공급하지 못해 불만이 여기저기서 터져나왔다. 도로의 문제점을 잘 알고 있는 매캐덤은 자신이 토목공학의 기술을 접목해 폭주하는 물동량을 슬기롭게 해결할 수 있다고 생각했다. 그러나 아이디어가 좋고 의지와 집념이 있다고 모든 일이 성공하는 것이 아니다. 가장 큰 걸림돌은 고속도로의 건설비가 너무나 높아 정부라도 쉽게 도로 건설을 추진할 수 없다는 점이다.

존 매캐덤을 풍자한 카툰

매캐덤은 계획 단계부터 역발상을 했다. 즉 사용자가 통행료를 내도록 하자는 것이다. 그가 처음 통행료를 받아 막대한 건설비를 충당할 수 있다고 제안했을 때 모두들 비웃었다. 조금 빨리 가기 위해 도로 사용료를 내라고 한다면 누가 이를 받아들이겠느냐는 것이다.

결론을 말하자면 매캐덤은 초기에 그의 계획을 비웃었던 사람들의 코를 납작하게 만드는 데 성공했다. 그가 건설한 고속도로에서 나오는 통행료 수익은 그를 엄청난 부자로 만들어주었다.

그는 준비성이 철저한 사람이었다. 자신의 아이디어를 접목한 고속도로를 건설하는데 필요한 자료를 얻기 위해 거의 6년 동안 3만 마일 이상의 도로를 답사하며 각 도로의 문제점을 꼼꼼히 체크했다. 그가 철저한 준비와 아이디어로 무장한 채 고속도로 건설을 설득하자, 브리스틀 시 당국은 매캐덤에게 고속도로 일부 구간을 직접 건설해보라고 허가했다. 물론 매캐덤의 제안대로 통행료 징수를 보장하는 조건이었다.

도로가 개통되자 그의 예상이 적중했다. 비싼 통행료에도 불구하고 고속도로가 이용자들에게 큰 이득을 줄 수 있음이 증명되었다. 고속도로가 소비자들에게 매우 경제적인 경쟁력을 제시한 것이다.

매캐덤은 자신이 설계한 공법으로 70여개의 고속도로를 건설하여 통행료를 받았는데, 그가 얼마나 큰돈을 벌었는가를 풍자한 만화가 그려질 정도였다. 그가 도로 위에 두 다리를 벌리고 서서 많은 통행세를 받는 모습을 그린 것이다.

| 정직이 최선이다 |

매캐덤의 성공 요인은 주위 사람들의 비웃음에도 불구하고 자신의 신념을 믿고 고속도로 건설에 매진한 데 있었다.

매캐덤 도로의 기본은 배수가 잘되도록 도로 면을 지면보다 약간 높게 만드는 것으로, 원리를 보면 두 선배, 즉 트레사게와 텔퍼드의 아이디어와 크게 다르지 않다. 길 양쪽에 배수 홈을 만든 후 작은 돌을 촘촘히 깔아 기초를 다진다. 그리고 도로 표면은 네모진 작은 화강암이나 녹암(綠岩)으로 덮었는데, 교통량에 의한 압력으로 다져지도록 하기 위해서였다.

매캐덤 도로의 핵심은 돌의 규격이다. 하단부에 쓰이는 돌의 크기는 높이 2센티, 너비 7.5센티를 넘지 않도록 엄격하게 제한했다. 상단부에는 높이 5센티, 너비는 2센티의 돌로 제한했는데, 상단부 돌의 사이즈를 엄격하게 2센티로 제한한 것은 당시 철바퀴의 폭이 10센티이므로 이것보다 상당히 작아야 틈새에 바퀴가 끼이지 않고 고속주행이 가능하기 때문이다.

매캐덤 도로의 또 다른 특징은 도로의 재료로써 흙, 진흙, 연질의 석회암, 상단부 포장 등을 전혀 사용하지 않는다는 점이다. 그가 사용한 도로의 재료는 모두 규격화된 돌이다. 실제적으로 도로 건설에 투입한 많은 노동자들의 주된 작업은 망치로 작은 돌을 다듬는 일이었다. 매캐덤이 이와 같이 엄격하게 돌의 규격을 제한한 이유는 도로 위를 지나는 물동량의 압

매캐덤 도로(1850년대)

력으로 도로면이 자동 포장되도록 하려는 것이었다. 당시 짐차와 객차 바퀴의 테는 철로 만들어져서 도로 면에 바퀴 자국과 구멍을 내곤 했는데 그의 도로는 물동량이 많으면 많을수록 더욱 더 단단하게 다져지는 효과를 가져왔다. '간이 포장하다(macadamize)'라는 영어 단어는 그의 이름을 따서 "매캐덤 도로를 건설한다"는 뜻이다.

그러나 그의 도로에도 약간의 문제점은 있었다. 하층토(下層土)를 항상 건조하게 유지해야 한다는 점이다. 그는 이 문제를 정확하게 알고 있었으므로 그는 자신이 설계한 도로에 대해 다음과 같은 관리지침을 내렸다.

'천연의 토양은 미리 충분히 건조시킬 필요가 있고, 더구나 건조 상태를 유지하기 위해 비를 통과시키지 않는 덮개를 만들어야 한다. 도로의 두께는 물을 통과시키지 않는 덮개를 만들기 위해 필요한 정도에 의해서만 결정된다.'

1819년 매캐덤 도로를 영국 정부에서 공식적으로 채택하느냐 하는 것에 대한 청문회가 열렸다. 이 자리는 사실상 매캐덤을 위한 자리라고 해도 과언이 아니었다. 당시 청문회의 한 장면이다.

매캐덤 : 저는 기층(基層)이 단단한 것보다는 연한 것이 좋다고 생각합니다.

위원회 : 당신은 진창을 더 선호한다는 뜻인가요?

매캐덤 : 제 말은 진창을 의미하는 것이 아니라 제 아이디어를 선호한다는 뜻입니다.

위원회 : 단단하지 않은 기층이 왜 장점이 있다고 생각하지요?

매캐덤 : 저는 도로가 단단한 것으로 포장되어 있다면 부드러운 도로

보다 손해가 많을 것으로 생각합니다.

위원회 : 그 말을 증빙할 수 있습니까?

매캐덤 : 만약 도로가 매우 정교하고 효율적으로 만들어졌다면 딱딱하더라도 문제가 없을 것입니다. 그러나 딱딱한 도로는 폭우와 겨울에 동결될 때 문제가 있는데 브리스틀 지역 도로를 조사한 결과 7:5 정도로 딱딱한 도로가 더 많았습니다.

위원회 : 당신의 말은 딱딱한 도로가 7, 부드러운 도로가 5이라는 뜻인가요.

매캐덤 : 예.

위원회 : 당신은 딱딱한 도로가 부드러운 도로보다 태양과 공기의 영향을 더 크게 받는다고 생각하는가요?

매캐덤 : 그렇습니다.

위원회 : 만약 습지를 도로로 만들 경우 당신은 큰 돌을 사용하겠습니까? 작은 돌을 사용하겠습니까?

매캐덤 : 저는 아직도 도로의 하층부에 큰 돌을 사용한 적이 없습니다. 저는 도로를 건설하면서 어느 곳에도 큰 돌을 사용하지 않았습니다.

위원회 : 당신은 습지에 도로를 만들 때 진창과 돌 사이에 특별한 재료를 사용하지 않았나요?

매캐덤 : 그런 적이 없습니다.

위원회 : 여러 재료로 된 다발 같은 것도 사용하지 않았다는 뜻인가요.

매캐덤 : 전혀 그런 것을 사용하지 않았습니다.

위원회 : 어떤 작은 돌을 사용하지요?

매캐덤 : 6온스보다 작은 돌입니다.

까다로운 청문회를 슬기롭게 통과하자 1823년 영국 의회는 런던을 비롯해 영국에서 건설되는 모든 도로를 매캐덤 방식으로 건설하도록 결정했다. 그런데 매캐덤의 아이디어로 영국에서 도로가 수없이 건설되고 있음에도 영국 정부는 다소 의아스런 결정을 내린다. 다른 건설업자들이 매캐덤 방식의 도로를 건설해 특허를 침해해도 방관한 것이다. 누구나 마음만 먹으면 매캐덤 고속도로를 건설하고 통행료를 징수할 수 있도록 방관한 것인데 이것은 영국 정부가 국익을 우선으로 했기 때문이다.

산업혁명의 불꽃으로 고속도로 건설이 급선무라는 것을 잘 아는 영국 정부는 고속도로 건설이 매캐덤의 특허에 의해 제약받아서는 안 된다고 생각한 것이다. 물론 매캐덤은 영국 정부의 이러한 조처에 그다지 개의치 않았다.

그러나 영국 정부는 매캐덤의 공헌을 계속 모른 척할 수 없었던지 1825년, 2천 파운드의 특별 포상금을 지불했다. 그리고 영국 정부가 작위 부여를 결정했으나 매캐넘은 고령을 이유로 거절했고 아들이 대신 이를 받았다. 매캐덤은 1836년 11월 모팻(Moffat)에서 사망해 조상 묘지에 매장되었다. 그는 마지막 눈을 감기 직전 다음과 같이 말했다.

"정직이 최선이다."

| 역마차에 통행료를 |

매캐덤이 고속도로를 건설할 때 착안한 아이디어의 핵심은 지금의 민자 고속도로와 비슷하다. 오늘날 거의 전 세계의 고속도로에는 통행료를 내야 하는데, 19세기 초에 이미 매캐덤이 민자 고속도로를 건설하고 통행료를 징수했다는 사실이 흥미롭다. 1840년 영국에는 거의 2만2천 마일 이상의 유료도로가 있었고 8천개 가량의 통행료 징수소가 있었다. 기차가 등장하기 전까지 이들 도로 위로 12마리의 말이 끄는 새롭고 신속한 역마차가 고속으로 달렸고 그가 건설한 도로는 1900년대 초까지 사용되었다.

매캐덤의 도로건설 방식은 아메리카 대륙에까지 상륙하게 된다.

존 포드 감독, 존 웨인 주연의 〈역마차〉는 〈하이 눈〉, 〈셰인〉과 함께 서부영화의 3대 걸작으로 꼽힌다. 〈역마차〉에는 도로 위를 질주하는 장면이 시종일관 등장한다. 한 마디로 좋은 상태의 도로 위를 마음껏 달리는데 사실상 이 도로들은 영국에서 산업혁명의 견인차가 되었듯이 미국에서도 신흥국 미국을 최강국으로 이끈 원동력이 되었다.

서부에서 발견된 금광으로 시작된 골드러시로 역마차가 운송수단으로써 큰 역할을 했는데, 그런데 영화에서처럼 이 역마차가 달리던 도로는 지금처럼 통행료를 지불해야 하는 고속도로였다.

초창기 미국의 도로 사정도 유럽과 마찬가지로 형편없었지만 물동량이 유럽만큼 많지 않았기 때문에 도로 건설에 대한 관심이 크지 않았다. 기록에 의하면 1760년에 필라델피아의 자가용 마차는 38대, 1768년의 보스턴에는 22대밖에 없었다. 그러나 서부에서 황금이 발견되었다는 소식은 곧바로 서부로의 대이동을 촉발시켰다.

1806년 미국 의회는 메릴랜드 주 컴벌랜드에서 웨스트버지니아 주 휠링까지 산악지대를 관통하는 도로 건설을 인가했다. 고속도로의 수익성을 기대하는 일부 자본가들이 재빨리 매캐덤의 공법을 활용하여 유료 도로를 만들었다.

미국 최초의 유료 도로는 필라델피아—랭커스터 간의 100킬로미터로, 통행료는 3달러 10센트라는 당시로는 큰 금액이었다. 상상을 넘는 비싼 통행료에도 불구하고 유료 도로는 '황금알을 낳는 거위'로 사업성이 보장되었기 때문에 많은 사업가들이 도로 건설에 뛰어들었다. 1830년대 뉴욕 주에서만 이미 278개의 개인회사들이 유료 도로를 운영했다.

유료 도로에 너무 많은 통행료를 지불하게 되자 여기저기서 불만적인 여론이 형성되기 시작했다. 로마시대처럼 모든 여행자가 간선도로를 무료로 이용할 수 있어야 한다는 목소리가 높아졌다. 결국 미국 정부가 국도 공사를 주관하기 시작하면서 유료 도로는 파국을 맞았다. 게다가 증기기관차를 이용한 철도라는 대량운송 수단이 등장하면서 기존 도로로 달리는 교통수단이 쇠퇴할 것이라는 생각에 국도 건설조차 중단되었다.

그러나 아이러니컬하게도 기차가 등장한 이후에도 도로 건설은 오히려 붐을 이루게 되는데 그것은 산업용 물동량 해결을 위해서가 아니라 폭발적으로 사람들의 흥미를 끈 스포츠 때문이었다. 바로 스포츠카와 자전거이다.

1874년 미국 건국 100주년을 기념하는 필라델피아 박람회에서 자전거가 소개되어 큰 인기를 끌었는데 곧바로 전국에 자전거클럽들이 생겼고 이어 미국 자전거동호인 연맹이 결성되었다. 연맹의 목적은 '자전거동호인의 권리를 지키고 보호하며 레저를 장려하고 촉진하는 것'이다. 자전거 보급이 거의 400여만 대로 늘어나자 그들은 정부에 도로의 정비를 강력히 촉구했다. 엄청난 자전거 동호인들의 목소리에 정치가들은 현명하게도 곧바로 귀를 기울여 다시 도로가 건설되기 시작했다.

20세기 들어 통행료를 지불하는 고속도로가 다시 등장했는데, 물론 자전거가 아니라 자동차 전용 도로이다. 지금은 극히 일부의 사회주의 국가를 제외하고는 자동차 고속도로를 달릴 때는 통행료를 지불해야 한다는 것이 자연스런 일이 되었다.

"어느 날, 나는 이상한 꿈을 꿨다. 꿈속에서 어떻게 된 영문인지 나는 식인종들 앞에 끌려 나가, 1시간 안에 재봉 기계를 만들지 못하면 사형에 처한다는 엄명을 받았다. 그러나 아무리 궁리했으나 그 기계 발명이 쉽지 않아 나는 마침내 사형장으로 끌려 나갔다. 식인종이 창을 겨누며 다가왔다. 햇빛에 창끝이 반짝이는 순간, 나는 창 끝 조금 넓적한 부분에 구멍이 뚫려 있음을 보았다. 순간, 나는 '바로 이거다!' 라고 외치면서 번쩍 정신을 차려 잠에서 깨어났다."

05

사람이
하는 일을
기계가
대신하게 하라

일라이어스 하우 Elias Howe, 1819~1867

바느질하는 기계, 재봉틀

인간의 가장 큰 속성 중의 하나가 '게으름'이다.

그것은 '인간 발달사'에도 잘 나타나 있다. 과거에는 모든 일을 인간이 직접 수행해야 했는데 가축을 기르기 시작하자 획기적인 아이디어를 찾아낸다. 바로 인간의 노동을 동물에게 떠넘기는 방법이다. 말이나 소, 낙타 등이 인간의 힘을 대신하도록 바퀴와 수레를 만들고, 이들을 보다 효율적으로 부려먹기 위해 여러 가지 도구들이 발명되었음은 물론이다. 고대의 농사 대부분을 동물을 이용해 경작하는 것도 같은 차원이다.

예나 지금이나 인간을 편하게 하는 기구를 발명하는 사람에게 커다란 명예와 부가 주어지는 것은 그만큼 많은 생산성을 올리기 때문이다. 그러나 아무리 인간이 게으르게 살고 싶더라도 모든 것을 동물에게 전가시킬 수는 없는 일. 인간의 3대 기본 요건인 의 · 식 · 주에서 의복의 경우 동물의 가죽을 사용할 수는 있지만 동물에게 인간의 옷을 만들라고 할 수는 없지 않은가.

사실 인간의 3대 기본 요건에 의복이 들어 있다는 것은 그만큼 인간

생활에서 의복의 중요성을 말해주는데, 이는 뒤집어 말하면 의복이 없다면 인간이 생존할 수 없기 때문이다. 그러므로 고대인들의 유물에서 거의 필수적으로 나오는 것이 바늘이다. 간단하게 보이는 바늘이 그토록 오래 전부터 사용됐다는 것은 의복을 만드는 데 바늘이 필수적이며 고대 가사노동 중에서 가장 많은 에너지가 소요되는 일이기 때문이다. 의복을 만드는 데 소요되는 에너지를 절약시킬 수 있는 그 무엇을 발명한다면 엄청난 부가가치를 얻을 수 있다는 것을 누구나 금세 알아차릴 것이다.

이런 종류의 기계 중에서 재봉틀만큼 인간의 일상에 큰 영향을 미친 제품은 일찍이 없었다. 더불어 재봉틀은 대량생산되어 산업뿐만 아니라 가정에서도 널리 사용된 최초의 기계로도 그 의미가 크다.

| 재봉틀을 부수는 사람들 |

기계혁명으로 촉발된 산업혁명은 공장 등 산업 분야뿐만 아니라 가정으로까지 이어졌다. 그런데 가정 안에서의 혁명은 산업혁명이라는 거대한 움직임이 시작된 지 거의 1세기를 기다려야 할 만큼 매우 늦게 시작되었다. 가장 큰 장애 요인은 무엇보다 집 안에 들여놓을 수 있을 만큼 기계의 크기가 작아져야 하는 것이었다.

18세기 후반, 방직·방적 공정이 산업화되었음에도 불구하고 의복의 바느질은 모두 손으로 해결해야 했다. 만일 바느질을 기계로 대신할 수 있다면 누구든 그야말로 떼돈을 벌 수 있을 터였다. 수많은 사람들이 '바느질 기계' 개발에 도전했다는 것은 그만큼 매력 있는 물건이기 때문이다.

제일 먼저 바느질 기계에 도전한 사람은 영국인 토머스 세인트였다. 그는 1790년 손뜨개질용 코바늘로 구두를 꿰매는 기계를 발명했으나 별로 인기를 끌지 못하고 금세 잊혀졌다.

그로부터 40년 후인 1830년 프랑스 사람 시모니에(Barthelemy Thimonnier, 1793~1857)가 처음으로 재봉틀다운 재봉틀을 만들어냈는데, 한 가닥의 실로 바느질이 되는 기계였다. 그러나 그처럼 발명가로서 비운의 사나이도 없다. 가사 노동을 획기적으로 줄여주는 그의 발명은 때를 잘못 만났다.

산업혁명으로 기계가 사람의 노동을 대신하면서 많은 노동자들이 일자리를 잃어 생존에 위협을 받고 있었기 때문에 기계에 반대하는 운동이 불같이 일어났다. 이른바 러다이트 운동(Luddite Movement)이다. 그는 그 열풍에 휘말리고 싶지 않았다.

사람들이 기계를 두려워하는 데는 나름의 이유가 있었다. 자본가들은 새로운 발명품을 만들어 값싼 상품을 시장에 내놓으면서 큰돈을 벌었지만 그들이 노동자들에게 주는 인건비는 그야말로 생계비에도 미치지 않는 푼돈이었다. 특히 사람이 아닌 기계를 이용한 생산 공정에는 숙련된 노동자가 필요 없었다. 자본가들은 보다 값싼 노동력을 이용하기 위해 어린아이를 고용했다. 어린아이들의 싼 일자리는 많았지만 어른들은 실업자가 되어갔다. 공장을 가진 자본가들만 큰돈을 벌고 보통사람들의 생활은 더욱 궁핍해졌다.

| 러다이트 운동 |

19세기 초에 일어났던 '기계파괴운동' 즉 러다이트 운동에 참여한 사람들은 기계야말로 사회적으로 자본가 계급과 노동자 계급의 양대 계급으로 분열을 촉진시킨 주범이라고 생각했다. 이들에게 러다이트 운동은 자본주의에 대항하는 하층계급이 자기 생활을 지킬 수 있는 최후의 보루였다.

시모니에가 재봉틀을 발명한 것은 러다이트 운동이 노동운동으로 이어지는 와중이었다. 시모니에는 자신도 기계 파괴의 대상이 될지 모른다는 생각에 거의 10년 동안 아무도 모르게 혼자서만 재봉틀을 사용했다.

그의 발디딤식 재봉틀은 수평으로 된 봉에 바늘이 연결되어 있어 천을 쉽게 밀어낼 수 있었기 때문에 1분에 200바늘, 즉 손으로 꿰매는 것보다 대략 14배의 빠르기로 바느질을 할 수 있는 획기적인 가정용 기계였다.

숨죽이고 때를 기다리던 그에게 드디어 절호의 기회가 찾아왔다. 때마침 전쟁이 일어나 군복의 수요가 폭발적으로 늘어난 것이다. 프랑스 육군과 군복의 납품 계약을 한 그는 80대의 재봉틀을 갖춘 공장을 세웠다. 문제는 국방용이라는 호소에도 불구하고 재봉사들이 자신의 생계를 위협하는 기계를 막고 나선 것이었다. 남녀 재봉사들은 그의 공장에 불을 질러 재봉틀을 완전히 다 태운 것은 물론 그에게 집단 린치를 가하기까지 했다. 결국 시모니에의 공장은 파국을 맞았다. 1841년의 일이다.

그는 좌절하지 않고 1848년 업그레이드된 재봉틀을 다시 만들었는

러다이트 운동

데 이번에도 노동자들이 그의 재봉틀을 모두 불태웠다. 프랑스에서는 도저히 성공할 수 없다고 생각한 그는 다음해에 미국에서 특허를 획득했지만 이미 때늦은 일이 되고 말았다. 그는 재기하지 못하고 가난과 절망 속에서 세상을 떠나고 말았다.

시모니에가 사망했다는 소식이 알려지자마자 그의 특허를 주목하고 있던 미국의 자본가들은 곧바로 그의 아이디어를 차용하여 재봉틀을 만들어 시판하기 시작했다. 이와 같은 일이 벌어지게 된 것은 시모니에에게도 일말의 책임이 있다.

다소 복잡한 기계인 경우 특허로 등록된 내용만 보고 제 3자가 제작하는 것은 간단한 일이 아니다. 당시 모든 사람들이 눈독을 들이던 재봉틀과 같은 기계인 경우 더욱 그러한데, 미국 자본가들이 시모니에가 사망하자마자 그의 아이디어로 된 재봉틀을 만들 수 있었던 것은 간단하다. 한마디로 시모니에가 자본을 유치하기 위해 자본가들에게 자신의 특허를 설명했는데 그가 살아 있을 때는 투자하지 않다가 그가 사망하자마자 그가 설명한 기계 설계도를 토대로 재봉틀을 생산한 것이다. 인생에는 정말 얄궂은 일이 많이 나타나는데 시모니에의 경우는 더욱 그러하다.

| 재봉틀의 발명: 하우 vs 싱거 |

많은 사람들이 시모니에의 재봉틀을 이용하기 시작할 무렵 미국의 일라이어스 하우(Elias Howe)는 시모니에의 재봉틀 혁신에 도전했다.

1819년 매사추세츠 주의 가난한 농가에서 태어난 그는 다리를 절어 농사일을 하는 것이 어려웠다. 마침 그의 아버지가 제분공장을 시작하면서 제분 기계 돌리는 일을 맡겼는데 하우는 기계에 선천적인 재능을 보이기 시작했다. 그의 재능은 곧바로 알려져 열여덟 살에 보스턴의 기계기술자인 데이비스의 제자가 되어 체계적인 기계 지식을 익힐 수 있게 되었다.

그러나 남다른 재산이 없던 하우는 과학자의 조수로 받는 보수로는 생계를 유지하기 어려워 그의 아내가 어렵게 바느질로 생계를 도왔다. 집에서 아내가 고생하는 것을 보고 자신의 기계 지식을 접목할 수 있는 방법을 곰곰이 생각하기 시작했다. 바느질은 아무리 많은 양이더라도 바늘과 실만 갖고 계속 반복하는 단순작업이므로 기계가 대신할 수 있다는 것이 그의 기본 생각이었다. 결론부터 말하면 그는 자동 재봉틀 아이디어를 개발하여 큰 성공을 이룬다. 그런데 훗날 그는 회고하기를 좀처럼 풀리지 않는 문제 해결의 실마리를 꿈에서 찾았다고 말했다.

"어느 날, 나는 이상한 꿈을 꿨다. 꿈속에

일라이어스 하우

일라이어스 재봉틀

서 어떻게 된 영문인지 나는 식인종들 앞에 끌려 나가, 1시간 안에 재봉 기계를 만들지 못하면 사형에 처한다는 엄명을 받았다. 그러나 아무리 궁리했으나 그 기계 발명이 쉽지 않아 나는 마침내 사형장으로 끌려 나갔다. 식인종이 창을 겨누며 다가왔다. 햇빛에 창끝이 반짝이는 순간, 나는 창 끝 조금 넓적한 부분에 구멍이 뚫려 있음을 보았다. 순간, 나는 '바로 이거다!'라고 외치면서 번쩍 정신을 차려 잠에서 깨어났다."

다소 작위적이고 윤색의 냄새가 나는 일화지만 하루종일 재봉틀에 대해 궁리하다보면 꿈에서조차 아이디어가 떠오를 수도 있을 것이다. 어쨌든 그는 단순한 데서 해결의 실마리를 찾아냈다.

비밀은 바늘의 구멍 위치였다. 보통 바늘은 실을 꿰는 구멍이 뒤쪽에 있었으나 원주민의 창은 앞쪽에 구멍이 있었던 것이다. 하우는 앞쪽 바늘구멍에 실을 꿰어 윗실과 밑실로 겹바느질을 할 수 있는 2중 재봉법의 묘안을 찾아 드디어 획기적인 재봉틀을 발명했다. 두 가닥의 실로 바느질이 되는 오늘날의 재봉틀은 그가 개발한 방식이다.

1844년 거의 무일푼인 26세의 하우는 친구인 피셔에게 자금을 빌려 기본 샘플을 만들고 1845년에는 완전한 시제품을 만들고 특허도 획득했다.

그러나 하우 역시 재봉사들의 거친 항의에 봉착했다. 재봉사들이 공개적으로 재봉틀 반대 운동을 펼치자 피셔도 더 이상 자금을 지원할 수 없다고 통보해왔다. 하우는 더 이상 재봉틀로 생계를 유지할 수 없다는 것을 알고 기관차 운전사로 취직했다. 천재적인 발명가가 생계 유지를 위해 생소한 분야인 기관차 운전사가 되었으니 불만이지 않을 수 없었다.

그런데 그의 아이디어에 매료된 영국인이 그의 특허를 사겠다는 말에 사표를 내고 곧바로 영국으로 달려갔다. 그러나 그의 설명을 들은 투자자, 소위 자본가들은 그의 이야기만 경청한 후 '투자'라는 말은 입밖에도 꺼내지 않았다. 공연히 아이디어만 공개한 셈이 되었다고 생각했지만 자본이 없는 그로서는 빈손으로 미국으로 돌아와야 했다. 실속 없이 영국을 갔다 온 셈이 되었는데 더욱 그를 놀라게 한 것은 그가 영국에 가 있는 동안 아내가 세상을 떠났다는 것이다.

| 남북전쟁의 전비를 지원하다 |

러다이트 운동이 주춤해지면서 재봉사들의 저항이 차츰 잦아들 무렵 하우는 많은 사람들이 자신의 특허를 도용하여 떼돈을 벌고 있다는 사실을 알게 되었다. 그는 자신의 권리를 보호하기 위해 소송을 벌였다. 그 소송 상대 중 하나가 아이작 메리트 싱거(Isaac Merritt Singer, 1811~1875)였다. 싱거의 이름은 이미 당대에 가정용 재봉틀의 이름과 동의어가 될 정도로 재봉틀 시장을 완전히 석권하고 있었다.

원래 엔지니어였던 싱거는 하우가 발명한 재봉 기계의 설계도를 훔쳐내어 발판 장치와 헝겊을 앞으로 밀어내는 장치를 약간만 개량해 잽싸게 여러 주(州)에서 특허를 얻어냈다. 사업 수완이 뛰어난 싱거는 에드워드 클라크(Edward Clark)와 동업하여 재봉틀 홍보에 일대 혁신을 이루었다. 자신의 이름을 따 '싱거 재봉틀 전시회', '한 집에 한 대의 싱거 재봉틀을!', '싱거 재봉틀 빨리 돌리기 시합' 등 각종 이벤트를 만들어 홍보했고, 할부판매라는 새로운 판매기법을 도입했다. 이 방식은 훗날 현대 마케팅 기법에 크게 영향을 준다. 싱거의 재봉틀은 순식간에 전 세계로 퍼져나갔고 그는 곧바로 신흥국 미국의 갑부가 되었다.

1854년 하우는 드디어 특허권 침해 소송에서 승소했다. 법원의 판결은 한마디로 싱거가 하우의 특허를 도용했다는 것이었다. 하우는 싱거에게 그동안 자신의 특허로 이득을 본 것에 대해 특허료를 지불한다면 '싱거 재봉틀'을 계속 팔 수 있게 허용하겠다고 제안했다. 싱거는 주저하지 않고 하우의 제시 조건을 수락하고 거액의 배상금을 지불했다. 우선 1만 5천 달러를 하우에게 배상했고 미국에서 팔리는 재봉틀 1대당 5달러의 로열티를 지불하겠다고 했다. 싱거로서는 하우와 이전투구를 하는 것보다는 특허료를 지불함으로써 더 큰 이득을 얻을 수 있었기 때문이다.

남북전쟁(1861~1865)이 발발하자 하우는 절름발이임에도 불구하고 북군 병사로 입대했다. 치열한 내전 속에서 동원된 병사들은 월급도 받지 못해 여간 불만이 아니었고 군 생활도 열악했다. 그는 자신이 어렵게 생활했던 때를 생각하고 동료 병사들을 위해 선뜻 30만 달러(현재 가치로 약 4천만 달러)를 내놓았다. 그 돈은 싱거로부터 받은 로열티였다. 기술 개발의 열매가 얼마나 대단했는지를 보여주는 사례이다.

싱거 재봉틀

그후로 재봉틀은 계속 개량되었다. 1856년 미국의 알렌 벤저민 윌슨은 북(베틀 북)의 앞뒤 움직임 마디에 이중박음질이 가능한 장치와 실을 보내는 4가지 운동 구조를 고안했고, 미국인 제임스 깁스도 윌슨의 장치를 더욱 개량하여 오늘날과 거의 같은 재봉틀을 개발했다. 발판 대신 전동기가 쓰이면서 1분에 3천~4천 바늘, 즉 1분 동안 40미터나 바느질할 수 있는 공업용 재봉틀도 등장했다. 1880년경 동부 스위스 어느 지방에서는 인구 20명 당 한 대 꼴로 자수 재봉틀이 보급되었다고 한다. 마을 전체가 자수공장으로 바뀌었다는 설명이다.

재봉틀이 현대 문명에 끼친 영향은 그 어느 산업 제품보다 크다는 데 주목할 필요가 있다. 각 가정에 도입된 재봉틀은 여성들의 가사노동을 획기적으로 감소시켜 여성이 가정으로부터 해방되는데 큰 공헌을 했을 뿐만 아니라 재봉틀은 현대 산업사회를 새로운 사회구조로 재편하는 계기를 제공했다.

과거 옷을 만드는 재봉사, 소위 전문 직업인들은 몇 대의 재봉틀을 갖고도 소규모 작업장을 만들어 생계를 유지했다. 그러나 그 중 몇몇 재주가 좋은 사람들은 반숙련공들을 고용하여 대규모 의류사업을 벌여 많은 재산을 벌기 시작했는데 이것이 '임금 착취'라는 형태로 이어졌다. 특히 미국에서는 의류 산업이 노동개혁의 초점이 되면서 낮은 임금과 열악한 근로 조건을 향상시키기 위한 노조가 결성되면서 자본주와 노동자라는 새로운 구도가 만들어졌다. 이런 계기를 제공한 것이 바로 재봉틀이다.

실내에 있는 작은 기계 정도로만 여겨졌던 재봉틀이 인류 역사상 가장 중요한 물건이 되었다는 것은 그만큼 인간의 노동력을 절약시켜주기 때문이다. 재봉틀 만세!

타자기의 보급을 앞당긴 것은 〈톰 소여의 모험〉으로 유명한 마크 트웨인이다. 그는 1874년 보스턴의
한 진열장에 전시되어 있는 타자기를 발견하고 어떻게 작동하는 기계인지 보기 위해 안으로 들어갔다.
잠시 후 한 여성이 1분당 75타의 속도로 타이핑하는 것을 보고 그 자리에서 구입했다. 그런 후 트웨인은
"타자기는 한 페이지에 엄청나게 많은 단어들을 쏟아놓는다. 물건들을 흐트려 놓거나 여기저기 잉크 얼
룩을 남기지도 않는다" 고 칭찬했다.

06
현명하게
일하라

크리스토퍼 숄스 Christopher Latham Sholes, 1819~1890
여성들을 사무실로 이끈 타자기의 발명

"미래의 인간들은 어떻게 살고 있을까?"를 알아내는 것이 모든 발명가들의 소원일 것이다. 100년 전에 살았던 발명가가 현대의 인간들이 사용하고 있는 기자재나 생활 방식을 한 번만 보기만 한다면 단박에 성공의 길로 접어들 테니 말이다.

그러나 인간이 미래를 점칠 수는 없는 일. 그래서 아무리 우수한 발명품이더라도 미래의 상황이 어떻게 변할지 예측할 수 없기 때문에 발명품의 예측은 시대에 따라 달라지게 마련이다. 지금 세계를 석권하는 히트상품이 10년 후에 사라져버리는 일이 비일비재하다. 시대의 변화에 적응하지 못하면 실패하게 된다는 뜻이다. 그런 물건 중의 하나가 바로 타자기이다.

타자기처럼 우여곡절을 겪은 제품도 드물 것이다. 처음 타자기가 출시되었을 때 어느 누구도 주목하지 않았다. 그러나 몇 해 지나지 않아 처음에 타자기의 등장을 시큰둥하게 생각했던 사람들조차도 마치 타자기가 없었다면 아무것도 할 수 없다고 호들갑을 떨었다. 심지어 사람들은 타자기를 증기기관과 같은 '세기의 위대한 발명품'이라고까지 극찬했다. 작가인 신시아 모나코는 타자기에 대해 다음과 같이 말했다.

"세계는 그것을 필요로 했으며 언제나 필요했지만 그 필요성을 결코 깨닫지 못했을 뿐이다."

컴퓨터 키보드에 익숙한 젊은이들 중에는 타자기가 무엇이냐고 질문하는 사람들도 있을 것이다. 사실상 타자기는 현재 지구상에서 사라졌다고 해도 과언이 아니기 때문이다. 그러나 타자기는 30여 년 전만 해도 오늘날의 컴퓨터에 못지 않게 혁신적인 기계였으며, 아직도 컴퓨터에 그 원형이 남아 있다. 컴퓨터 자판은 근본적으로 타자기에서 유래했기 때문이다.

| 글 쓰는 기계 |

타자기는 인간의 노동력의 질을 높였고 특히 여성들의 사회적인 역할을 변화시킨 주역으로 찬사를 받았을 정도로 후대에 높은 평가를 받았다. 그러나 타자기는 다른 혁신적인 제품과는 달리 개발의 역사가 그다지 오래되지는 않았다. 과거로 올라갈수록 직접 글을 쓸 수 있는 사람이 많지 않았기 때문이다.

산업혁명으로 장부의 필요성이 강조되자 '글쓰기 기계'를 만든다는 타자기에 대한 아이디어가 태어나기 시작한다. 1714년 영국의 헨리 밀이 '문자를 하나하나 또는 점진적으로 각인하고 복사하기 위한 인공 기구 또는 방법'이라는 특허를 받았다. 이후 50여 종류의 타자기가 개발되었으나 모두 시판에는 실패했다. 그 이유는 당시의 기술 여

건상 기계로 작동하는 것보다 사람이 직접 쓰는 것이 오히려 빨랐기 때문이다.

그래도 기계식 타자기에 대한 매력은 여전히 작지 않아 계속적으로 타자기가 개발되었다.

1829년 디트로이트의 윌리엄 버트가 초보적인 '타이포그래퍼(typographer)'를 만들어 특허를 냈다. 그의 기계 역시 너무 느리고 소형 그랜드피아노 크기 정도여서 일단 한 곳에 설치하면 아무 데로도 이동시킬 수 없었다. 그럼에도 손재주가 비상한 사람이 만들었다는 뜻으로 '글씨 쓰는 피아노'라는 이름을 붙여 주었다.

1843년에는 찰스 서버가 '기계식 카이로그래퍼(mechanical chirographer)'로 특허를 취득했다. 이 기계는 〈사이언티픽 아메리칸〉에서 어느 정도 평판을 얻었지만 역시 너무나 느리게 작동하여 펜과 종이의 적수가 되지 못했다. 한 마디로 이들 개발품들은 효용성 자체는 입증되었지만 너무 느리거나 무거워 실용 면에서 낙제점을 받았다.

그런데 1867년 크리스토퍼 레이섬 숄스(Christopher Latham Sholes)에 의해 태어난 타자기는 선배들 것과는 획기적으로 달랐다.

숄스가 타자기와 연관을 맺은 것은 〈위스콘신 인콰이어러〉 신문의 주간을 거쳐 1860년대에 〈밀워키 뉴스〉와 〈밀워키 센티널〉지의 편집인으로 근무하면서부터였다. 숄스의 동료 그리든은 어느날 숄스에게 책 페이지 번호 달기 기계로 숫자와 함께 글자까지 쓸 수 있는 것을 만들어보자고 제안했다. 글을 쓰는 것이 자신의 업무이므로 일일이 손으로 쓰는

숄스 타자기

원고보다 더 간편하고 빠른 도구를 만들자는 말에 숄스는 솔깃했다.

그의 이점은 발명가적인 기질뿐만 아니라 발명과 과학적 지식에 할애할 여유 시간을 낼 수 있다는 점이다. 그는 언론인으로서의 지명도를 이용하여 밀워키 항만 관리자로 임명되었는데, 그야말로 하는 일 없이 빈둥거려도 봉급을 받는 직업이었다. 그러므로 그는 남는 시간을 타자기 개발에 많은 시간을 쏟았다. 곧바로 실적이 나타나기 시작했다. 그는 친구인 새뮤얼 소울(Samuel W. Soule)과 1864년에 자동번호인자기(自動番號印字機)의 특허를 얻었다.

이때 동료 발명가인 카를로스 글리든(Carlos Glidden)은 다른 나라에서 개발되고 있던 타자기에 대한 정보, 즉 런던의 존 프렛(John Pratt)의 아이디어를 그에게 알려주었다. 즉, 사람이 쓰는 것보다 두 배나 빠르게 타이핑할 수 있는 기계에 대한 정보였다.

그는 프렛의 설계를 참고해 좀더 성능이 개선된 작고 효율적이며 빠른 속도를 낼 수 있는 타자기를 만들기 시작했다. 이들은 각자 역할을 분담했는데 타자기 연구와 제작은 숄스, 글리든과 새뮤얼은 보조 및 후원자의 역할을 담당했다.

그는 두 사람의 전폭적인 지원 하에 약속대로 성능이 좋은 기계 즉 타자기를 선보였고, 드디어 1868년 소울과 글리든을 포함해 세 명 공동으로 특허를 획득했다. 이 타자기는 잉크 리본을 사용하며 네 줄로 자판을 배치했다. 왼쪽 상단에 'QWERTY'를 배열했는데 이는 현재 컴퓨터 자판의 배열과 똑같다.

그러나 숄스가 아무리 좋은 여건에서 타자기를 개발했지만 그가 개발한 타자기 역시 전망은 좋지 않았다. 기술적으로 완벽했지만 생산비가 워낙 비싸 아무도 생산하려고 하지 않았다. 그래서 무기와 재봉틀 제작으로 유명한 미국의 레밍턴사(E. Remington & Sons)에게 특허권을 양도했다. 사실 숄스로서는 대형 군수회사인 레밍턴에 특허를 양도한 것이 행운이라고 볼 수 있다. 남북전쟁 당시 무기를 생산하던 레밍턴사가 막대한 자금을 투입하여 1873년 최초로 타자기다운 타자기를 시장에 내놓았기 때문이다.

레밍턴 타자기는 현대 타자기가 갖고 있던 대부분의 특성을 갖추었고 자판의 문자 배열도 거의 오늘날까지 그대로 유지되었다. 레버(lever)에 달린 타자봉(type bar)과 키(key)를 눌러 작동되었는데 잉크를 칠한 리본에 타자봉으로 글자를 누름과 동시에 글자가 찍혀 나왔다. 레밍턴 타자기는 줄을 일정하게 하고 자판 간격도 띌 수 있게 하였으며 실린더로 종이를 알맞게 이동시키고 고정시킬 수 있었다. 또한 활자대를 고정시키지 않고, 대신 자주 쓰는 글자들은 분산시켰다.

그러나 어느 누구도 글을 쓰기 위해 타자기를 구입하려고 하지 않았다. 우선 125달러나 되는 가격이 문제였다. 125달러라면 타자기를 사용함직한 고객들의 구매력 범위를 벗어난 것이었다. 더구나 레밍턴이라는 이름도 구매에 다소 걸림돌이 되었다. 재봉틀 회사가 만든 제품을 누가 첨단 장비로 보겠는가.

그런데 타자기의 보급을 앞당긴 것은 〈톰소여의 모험〉으로 유명한 마크 트웨인이다. 그는 1874년 보스턴의 한 진열장에 전시되어 있는 타자기를 발견하고 어떻게 작동하는 기계인지 보기 위해 안으로 들어갔다. 잠시 후 한 여성이 1분당 75타의 속도로 타이핑하는 것을 보고 그 자리에서 구입했다. 그런 후 트웨인은 "타자기는 한 페이지에 엄청나게 많은 단어들을 쏟아놓는다. 물건들을 흐트려 놓거나 여기저기 잉크 얼룩을 남기지도 않는다"고 칭찬했다. 유명 소설가 마크 트웨인의 추천은 원고를 쓰는 작가들로 하여금 타자기 구입에 불을 붙였다. 물론 지금도 트웨인이 타자기로 처음 탈고한 작품이 〈톰소여의 모험〉인지 〈미시시피강의 생활〉인지, 여전히 입씨름이 계속되고 있다.

그러나 트웨인의 지원에도 불구하고 판매에 있어서는 레밍턴과 숄스의 기대치에는 한참 못 미쳤다. 타자기가 고객들의 구미를 당기지 못한 것은 친필로 글을 써오던 관례에서 벗어나기 때문이다. 당시 편지는 상대방의 정성을 알 수 있는 바로미터였다. 그런데 기계로 쓴 편지를 받는다면 받는 사람으로서도 공을 들이지 않은 편지를 어떻게 평가해야 할지 고민이 아닐 수 없었다. 지금도 인쇄된 연하장을 보낼 때 적어도 서명만은 직접 하지 않은가.

텍사스의 한 보험 대리인은 고객으로부터 항의 서신을 받았다.

"내가 왜 전단지처럼 만들어진 편지를 받아야 합니까?"

| 전문가와 분담하라 |

1878년 숄스는 또 한 번 획기적인 타자기를 발표한다. 그전까지는 오직 대문자만 찍을 수 있었으나 새로운 개발품은 소문자와 대문자를 함께 찍을 수 있는 이중 자판 타자기였다. 작동 원리는 대·소문자의 키를 필요에 따라 바꾸면 되었다.

그럼에도 불구하고 타자기 판매는 역시 저조했는데 1880년대 후반에 들어 갑자기 상황이 바뀌었다. 남북전쟁 이후 작업 공간이 서서히 확대되면서 타자기의 수요가 늘기 시작한 것이다. 점원들은 장부 정리며 편지 쓰기 같은 모든 사무작업을 더 이상 한 곳에 앉아서 수행하지 않았다. 19세기 후반의 전화, 전신, 철도의 보급도 타자기에게 호재로 작용했다.

장부 작업은 이제 한 사람이 처리할 수 있는 범위를 벗어났다. 점원들은 다른 사람들이 쓴 것을 각자 읽고 장부에 숫자들을 신속히 기입할 수 있어야 했다. 즉 기술이 번영을 낳고 작업 공간을 확대하자 기업가들은 생산성을 증대시킬 방법을 찾았는데 바로 타자기가 그 적임자였다. 타자기는 숙련된 타자수가 아니더라도 펜보다 더 빠른 속도, 즉 적어도 1분에 50단어를 만들어낼 수 있었다. 1881년 레밍턴 사는 총 1200대의 타자기를 판매했는데 1888년에는 1개월 당 1500대를 팔 정도로 수요가 급증했고 타자기는 사무실에서 가장 필수적인 장비 중의 하나가 되었다.

물론 숄스와 레밍턴에게도 위기는 있었다. 초창기 타자기에 대자본을 투입한 여파로 파산의 위기까지 몰리기도 한 것이다. 숄스도 타자

숄스의 딸 릴리안

기의 판매 저조로 거의 알거지가 되어 가족을 부양하기조차 어려운 고비를 맞았지만 타자기는 그들의 기대를 저버리지 않았다. 숄스는 졸지에 타자기 발명으로 큰돈을 벌었지만 그 영광은 오래가지 않았다. 영광도 잠시뿐, 1890년에 사망하는 바람에 그에게 큰돈을 벌게 해준 영광스러운 기간이 얼마 되지 않았다는 점이다.

숄스의 타자기 발명 이야기는 비교적 순탄해 보일지 모른다. 우선 그가 글을 전문으로 하는 언론인이라 타자기에 대한 이해가 높았다. 또한 다른 발명가들과는 달리 비교적 빨리 정보를 얻을 수 있는 언론계에 몸담고 있어서 타자기에 대한 다른 사람들의 정보도 손쉽게 얻을 수 있었다.

그러나 그의 재능은 기술 개발로만 끝난 것은 아니다. 그는 당대의 발명가로는 특이하게 타자기가 실용화될 수 있는 여러 과정을 각 전담자에게 맡겨 업무의 부담을 줄였다. 그는 타자기 개발에만 전념하고 실용화 부분은 동료들이 전담했다. 사실 이런 시스템이야말로 특출한 아이디어를 개발하는 데 가장 빠른 길이다.

하지만 말처럼 쉬운 일은 아니다. 가장 큰 문제점은 개발 과정에서 발명 아이디어가 누설될 수 있다는 점이다. 또 한 가지 문제는 발명가가 생각해낸 발명 아이디어를 가지고 자본가로부터 지원받는다는 것이 쉬운 일이 아니었다. 당시에는 발명가가 모든 제품을 완성한 후 비로소 자본가에게 접촉하여 투자를 유치하는 것이 관행이기 때문이다.

숄스가 이 문제를 슬기롭게 해결한 것은 아이디어가 탁월한 점도 있지만 발명가로의 자질뿐만 아니라 사업적 재능도 남달랐다는 것을 의미한다. 그가 당대의 군수산업체인 레밍턴을 설득시킬 수 있었던 것도 능력이 아닐 수 없다. 아무리 좋은 아이디어라도 사람들을 설득시키고 공감을 얻지 못한다면 사장되는 것은 당연한 일이다. 숄스의 재능이 돋보이는 이유이다.

| 여성해방 운동의 견인차 |

타자기가 가져온 가장 큰 변화는 가정에만 머물던 여성들을 사무실로 이끌어냈다는 점이다. 19세기말까지만 해도 사무실은 남자의 영역이었다. 1881년 뉴욕시의 YWCA가 여성을 위한 타자 교육 과정을 개설하자 각계에서 반대를 했다. 그때까지 여자들은 공장, 학교, 상점 등에서 저임금으로만 일했는데 타이핑이라는 지식이 필요한 행동을 여성들이 해낼 수 없다는 주장이었다. 그러나 여성들은 특유의 꼼꼼함과 섬세함으로 타이피스트라는 새로운 직업에 잘 적응했다.

미국의 경우 1870년에는 전체 사무직의 98%를 남성이 차지했고 여성은 고작 천 명 정도였다. 그러나 1880년대 중반 이미 6만 명의 여성 타자수들이 등장했고, 1910년대 미국에서 38만 6천 명의 타자수가 일했다. 중요한 것은 타자수들이 아주 전문적인 직업인으로 인식되었다는 점이다.

당연히 여성 타자수에 대한 대우도 좋아서, 공장 근로자 주급이 1.5~8달러인데 비해 1890년대 타자수들은 6~15달러를 받았다. 타자수들은 여권 신장을 주도했으며 이 여파로 1920년에는 여성 사무직 근로자의 비율이 전체의 절반을 차지했다.

타자기가 사무실의 기본 업무 장비로 굳혀지자 타자기의 개발은 계속되었다. 1961년 유명한 골프공 모양의 부품이 활자대 대신 등장했다. 그 볼(球)식 타자기는 글자가 빨리 찍힐 뿐만 아니라 볼만 바꾸면 이탤릭체나 외국어 등 여러 글자체로 손쉽게 바꿀 수 있었다. 더불어 기억장치를 갖춘 새로운 타자기도 등장했다. 이 타자기는 이미 찍은 내용을 다시 재생하거나 수정할 수 있었는데 재생할 때는 오자 없이 1분에 150단어를 찍어낼 수 있었다.

그러나 1980년대 후반 컴퓨터의 등장으로 타자기는 순식간에 몰락했다.

타자기는 애초부터 컴퓨터의 맞수가 되지 못했다. 컴퓨터는 워드프로세서 기능뿐만 아니라 방대한 양의 정보를 제공할 수 있으며 데이터베이스와 문서를 다운받을 수도 있고 인터넷 사이트에 접속할수도 있는 등 막강한 위력을 갖고 등장했다. 그러나 컴퓨터의 등장 초기, 타자기 회사들은 컴퓨터가 갖고 있는 무한한 잠재력을 생각하지못하고 컴퓨터와 경쟁하는 타자기를 개발하려고 총력을 기울였다. 타자기마다 이미 쳤던 글을 기억하는 메모리 장치를 부착한 것이다.

메모리 장치를 부착하면 제작비가 상승해 경쟁력이 떨어진다는 비판을 타자기 회사들은 간과했다. 타이피스트들이 새로운 사무기기, 즉 컴퓨터에 눈을 돌리지 않고 평소에 익숙하게 다루던 타자기만 고집할 것으로 믿었기 때문이다. 그러나 그 믿음은 깨졌고, 컴퓨터는 폭발적으로 보급되기 시작했다. 더욱 놀라운 것은 컴퓨터가 과거 타자기의 기능을 모두 흡수했다는점이다.

결국 1995년 타자기 메이커로세계적인 명성을 얻고 있던 '스미스 코로나' 사가 파산했다. 스미스코로나는 한때 전 세계의 직장인들이 필수품으로 들고 다니던 수동 포터블 타자기를 제조하던 타

타자기는 여성을 사무실로 이끌어냈다(1908)

자기의 대명사였다. 이 회사의 파산은 미래의 변화에 대한 선견지명이 없으면 결국 대회사일지라도 순식간에 도산한다는 것을 극명하게 보여준 사례이다. 물론 이러한 예는 발명가들의 책임과 기회가 더욱 많아진다는 의미이기도 하다.

우리나라에서는 한국전쟁 이후 클로버(경방공업주식회사)와 마라톤(동아정공) 타자기가 생산 판매되다가 컴퓨터의 등장으로 1996년 국내 타자기 생산은 중단되었다.

한편 2011년 4월, 세계에서 마지막으로 타자기를 생산하던 인도의 '고드레지 앤 보이스(Godrej & Boyce)' 사가 문을 닫았다.

07

전문가의
조언을
구하라

제임스 와트 James Watt, 1736~1819
증기기관의 시대를 열다

산업혁명, 하면 사람들은 천재적인 과학자 제임스 와트의 증기기관을 가장 먼저 떠올린다. 그것은 와트의 증기기관이 등장한 후에야 비로소 산업이 요구하는 여러 가지 작업이 가능해졌기 때문이다.

사실 아무리 좋은 아이디어가 있고 수요가 많더라도 이를 경제적으로 실용화할 수 없다면 무용지물일 수밖에 없다. 배보다 배꼽이 큰 생산 구조, 즉 제품의 생산원가보다 에너지가 많이 소요되는 공장 체계로는 대량 생산이 불가능하기 때문이다.

와트가 토머스 뉴커먼을 제치고 진정한 증기기관 시대를 열었다고 인정받는 것은 뉴커먼의 초보적인 증기기관을 효율적인 발동기로 전환시켜 산업 시스템으로까지 유도했기 때문이다. 이미 발명된 기계라 해도 미흡한 점을 효율적으로 개선하는 것 역시 최초의 발명보다 더 큰 업적이 된다는 것을 직접 보여준 사람이 바로 제임스 와트이다.

와트의 증기기관은 기계를 만지는 기술자로서 천재적인 재능을 갖고 있던 와트 단독의 성과가 아니다. 와트의 기관은 당대의 첨단 과학기술

즉 실험과 측정에 의해서 결정되는 수증기의 성질에 관한 물리학적 지식을 응용한 결과였다. 즉 와트의 기관은 뉴커먼의 기관과 달리 과학적으로 수행된 기술의 산물인 것이다.

| 증기기관의 새시대를 열다 |

제임스 와트는 스코틀랜드의 클라이드 강변에 있는 공업도시 그리녹(Greenock)의 비교적 유복한 가정에서 태어났다. 그의 아버지는 선주이자 조선업을 하는 사람으로 남부러울 것 없는 집안이었다. 와트가 소년시절을 아버지의 공장에서 보내는 동안 수세공(手細工)에 관심을 갖게 된 것은 자연스러운 일이었다.

그러나 고등학교를 마친 후 갑자기 집안이 기울어 20세의 와트는 1755년 런던에서의 기계공 견습 기간을 거쳐 1757년 글래스고(Glasgow) 대학 부속 공장의 기계공이 되었다. 그곳은 연구용 실험 기구나 기계를 제작·수리하는 곳으로, 와트는 주로 컴퍼스, 눈금자, 사분의(四分儀, quadrant) 등과 같은 과학 도구를 만들었다.

와트가 새로운 증기기관을 발명하게 된 것은 아주 단순한 사건 때문이다.

당시 글래스고 대학교에서 가장 인기 있는 교수는 물리학(열역학) 분야의 앤더슨이었다. 앤더슨은 유명한 '화이어 머신(fire machine)'으로 불리는 뉴커먼 엔진 모형을 사용해 증기기관의 작동 원리를 설명하는 등 현장감 있는 강의로 학생들로부터 큰 호응을 받고 있었다.

그런데 강의 도중 강의 자료인 모형이 망가지자 앤더슨은 와트에게 수리를 부탁했다. 와트는 뉴커먼 엔진의 모형을 수리하기 위해 모형의 내부를 분해하여 살펴본 후 곧바로 엔진의 문제점을 파악했다.

모형은 고장난 것이 아니라 뉴커먼 기관을 단순히 축소해 작게 만들었기 때문에 열효율이 너무 떨어져 작동되지 않은 것이다. 일반적으로 열기관을 소형으로 만들면 실린더의 단위 면적당 열손실이 커져 그만큼 운동 에너지로 전환되는 양이 줄어들어 열효율이 떨어진다. 와트는 뉴커먼 엔진을 면밀히 검토한 후 열효율이 떨어지지 않으면서도 작게 만들려면 완전히 다른 방식으로 제작해야 한다고 생각했다.

뉴커먼 엔진은 석탄으로 보일러를 가열하여 얻은 뜨거운 증기로 피스톤을 밀어 올린다. 피스톤이 제일 윗부분까지 올라가면 이번에

제임스 와트

사분의

는 차가운 물을 집어넣어 실린더 안의 증기를 식힌다. 그러면 실린더 속의 증기가 액화하여 물이 되고 위로부터 대기의 압력을 받는 피스톤이 아래로 내려온다. 피스톤이 아래로 내려올 때 또 다시 보일러의 뜨거운 증기가 차가워진 실린더를 데워 다시 피스톤을 들어 올리는 작업을 반복하는 것이다. 애써 물을 데워 증기로 만들었다가 다시 냉각시켜 물로 만들게 되니 열이 낭비되는 것이 뉴커먼 엔진의 가장 큰 단점이었다.

와트는 실린더를 냉각하지 않는 대신 한 번 피스톤을 밀어올린 뜨거운 증기를 다른

곳으로 보내 거기서 냉각시키면 효율을 높일 수 있다고 생각했다. 피스톤 실린더를 교대로 가열하고 다시 냉각하는 과정을 제거하면 열효율을 획기적으로 향상시킬 수 있다는 것을 알았다. 즉 실린더에 따로 체임버(chamber)를 연결하고 여기에 응축된 증기를 모으는 것이다.

간단히 설명하면 뉴커먼의 기계는 피스톤이 오르내릴 때 대기압을 이용하는데 대기압의 크기는 1기압이므로 뉴커먼 기관에서는 기계를 상당히 크게 만들어야만 큰 힘을 낼 수 있다. 반면 와트의 기관은 증기압을 이용하므로 보일러가 폭발하지 않는 한 작은 기계로도 큰 힘을 낼 수 있다. 뉴커먼의 불완전한 증기기관이 와트에 의해서 비로소 완전한 증기기관으로 탈바꿈하게 된 것이다.

와트는 자신의 아이디어대로 강력한 보일러에서 나오는 증기력을 이용하면 광산의 양수 펌프뿐만 아니라 수많은 다른 기계를 작동시킬 수 있다고 생각했다. 그는 자신이 시범적으로 제작한 모형에 따르면 화력 기관의 연료 소비를 75퍼센트나 줄일 수 있다고 주장했다.

그러나 새로운 기관의 실용화는 생각처럼 쉽지 않았다. 와트의 기계는 당시 어떤 기관보다 압력이 훨씬 큰 증기를 이용하는 것이어서 피스톤과 실린더 사이의 증기가 새어나가지 않도록 밀착시키는 패킹이 관건이었다. 그러나 당시의 공작기계로는 정밀하게 기계를 깎는 일이 불가능했다. 와트는 굳이 무리하지 않았다. 시간이 해결해 줄 것이었다.

1766년 와트는 좀더 안정된 직업인 측량사가 되어 8년 동안 스코틀랜드에 건설된 운하의 경로를 측정하는 일을 맡았다. 물론 측량사 업무를 보는 틈틈이 자신이 개발한 증기기관에 대한 미련을 버리지 않고 자본가를 물색했다. 마침 캐런 제련소 소유주인 존 로벅(John

Roebuck)이 개발비를 모두 부담하겠다고 나섰다. 발명가인 와트가 수익의 3분의 2를, 자본을 부담하는 로벅이 3분의 1을 받기로 계약했다.

로빅의 자본 투자는 와트에게 날개를 달아주어, 1769년 증기기관에 관한 최초의 특허(영국특허 913호)를 받았다. 1773년 로벅이 파산하여 더 이상 자금을 지원할 수 없게 되었지만 크게 우려할 필요는 없었다. 와트의 기계에 대한 소문을 들은 매튜 볼턴(Matthew Boulton)이 그의 특허권을 인수하면서 다음과 같이 말했기 때문이다.

"와트 씨, 용기를 내시오. 당신의 발명이 성공한다면 세계 여러 나라의 모든 공장, 광산 및 기업가들이 대단히 기뻐하고 서로 다투어 사려고 할 것이오. 자금은 내가 얼마든지 댈 테니 우리 공장에서 연구를 계속해 주시오."

두 사람은 동업자가 되어 '볼턴-와트 회사'를 설립했다. 버밍엄에 있는 볼턴의 금속 공장은 직공이 600명이나 되는 대규모 공장이었다. 직공이 한두 명이던 당시 대부분의 공장과 달리 전 세계를 통틀어 최초의 공장다운 공장이었다. 그는 볼턴의 공장에서 증기기관 개발에만 매달렸다.

| 와트의 증기기관, 폭발적으로 보급되다 |

와트에게 남은 문제는 개폐가 정확한 실린더를 제작하는 것이었다. 1774년 와트는 볼턴의 친구인 윌킨슨(John Wilkinson)이 내면굴착용 선반을 발명했다는 소식을 들었다. 와트는 그 선반을 이용하여 완전한 원통형 실린더를 제작할 수 있었다.

1775년 3월 브룸필드의 탄광에서 와트의 첫 번째 증기기관이 가동되었다. 와트의 증기기관은 같은 양의 석탄으로 뉴커먼의 것보다 3배나 더 오래 일할 수 있었다. 마케팅의 귀재였던 볼턴은 "전세계가 원하는 것, 즉 동력을 팝니다"라는 구호를 정했다.

효율이 좋은 와트의 기계는 곧 폭발적인 수요로 이어졌다. 뉴커먼 증기기관의 문제점은 실린더를 가열하고 식히는 과정에서 엄청난 연료(석탄)을 사용해야 하므로 주로 탄광에서만 사용되었다. 그러나 소형으로 제작이 가능해진 와트의 증기기관은 탄광용 펌프뿐만 아니라 제분기나 직조기 등에도 사용될 수 있었다. 물론 이를 위해서 왕복운동을 회전운동으로 바꾸는 엔진을 고안했다. 오늘날에도 널리 사용되고 있는 '크랭크'가 바로 그것이다.

와트에게도 특허 시련이 닥쳤다. 와트가 크랭크의 아이디어를 제자에게 얘기했는데 그의 말을 귀동냥한 제자가 재빨리 먼저 특허를 제출했기 때문이다. 당시에는 먼저 제출된 특허에 대항할 아무런 방법이 없었다. 와트는 두 가지 방법을 강구했다.

첫째는 고육지책으로, 거의 비슷하게 작동하는 행성식 기어(맞물린 한 쌍의 톱니바퀴에서 한쪽을 고정시키고 다른 톱니바퀴는 고정된 톱니바퀴의 둘레를 행성처럼 도는 기구)로 특허를 얻어 장착한 것이다. 둘째는 배신한 제자를 상대로 특허 전쟁을 벌이는 것이다. 다행하게도 와트의 주장이 받아들여져 제자의 특허는 도용한 것이 인정되어 특허가 허가되지 않았다. 와트가 곧바로 자신이 처음부터 고안한 크랭크를 장착했음은 물론이다.

와트의 증기기관이 큰 파급력을 보인 것은 탄광에서뿐만 아니라 범용적인 기계로 활용될 수 있었기에 가능했다. 이를 위해서 증기기관을 소형화하는 것이 관건인데 또 다른 발명가인 윌킨슨이 1776년 와트 기관을 송풍기로 설치하는데 성공했다. 증기기관이 배수 펌프 외의 다른 용도로 처음 사용된 것으로, 이후 와트의 증기기관은 대형이든 소형이든 에너지를 필요로 하는 곳은 어디든 공급될 수 있었다.

와트의 기관은 폭발적으로 보급되어 18세기 말에 이미 500개의 제품이 그의 회사에서 출시될 정도였다. 탄광의 양수기에 지나지 않았던 뉴커먼의 증기기관이 와트의 손에 의해 만능 동력원으로 탄생된 것이다.

여기에서도 전문가의 분업이 빛을 발했는데, 볼턴이 동력을 팔았다면 와트는 효율성과 신뢰성을 팔았다고 할 수 있다.

와트가 발명한 증기기관의 중요성을 인식한 영국 의회는 1785년 와트에게 15년 간 특허권을 연장해주는 특혜 조치를 취하겠다고 발표했다. 그러자 화가 난 경쟁업자들이 벌떼같이 일어났지만 와트의 특허에 한해 연장이 승인되었다. 당시의 특허권 기간은 15년이었는데 이를 연장해 주었다는 것은 와트의 증기기관이 산업계에 기여한 공로가 얼마나 컸는가를 말해준다.

| 교수의 지시대로 일하지 않는 기계공 |

글래스고 대학 부속공장 기계공이라는 낮은 직급으로 일하던 와트가 처음 뉴커먼의 엔진 모형을 보았을 때 그는 모형의 고장 여부만 본 것이 아니라 엔진 시스템을 총체적으로 파악하고 그 근본적인 문제를 찾아냈다. 그는 나무만 본 것이 아니라 숲을 보았던 것이다.

이와 같은 경지에 이를 수 있었던 것은 일개 기계공에 불과했던 와트가 독학으로 과학 지식을 공부하며 앤더슨 등 당대의 유명 교수들과 자주 토론을 벌였기 때문이다. 와트는 이미 쟁쟁한 교수들과 맞붙어 토론할 정도로 높은 수준에 올라 있었다. 단순 기계공이 당대 최첨단 과학기술인 증기기관에 대한 지식을 습득하기란 쉽지 않은 일이다. 사실 대학의 기계공은 직급도 급료도 낮은 1년 계약직에 불과했다. 업무는 교수가 지시한 대로 실험 도구나 기계를 도면대로 제작하는 단순한 작업이었다.

　그럼에도 불구하고 그가 당대 최첨단 과학기술을 접목한 증기기관을 개발할 수 있었던 것은 전문 지식을 쌓을 수 있는 기회를 놓치지 않았기 때문이다. 그는 앤더슨(D. Anderson), 블랙(J. Black)과 같은 당대의 초일류 학자들과 신분에 맞지 않은 교류를 하면서 첨단 지식을 접할 수 있었고 그것을 자신의 것으로 소화시켰다.

　와트는 어떻게 보면 매우 건방진 청년이었다. 완고하고 고집스러운 영국 최고의 대학에서 기계공이 교수들에게 자신의 의견을 당당하게 제시한다는 것은 흔한 일이 아니다. 하지만 그는 자신에게 맡겨진 기구를 제작할 때도 그 원리를 납득해야만 비로소 제작에 들어갔다. 어느 틈엔가 와트는 유능한 실험 조수로 평가되었고 대학에서도 신망이 쌓여갔다. 좀 건방지긴 해도 애송이 와트가 만든 제품은 최고였으므로 교수들도 차츰 그의 식견과 재주를 인정했던 것이다.

　와트가 뉴커먼의 증기기관을 보자마자 곧바로 대안을 떠올릴 수 있었던 것도 해박한 이론적 지식이 축적되어 있었기 때문이다.

| 증기기관차가 가져온 변화 |

사실 와트가 당대의 학자들이나 알 수 있는 증기의 힘을 이해했다
는 것은 매우 놀랍다. 그는 섭씨 100도에서 물이 증기로 변할 때 의외
로 대량의 열을 발생시킨다는 사실을 발견하고 평소 자주 접촉하는
블랙 교수를 찾아갔다. 블랙은 와트에게 물질이 상태 변화할 때, 이를
테면 고체인 얼음이 액체인 물로 되거나 액체인 물이 기체인 수증기
가 되고, 아니면 그 반대의 상태 변화가 일어날 때 발생하는 열의 이
동에 대해 설명해주었다.

사실 블랙이 와트에게 설명한 것은 오늘날에는 상식에 속한다. 물
이 기체로 변하게 되면 무려 1700배로 부피가 증가하는데 그것을 조
그마한 통에 넣는다면 대단히 큰 압력을 갖는다는 것은 로버트 보일
(Robert Boyle, 1627~1691)에 의해 이미 알려진 내용이었다. 그러나 와

로코모션

110

트는 실험을 통해 경험적으로 알게 된 과학
원리를 전문가들로부터 재확인할 수 있었고
그랬기 때문에 효율성 있는 증기기관을 만들
수 있었다.

조지 스티븐슨

이러한 와트도 큰 실수를 저지른다. 그의
공장에 근무하던 천재적인 발명가 윌리엄 머
독(William Murdock, 1754~1839)을 알아보지
못했기 때문이다. 머독은 가스를 연료와 조명용으로 사용케 만든 장
본인이다. 그는 1792년 7월 가스등으로 불을 밝히는 행사를 주관했
는데 이것이 가스 공업을 이끄는 견인차가 되었다.

그런데 머독은 증기 마차를 만들어 시운전에 성공했고 철도가 개
설되기 40년 전에 증기기관차의 설계도를 완성하여 와트에게 설명했
다. 그러나 와트는 교통용으로 증기 동력을 사용하는 것은 경솔하고
무책임한 것으로 여겼다. 와트는 앞으로도 바퀴 달린 마차가 계속해
서 사용될 것임은 물론, 특히 자신이 증기기관에 관한 특허권을 갖고
있으므로 증기기관차라는 분야를 굳이 시도할 필요가 없다고 생각했
다. 학자들은 와트가 이 당시 머독의 아이디어를 채택했다면 증기기
관차의 탄생은 더욱 빨랐을 것으로 예상한다.

와트 이후에도 증기기관은 계속 업그레이드된다. 1787년 카트라이
트가 증기기관을 동력으로 사용하는 방직기계를 발명했고 1804년 트
레비식(Richard Trevithick)이 철도 궤도를 달릴 수 있는 고압 증기기관
차를 제작했다.

트레비식의 기관차를 발전시켜 본격적인 '철도의 시대'를 연 사람
은 엔지니어였던 조지 스티븐슨(George Stephenson, 1781~1848)이다.

스티븐슨은 실린더를 수직으로 장착하고 보일러 등을 개량했다. 이를 통해서 시속 39킬로로 달릴 수 있는 증기기관차인 '로코모션(Locomotion)'을 개발해 최초의 석탄 수송 철도 노선인 '스톡턴-달링턴 노선'에 투입했다. 스티븐슨은 당시 발달했던 제철 공법을 활용해 기차가 다니는 선로도 개량했다.

1829년에 뒷날 증기기관차의 표준 모델이 된 '로켓(Rocket)호'가 등장했다. 로켓호는 당시 기관차 경진대회에서 시속 48킬로미터를 달려 우승을 차지했다. 이전의 증기기관차보다 훨씬 효율이 높아진 로켓호는 최초의 여객용 정기 노선인 '리버풀-맨체스터 노선'에 운행되었다.

증기기관차의 발전은 사람들의 일상에 큰 변화를 가져왔다. 사람과 물자의 이동이 매우 빨라졌고 여행도 이전보다 훨씬 편해졌다. 로켓호가 장착된 기차는 우편 마차보다 두 배나 빨랐고, 요금도 마차의 3분의 2에 불과했다. 가장 빠른 말로도 시속 18킬로밖에 낼 수 없었지만 기차는 시속 50킬로까지 속도를 낼 수 있었다. 말에게 먹이를 주거나 지친 말을 교체하기 위해 1시간마다 여행을 멈춰야 하는 광경도 사라졌다.

기차는 특히 세계 각국의 경제에 큰 영향을 주었다. 공장에서 생산된 물건들이 인근 지역을 벗어나 멀리까지 팔려나갈 수 있게 되자, 점점 더 많은 공장에서 기계를 이용해 더 많은 상품을 생산했다. 유럽 대륙에서는 철도가 발달하면서 인근 국가로 수출하는 상품이 늘어나면서 경제의 규모가 급속도로 확대되었다.

증기기관차의 보급이 가져온 또 한 가지 중요한 변화는 사람들이 시간을 엄격하게 지키게 됐다는 점이다. 마차가 다니던 시대에도 도착 예정 시간이 있었으나 제 시간에 도착하는 경우는 거의 없었다. 반면 기차는 거의 정시에 출발하고 도착했으므로 사람들은 기차 시간을 정확히 지켜야 했다. 이것이 습관이 되면서 많은 사람들이 시계를 들여다보기 시작했고, 약속 시간도 '정오쯤'에서 '몇 시'로 구체화됐다.

| 와트, 전력의 단위로 이름을 남기다 |

와트가 우리에게 전하는 메시지는 우선 좋은 아이디어를 이끌어낸 후에 그 아이디어를 구체화할 방법을 차근차근 쌓아갔다는 점이다. 그의 아이디어를 실용화하기 위해서는 엄청난 자본이 드는 것이 문제였다. 발명가 자신이 직접 자본을 투입하여 샘플을 만들 수 있다면 좋겠지만 특별한 경우가 아니면 힘든 일이다. 더구나 그의 아이디어를 제조하는 증기기관은 조그마한 발명기계가 아니라 거대 자본이 있어야만 가능한 대형 프로젝트였다. 가난한 발명가가 집념으로만 추진할 수 있는 것은 아니다. 결과적으로 보면 당시 상황과 맞물려 그의 아이디어가 빛을 보았지만, 여기서 그가 추진한 방식을 눈여겨볼 필요가 있다. 그는 기술도 기술이지만 이를 실현화시키기 위한 '기다림의 중요성'을 보여주었다.

와트는 결코 서두르지 않았다. 자신의 아이디어가 큰 파장을 갖는다는 것을 알고 있지만 초조하게 생각지 않고 때가 오기를 기다렸다. 그가 안정적인 직업 측량기사로 전환한 것도 기본적으로 경제적인 문제를 해결한 뒤 자신의 아이디어를 보다 구체화하는데 필요한 시간을 얻을 수 있다고 생각했기 때문이다. 그런 와중에도 자신의 아이디어를 인정해줄 자본가들을 만나 꾸준히 설득하기 시작했고 결국 성공했다.

와트는 증기기관을 발명하여 엄청난 돈을 벌었다. 그가 1790년까지 벌어들인 특허권 사용료만 해도 7만6천 파운드(요즘 가치로 350억 원 이상이다)에 달했다.

그러나 와트를 기쁘게 한 것은 재산이 아니라 그의 과학적 업적을 영국의 학계가 인정해 주었다는 점이었다. 보수성이 강한 영국 학계는 1785년 와트와 볼턴 두 사람을 영국학술원 회원으로 받아들였다. 와트는 버밍엄의 진보적 과학자들의 '달의 모임'의 핵심 멤버가 되었고 1806년 글래스고 대학에서 명예 박사학위를 받았으며 1814년에는 프랑스 과학아카데미의 외국인 준회원이 되었다.

와트는 다양한 분야에 관심을 가졌는데 J. 프리스틀리와 만나고부터 화학에도 관심을 갖고 화학 반응, 재료의 강도, 에너지 변환 등에 관한 많은 논문을 발표했다. 그 밖에도 특수잉크를 사용해 교신문서와 송장의 사본을 원본과 똑같이 기록하는 복사인쇄기도 발명했고 조각 흉상을 재생하는 방법도 고안했다.

그는 사망 후 버밍엄 근처의 핸즈워스(Handsworth) 교회에 동업자인 볼턴의 옆에 나란히 안장되었다. 웨스트민스터 사원에는 그를 기리는 다음과 같은 비문이 세워져 그가 산업혁명의 주인공의 한 명이라는 점을 분명히 했다.

'제임스 와트, 증기기관의 개선을 위한 창조적 이성의 힘을 지닌 인물, 증기기관으로 자국의 자원 활용을 널리 확장시키고 인간의 동력을 증대시켜 인류를 위해 실질적인 공헌을 한 인물.'

역대 영국 국왕들을 비롯해 명망이 높은 사람만이 자리를 차지할 수 있는 웨스트민스터에 제임스 와트의 이름이 올라 있는 것은 모두 인류를 위한 그의 발명 덕분이다. 현대인이 반드시 알아야 할 필수 과학용어인 전력의 단위 와트(watt)는 그를 추모하여 이름 붙여진 것이다.

수의사였던 던롭이 자전거 바퀴를 개발한 것은 아들에게 비싼 자전거를 사준 것이 계기가 되었다. 아들은 자전거를 타기만 하면 엉덩이가 아프다고 불평을 늘어놓곤 했는데, 그렇다면 자전거에 문제가 있다는 것이므로 그는 직접 문제를 해결하기로 마음먹었다. 그는 수의사로서 얻은 직업적 경험과 과학적 지식에 힘입어 타이어의 문제점을 근본적으로 해결할 수 있는 아이디어를 곧바로 찾아냈다.

08

플러스
알파를
찾아라

존 보이드 던롭 John Boyd Dunlop, 1840~1921

두 바퀴로 가는 던롭 자전거 타이어

인류가 지구상에서 태어난 이래 가장 유용하면서도 아직까지 그 형태가 바뀌지 않은 발명품이 있는데 그것은 바퀴이다. 원형으로 된 바퀴는 마차를 비롯한 교통수단은 물론 수많은 기계 부속품에도 이용되고 있다. 만일 바퀴가 발명되지 않았다면 근대 과학 문명이 발달될 수 있었을지 의문이 들 정도이다.

현대 공업의 발전에 필요한 중요한 자원은 철, 석유 등이 있지만 목재, 고무도 이에 못지않다. 특히 고무는 자동차의 타이어에서부터 고무줄, 고무장갑, 고무보트는 물론 전기의 절연체, 튜브, 벨트 등 각종 부품에 이르기까지 많은 분야에서 사용되고 있다.

고무는 자연에서 쉽게 얻을 수 있는데, 민들레나 인주솜풀 속(屬) 식물의 대를 꺾으면 흘러나오는 흰 액체가 고무의 천연원료인 라텍스이다. 약 2천여 종의 식물이 라텍스를 분비하는데 아직 그 확실한 이유는 밝혀지지 않고 있다. 가장 그럴듯한 추측은 식물이 배출하지 않고 축적하는 노폐물이 라텍스라는 것이다.

지구상에서 발견되는 천연재료 중에는 놀라운 특성을 갖고 있는 것이 많지만 그 중에서도 고무는 신비한 성질을 갖고 있다. 고무의 두 가지 큰 특성은 탄성력과 튀어오르는 성질이다. 고무공은 땅바닥에 부딪히면 땅바닥에서 힘을 받는데, 이 힘이 고무의 분자 모양을 변화시킨다. 에너지를 흡수하여 순간적으로 모양이 달라진 분자들은 원래 모양으로 돌아가는 대신 흡수했던 에너지를 밖으로 내보내는데 이것이 튀어오르는 운동이 된다.

　　학자들은 고무가 본격적으로 광범위한 분야에서 활용되기 시작한 계기가 던롭의 자전거에서 시작되었고 보았다. 사실 던롭의 실용적인 자전거 타이어가 개발되지 않았다면 고무가 폭발적으로 생산될 기회를 얻지 못했을지도 모른다.

　　그러나 자전거 타이어는 던롭이 처음 개발한 것이 아니다. 던롭은 이미 등장한 고무 타이어가 실용화될 수 있도록 소위 효용가치를 높인 것이다. 더 큰 의미는 현대 문명의 속도를 빠르게 한 자동차의 확산에 바로 자전거 타이어의 아이디어가 기여했기 때문이다. 아주 단순히 효용성을 높이는 아이디어가 현대 문명을 바꾸었다는 것은 시사하는 바가 크다. 이처럼 조그마한 변경이 어느 분야에서든 획기적인 효용성의 상승을 가져올 수 있고 그 상승은 바로 국가와 개인의 부를 가져올 수 있기 때문이다.

| 나무의 눈물, 고무 |

고무는 인간의 문명 세계에 비교적 늦게 알려진 재료이다.

신대륙에 상륙한 콜럼버스(Christopher Columbus, 1451~1506)는 아이티 섬에서 인디언 아이들이 고무공을 갖고 노는 것을 보았다. 멕시코 프란시스코 수도회의 후안 드 토크마다(Juan de Torquemada, 1562~1624)는 1615년 멕시코 사람들이 라텍스를 얻기 위해 고무나무에 흠집을 내며 그것으로 배앓이 치료제로 쓰이는 기름을 만든다고 보고했다. 토크마다는 그의 동료 스페인인들이 고무로 옷을 방수처리하려고 시도했으나 고무가 태양열에 약하다고 적었다. 원주민들은 히비아 고무나무에서 고무를 채취했으며 그것을 나무의 눈물이라는 뜻의 '카우체'라고 불렀다.

1736년 고무가 유럽에 건너온 것은 라 콩다민느(Charles Marie de La Condamine, 1701~1774) 덕분이다. 프랑스 해군장교 출신인 콩다민느는 수학자이자 천문학자로 유명했는데 프랑스 과학원의 명령에 따라 동료 두 명과 함께 아메리카의 적도 지대에서 자오선 지도를 측정하기 위해 라틴 아메리카 지역을 탐사했다. 그는 정확한 지도를 작성하기 위해 아마존 강 유역을 답사하면서 발견한 고무, 쿠라레(남아메리카 원주민들이 화살에 바르는 독극물), 키니네, 세균 접종 기술 등을 유럽에 들여왔다.

고무 나무

유럽에서는 고무를 사용할 데가 없었는데 산소의 발견자인 프리스틀리(Joseph Priestley)가 연필로 쓴 글씨를 고무로 문지르면 빵보다 더 깨끗이 지울 수 있다는 것을 발견했다. 이 지우개는 브라질에서 수입한 고무보트에서 오려낸 것이었는데 현재 사용되는 고무(rubber)라는 말은 '문지르다(rub)'라는 말에서 유래된 것이다. 고무는 온도가 높아지면 냄새가 나고 부드러워지면서 물렁해지지만 온도가 낮아지면 굳거나 잘 부서진다.

스코틀랜드의 찰스 매킨토시는 두 장의 천에 고무를 칠해 방수가 되는 레인코트를 만들었다. 아직도 영국에서는 레인코트를

찰스 굿이어

'매킨토시'라고 부른다. 1840년대까지만 해도 고무의 활용도가 많지 않았는데 그 이유는 오늘날 고무가 주재료로 사용되는 대부분의 물건을 당시에는 동물의 가죽으로 만들었기 때문이다.

고무를 얘기할 때 인류 문명 사상 가장 불운한 발명가에 속하는 찰스 굿이어(Charles Goodyear, 1800~1860)를 거론하지 않을 수 없다. 바로 불행의 대명사로 알려진 사람이다.

1800년 미국 코네티컷 주 뉴헤이븐에서 태어난 굿이어는 아버지 소유의 소규모 철물공장에서 일하면서 원료의 중요성을 알게 되었다. 아버지의 철물공장이 파산한 뒤 그는 스스로 생계를 꾸려야 했는데 우편가방의 납품 계약을 했다가 출고도 되기 전에 공장에서 우편가방이 모두 녹는 바람에 큰 낭패를 보았다.

정규 교육을 받지 못했던 그는 고무에 대한 기초 지식은 없었지만 고무를 안전하게 처리하는 방법을 찾기 위해 혼신의 노력을 쏟았다. 처음에 그는 잉크, 수프, 크림치즈, 조롱나무에서 채취한 약, 동백기름 등 생각할 수 있는 것은 무엇이든 고무와 혼합해 보았다. 그러다가 우연히 생석회와 마그네시아를 섞어보았더니 가죽과 비슷한 하얀 물

질이 생겼다. 그는 자신이 발견한 흰 고무야말로 세상을 바꿀 수 있는 물질이라며 대대적으로 선전했지만 흰 고무는 산(酸)에 닿으면 곧 녹아버렸다. 심지어 소량의 레몬수가 묻어도 녹아버렸다. 결국 파산하여 무일푼이 되었지만 고무의 매력은 그를 놓아주지 않았다.

질산을 사용한 실험에서도 효과를 보지 못한 그는 고무와 유황을 테레빈유(turpentine油)에 섞어 실험하던 중 우연히 뜨거운 난로 가까이 대보았는데 고무가 녹지 않고 마치 가죽처럼 조금만 타고 마는 것이었다.

그는 실험을 거듭하여 고무를 안정화시키는 데 필요한 최적의 온도와 가열 시간을 찾아냈다. 그는 이 방법으로 특허를 신청하고 로마신화에 등장하는 '발칸(Vulcan, 불의 신)'의 이름을 따서 발카니제이션(Vulcanization, 가황)이라 명명했다. 이 생성물을 '경질고무(Vulcanite)'라고 하는데 굿이어의 딸은 훗날 당시의 정황을 다음과 같이 설명했다.

"방안을 들락거리며 저는 아버지가 고무의 한 조각을 불 가까이에 대고 있는 것을 얼핏 보았지요. 그때 아버지는 무엇인가를 발견해서 무척 생기가 넘치셨어요. 아버지는 고무 조각을 아주 추운 부엌문 바깥에 못을 박아 붙였어요. 다음날 아침 그것을 집안으로 가지고 들어온 아버지는 아주 흐뭇한 표정으로 그것을 바라보는 거였어요. 그것은 전날 밤 밖에 내걸기 전의 상태와 똑같이 말랑말랑했지요."

| 굿이어타이어(Goodyear tire) |

과학사에 등장하는 개인 발명가들 중에는 발명에 성공한 인물들이 많지만 굿이어는 자신의 발명으로 인해 오히려 오욕의 삶을 산 불행한 발명가의 대명사로 불린다. 그는 자신의 성공이 너무나 확실해 보였기 때문에 전재산을 쏟아부었다. 그는 세계적인 발명을 하고도 상업적으로 성공하지는 못했는데 그 이유는 너무나 매력적이었던 그의 특허를 시기한 많은 사람들의 방해 때문이었다.

그는 사망하기 16년 전인 1844년에 특허를 획득하지만, 그의 특허는 사소한 것까지 꼬투리를 잡혀 사사건건 특허 분쟁에 휘말렸다. 특허는 성공적으로 방어되었지만 그는 빚 때문에 여러 번 투옥되고 1860년 생을 마감할 때는 가족에게 유산은커녕 20만 달러의 엄청난 빚만 남겨주었을 뿐이었다.

굿이어의 발명이 워낙 훌륭해서 그가 성공하는 것 자체가 경쟁자들에게는 악몽이 될 수 있었다. 그들은 굿이어를 파멸시키는데 모든 힘을 기울였는데, 자산가가 아닌 굿이어가 결국에는 항복할 것으로 생각했다. 하지만 굿이어는 자신이 언젠가 빛을 볼 수 있다며 결코 타협하지 않고 자신의 아이디어 방어에만 총력을 기울였다.

굿이어의 불행한 말로를 보면 그의 성격도 한몫한 것이 아닌가 싶다. 많은 사람들은 그가 매우 모났음을 지적한다. 특허 소송에 걸렸을 때마다 굿이어가 무난히 방어할 수 있었다는 것은 그의 주장대로 원천 특허이며 그 파급 효과가 클 것임은 틀림없는 사실이다.

그런데 그는 타협을 할 줄 몰랐다. 그에게 특허 소송을 건 사람들은 굿이어의 성공이 자신들에게는 치명적인 손해가 돌아오므로 방어 차원에서 접근했다고 볼 수 있다. 학자들은 굿이어가 경쟁자들 중 누구와 제휴했다면 결코 그처럼 세상에서 가장 불우한 사람이 되지는 않았을 것이라고 말한다. 한마디로 자신의 특허가 정당하다는 것만 생각했지 다른 사람과 나눈다는 생각은 전혀 하지 못한 것이다.

　어쨌든 굿이어는 끝까지 자신의 발명을 옹호하면서 누구와도 타협하지 않고 불행한 삶을 살았지만 역사는 그에게 조그마한 자존심을 갖게 만들어 주었다. 현재 세계 최대의 타이어 제조업체인 굿이어타이어 사가 존재하기 때문이다. 굿이어의 사망으로 특허도 종료되었지만 굿이어타이어 사는 그의 이름을 계속 사용하고 있다.

| 자전거의 역사 |

　고무는 부드럽고 비교적 약한 물질이지만 바퀴에 사용하면 금속보다 덜 마모되는 장점이 있다. 고무에는 이러한 내구성뿐만 아니라 충격 흡수성, 공기 탄력성이 있어 바퀴에 사용하면 승차감을 좋게 해준다. 경질고무는 굿이어가 살아 있을 때에는 쓰임새가 많지 않았으나 때마침 불어닥친 공업화의 영향과 폭발적으로 보급되기 시작한 자전거로 일대 전환기를 맞는다. 이후 자동차 타이어로 쓰이면서 그 수요가 폭발적으로 늘어났는데 그 단초를 마련한 사람이 남다른 안목을 가진 존 보이드 던롭(John Boyd Dunlop)이다.

　자전거에 대한 아이디어는 오래 전부터 알려져 있었다. 그 중 가장 유명한 것이 레오나르도 다 빈치가 그렸다는 자전거 스케치이다. 르네상스의 천재 다 빈치의 노트에는 대포, 헬리콥터, 낙하산은 물론 자전거 그림까지 그려져 있다. 하늘을 나는 방법까지 연구한 다 빈치였으니 자전거 정도를 고안했다고 해서 전혀 놀라울 것도 없다.

　하지만 자전거 그림은 도저히 대예술가인 다 빈치가 그렸다고 생각되지 않을 정도로 서툰 솜씨로, 마치 어린아이가 그린 낙서와도 같았다. 결국 학자들은 노트 뒷면에 그려진 자전거 그림을 면밀히 분석한 결과 다 빈치의 그림이 아니라는 결론을 내렸다. 1860년대 이후 누군가가 다 빈치의 원고 뒤에 낙서를 했다는 것이다.

최초의 자전거는 1790년 시브락(Comte de Sivrac) 백작이 발명한 '셀레리페르(celerifere)'이다. 그런데 일부 학자들은 시브락 백작보다 후대 사람인 독일의 드라이스(Karl von Drais, 1785~1851) 남작을 최초의 발명자로 보기도 한다. 드라이스는 자신의 넓은 영지를 관리하기 위해 걸어서 숲을 돌아다녀야 했는데 워낙 넓어 마차가 들어가지 못하는 곳이 많았다. 그는 두 개의 바퀴를 세로로 연결시켜 탈것을 만들었다.

드라이스는 자신만을 위해 자전거를 개발했으므로 다른 사람에게는 공개하지 않다가 개발 4년 후인 1818년 프랑스에 특허를 신청했다. 이 자전거는 1819년 영국으로 건너가자마자 크게 유행했다. 사람보다 빠른 탈것이라야 마차밖에 없던 당시에 드라이스의 자전거는 시속 15킬로미터나 달릴 수 있었기 때문이다. 그의 이름을 따서 '드라이지네(draisine)'라고 불린 그 자전거는 페달이 없어 지면을 발로 차고 나아가야 했는데 조금 익숙해지면 달릴 때 발을 지면에서 떼어도 넘어지지 않을 수 있었다. 하지만 드라이지네의 유행은 곧 시들해졌는데 바퀴가 철테로 되어 있어 무거운 데다 조금만 울퉁불퉁한 길에서 달리면 그야말로 엉덩이가 큰 고역을 치러야 했기 때문이다.

그후 1839년 영국의 맥밀런에 의해 페달을 사용한 자전거가 발명되었다. 이 자전거는 큰 앞바퀴와 작은 뒷바퀴로 되어 있었는데 금속으로 타이어를 만들었기 때문에 자갈밭이나 거친 길의 충격이 고스란히 엉덩이에 전달되었다. 더구나 불행하게도 작동을 잘못하여 어린이와 충돌하는 통에 벌금을 물기도 해 맥밀런은 돈을 벌 엄두도 내지 못했다.

셀레리페르

드라이지네

벨로시페드

페달식 자전거는 1862년 프랑스의 앙리 미쇼(Henry Michaux)에 의해 재등장하여 그야말로 또 한 번 붐을 이룬다. 미쇼는 프랑스 파리 변두리에서 작은 만물수리상을 운영하고 있었는데, 1861년 한 고객이 드라이스의 자전거를 수리해달라고 의뢰했다. 한 시간 만에 간단히 수리를 마친 미쇼는 시험 삼아 아들 어네스트 미쇼에게 직접 타보도록 했다. 그런데 어네스트는 너무나 타기 어렵다며 좀 더 편리하게 만들 수 없느냐고 말했다.

순간 미쇼는 동력장치를 떠올렸고 곧바로 페달이 달린 새로운 자전거를 만드는데 성공했다. 앞바퀴에 페달이 달린 미쇼의 나무 자전거 '벨로시페드(Velocipede)'는 현대식 자전거의 출발점이다. 미쇼의 페달식 자전거는 시판되자마자 반응이 폭발적이어서 1865년에는 무려 300명의 직공을 고용하여 자전거를 공급해야 했다.

자전거는 폭발적인 인기를 끌면서 계속 업그레이드되었다. 1868년 마르세유의 루소가 철사로 만든 자전거 바큇살을 발명했고 이후 1869년 프랑스 리옹의 테브농에 의해 자전거의 핵심인 바퀴가 철에서 고무로 바뀌었고, 이때부터 볼베어링이 사용되는 등 자전거의 재료는 나무에서 금속으로 바뀌기 시작했다.

1869년 최초의 자전거 전문 잡지 〈벨로시페드 일뤼스트레〉지는 파리—루앙 간 장거리 사이클 경주를 개최했는데, 영국의 제임스 무어가 10시간 만에 123킬로미터를 주파해 우승했다.

사람들은 보다 빨리 달리기 위해 자전거의 앞바퀴를 점점 크게 만들었는데 페달이 앞바퀴의 차축에 직접 부착되어 있어 자전거를 타려면 상당한 기술이 필요했다. 처음 탈 때는 반드시 뭔가를 붙잡고 움직여야 했고 급정거하기 어려워 위험할 때가 많았다. 자전거를 타다가 생긴 상처는 젊은이들에게 용기를 드러내는 '훈장'이었다.

1869년 보다 안전하고 빨리 달릴 수 있는 자전거가 프랑스의 앙드레 기르메에 의해 개발되었다. 그는 페달로 톱니바퀴를 회전시켜 그 동력을 체인을 통해 뒷바퀴로 전달하는 현대와 같은 자전거를 개발했다. 그러나 기르메의 자전거도 실용화되지 못했고 영국의 로손이 기르메의 체인 장착 자전거를 개량한 후부터 오늘날과 거의 같은 자전거가 등장하기 시작했다. 1885년 스탈리는 '안전 커버'와 두 바퀴의 지름이 똑같은 자전거를 발명했다.

| 주입식 고무 타이어의의 등장 |

자전거가 많은 장점을 가지고 있음에도 대중에게 큰 호응을 얻지 못한 것은 불편한 바퀴 때문이었다. 이때 혜성과 같이 등장한 사람이 존 보이드 던롭이다. 학자들은 던롭이 없었다면 현대 문명은 급속도로 발전할 수 없었을 것이라고 분명히 말한다. 그로 말미암아 대중교통 수단인 자전거가 완성되었고 이후 동력으로 움직이는 교통수단이 급격히 개발되었다. 말하자면 비로소 자동차가 도로에서 달릴 수 있게 된 것이다. 굿이어가 고무를 발명하고도 불운했다면 던롭은 고무를 사용한 발명으로 엄청난 성공을 이루었다.

수의사였던 던롭이 자전거 바퀴를 개발한 것은 아들에게 비싼 자전거를 사준 것이 계기가 되었다. 아들은 자전거를 타기만 하면 엉덩이가 아프다고 불평을 늘어놓곤 했는데, 그렇다면 자전거에 문제가 있다는 것이므로 그는 직접 문제를 해결하기로 마음먹었다.

그는 수의사로서 얻은 직업적 경험과 과학적 지식에 힘입어 타이어의 문제점을 근본적으로 해결할 수 있는 아이디어를 곧바로 찾아냈다. 자전거는 빨리 달릴 수는 있었지만 울퉁불퉁한 노면을 달릴 때 바퀴가 덜컹거리면 그 충격이 고스란히 엉덩이에 전달된다는 게 문제였다. 그 해결방법은 공기를 넣은 내부 튜브를 고무 타이어 안에 넣으면 된다고 생각했다.

공기 주입식 타이어

던롭은 공기를 채운 타이어가 특허로 등록됐는지

를 조사했는데 실망스럽게도 1845년에 이미 타이어에 공기를 넣는 아이디어가 특허로 등록된 상태였다. 그러나 특허 자체로는 훌륭했지만 실용성이 없어 정작 실용화에는 성공하지 못했다는 것을 알았다.

존 보이드 던롭

다행히도 앞선 특허는 이미 특허 기간이 만료된 상태였다. 던롭은 선임 발명자가 고안한 고무타이어에 자신의 아이디어를 더해 개선한 뒤 1887년 특허를 출원했다. 그의 특허는 매우 단순했다. 선임 발명자가 타이어에 공기를 직접 넣었다면 그는 공기를 넣은 고무 튜브를 타이어 안에 추가로 넣는 것이다. 소위 고무 튜브라는 '플러스 알파'로 문제점을 해결한 것이다. 원리 자체는 유사하지만 선임자의 공기 타이어는 타이어에 바람이 빠지면 효과가 사라지지만 던롭의 타이어는 공기가 튜브 안에 있으므로 공기가 쉽사리 빠지지 않는다.

던롭은 1890년 벨파스트의 한 공장에서 자신이 개발한 '공기 주입식 타이어'를 공개했다. 그의 발명품은 그동안 자전거가 갖고 있는 문제점을 근본적으로 개선한 것이어서 곧바로 자전거 열풍을 몰고왔다. 2중 타이어를 장착한 자전거는 덜컹거리지 않고 부드럽게 달릴 수 있었으므로 새로운 유행으로 자리잡기 시작했다.

엄밀한 의미에서 던롭의 아이디어는 고무타이어에 '공기를 채운 내부 튜브 하나를 넣은' 단순한 것에 지나지 않는다. 그러나 그의 사소한 아이디어가 그동안 자전거가 갖고 있던 문제점을 단숨에 해결했다는 점에 주목할 필요가 있다. 그의 성공은 많은 과학자나 기업인들에게 많은 것을 시사해준다. 발명으로 가는 한 요소를 제시하기 때문이다.

발명의 기본은 간단하다. 큰 틀에서 무언가 불편한 것이 있다면 이를 개선하는 아이디어를 찾아내는 것이다. 발명이라고 해서 모든 것을 원천적으로 새로 만들어야 하는 것은 아니다. 발명은 일반적으로 과거의 것보다 약 20퍼센트 정도 개선되면 신규성이 있다고 인정된다. 기존에 사용하던 고무타이어에 고무튜브를 한 개 더 넣은 것이 발명으로 인정되는 것도 그 이유이다. 약간의 개량을 통해서 새로운 기회를 창출할 수 있다는 의미이기도 하다. 과학계나 기업에서 간과하지 않아야 할 부분이다.

| 시대를 초월한 자전거 |

1896년 〈사이언티픽 아메리칸〉은 시계공들과 보석상들이 일감이 줄어들어 아우성치기 시작했다고 보도했다. 사람들이 자전거 사는 데 정신이 팔려, 시계나 보석 같은 사치품을 구입하지 않기 때문이었다.

'재봉사, 모자상, 서적상, 구두상은 물론 말을 파는 사람이나 승마를 가르치는 사람까지 한결같이 비명을 지르고 있다.'

재봉사들은 자전거족이 자전거 타기에 편하고 값싼 옷만 선호하는 바람에 그들이 만드는 고급 옷이 팔리지 않는다고 불평했고 극장주들도 바이크족의 광풍을 막기 위해 입장료를 내려야 했다. 출판업계도 난리였다.

'사람들이 밤낮없이 자전거를 타고 다니며 일요일에는 더욱 설쳐 댄다. 도대체 어떤 책도 읽을 시간이 없다.'

이 문제는 의회로까지 번졌다. 모자 판매상들은 자전거족들이 바람 때문에 모자를 쓰지 않아 파산할 지경이 되었으므로, 자전거를 타는 사람은 무조건 1년에 두 개의 모자를 구입하도록 법제화하자는 의안이 제출되기도 했다. 던롭이 얼마나 많은 재산을 축적했는지 상상할 수 있을 것이다.

자전거는 말처럼 먹일 필요도 없었고, 일정한 시간에 정해진 노선만 달리는 기차와 달리 언제 어디서든 이용할 수 있다는 이점이 있다. 당시 사람들은 교통수단의 제약으로 행동반경이 매우 좁아, 마차로 시내에 있는 도서관을 방문하고 교회에 가거나 선술집에 들르는 정도로 만족해야 했다. 그러나 자전거는 이들로 하여금 예전에는 감히 갈 수 없던 곳, 즉 교외로 빠져나갈 수 있게 해주었다.

자전거가 건강에 좋다는 것도 자전거 돌풍에 한몫을 했다. 대다수의 의사들은 자전거를 타면 걸을 때 소비하는 에너지로 갈 수 있는 거리보다 6배를 더 멀리 갈 수 있으며, 덤으로 심장을 튼튼하게 하는 운동이 된다며 자전거 타기를 적극적으로 권장했다.

당시 자전거 값은 보통 50~150달러로 가격만 따져보면 사치품에 속하는 물품이었지만 거의 모든 계층이 자전거 애호가로 변해갔다. 왕진을 가는 의사, 등교하는 학생, 고객을 방문하는 세일즈맨 등등 모두 자전거 페달을 힘껏 밟았다. 특히 그동안 집 안에 갇혀 있던 여자들도 코르셋을 벗고 짧은 스커트, 짧은 바지를 입은 채 자전거를 탔다. 이 짧은 바지를 입고 다니던 '블루머 걸(bloomer girl)'들은 의복의 변화 이상의 것을 요구했다. 여성의 투표권을 요구한 것이다. 물론 미국에서 여성에게 투표권이 부여된 것은 한참 뒤인 1920년의 일이지만, 당시 여성들은 자유로운 외출을 통해 인식을 바꾸는 데 큰 기여를 했다.

던롭을 더욱 기쁘게 한 것은 그 무렵 출시되기 시작한 자동차의 바퀴에도 고무타이어가 사용되었다는 점이다. 고무바퀴를 단 자전거와 자동차의 등장으로 노면이 좋은 도로가 절실히 필요해졌다. 자전거 족들은 도로의 개선과 도로 표지판 등의 설치를 요구했다. 어떤 사람들은 마차가 다니는 큰길에 자전거도 다니게 해달라는 소송을 내어 권리를 받아내기도 했다.

자전거가 등장한 뒤 도시에서는 점점 마차를 볼 수 없게 되었다. 1900년대 초 약 5만 마리의 말이 필라델피아의 거리에서 사라졌고, 시카고에서도 약 7만5천 마리가 종적을 감추었다. 1900년의 자전거 산업은 고용인 7만 명, 자전거 애용자가 400만 명이 되었다. 대장장이들이 사람들이 자전거에 미쳐 말들을 쫓아버렸다고 투덜거렸지만 자전거 열풍은 쉽사리 잦아들지 않았다. 그때까지 어느 누구도 자동차가 자전거를 대신할 것이라고 내다보지 못했다.

그러나 1908년 포드자동차가 최초의 대량생산 자동차 모델T를 출시하면서 자전거 붐은 갑자기 하향곡선을 걷게 되었다. 미국에서는 유럽보다 하강 속도가 더 빨랐다. 사람들은 자동차에 넋을 빼앗겨 1910년대에 이미 자전거는 어린이들을 위한 크리스마스 선물로 전락했다.

블루머 걸

그러나 제2차 세계대전 중에 휘발유 부족으로 자동차 운행이 거의 불가능해지자 다시 자전거가 등장했고, 1960년대 이후 공해문제, 연료 부족 등으로 자전거가 급속도로 보급되더니 웰빙 바람이 불면서 건강스포츠로 인식되어 보급 대수는 더욱 늘어났다. 학자들은 조만간 자전거가 보급 수량 면에서 자동차를 능가할 것으로 예측한다. 던롭 홀딩스사(Dunlop Holdings PLC)는 현재 세계에서 가장 유명한 타이어 회사의 하나로 스포츠 분야에서도 골프공, 테니스라켓 등을 비롯해 확고한 위치를 점하는 회사로 건재해 있다.

1912년 4월 14일 밤, 영국 사우샘프턴 항에서 미국 뉴욕으로 향하던 타이타닉 호에서 긴급 구조신호가 발신되었다. 이 무선신호들은 1904년 영국의 존 암브로스 플레밍 경이 발명한 진공관을 이용해 송신되었는데, 1906년 미국 마르코니 사에 급사로 입사해, 이듬해 하급 전신기사로 승진하여 근무하던 데이비드 사르노프(David Sarnoff)가 대서양에서 날아온 긴급 SOS 신호를 최초로 수신한 것이다. 그는 즉시 주변 해역에 있던 배들에게 연락을 취했고, 700여 명의 승객이 구출될 수 있었다.

09

상식을
파기하라

굴리엘모 마르코니 Guglielmo Marconi, 1874~1937

이동통신의 선구자 무선전신기

1899년 4월 11일자 〈독립신문〉에는 '줄 없는 전보'라는 제목의 다음과 같은 아주 짤막한 기사가 실렸다.

'요사이 법국(프랑스) 롱뿔과 영국 포렌드 사이에 전선줄 없이 통신하는 기계를 새로 발명했는데 매우 쉽고 편리하게 소식을 전한다고 한다.'

마르코니(Guglielmo Marconi)의 영국 · 프랑스 해협 간 무선통신 성공을 보도한 것으로 서재필 박사가 번역한 외신기사이다. 초등학생까지 휴대폰을 갖고 있는 요즘의 시각으로 보면 격세지감을 느끼게 하는 내용이지만, 유선 전화기조차 이상한 기계로 보던 당시로서는 전선줄도 없이 소식을 전할 수 있다는 사실이 기삿거리가 된 것이다.

오늘날 지구는 '지구촌'이라는 말조차 무색할 만큼 아주 가깝게 연결되어 있다. 그러나 공간을 통해 전달되는 무선전신이 없었다면 지구 곳곳의 사람들은 서로 전혀 연결되지도 못하고 관심도 갖기 어려웠을 것이다. 무선전신은 지구를 실시간으로 연결하는 지구촌 통신을 가능하게 했을 뿐 아니라 라디오, 텔레비전을 비롯한 매스컴의 출현을 가져왔고,

20세기 후반의 획기적인 발명품으로 꼽히는 휴대용 무선전화의 길을 열어주었다.

| 맥스웰, 페러데이 그리고 마르코니 |

무선전신은 3단계의 발전 과정을 거쳐 개발되었다. 첫 번째가 맥스웰의 전자기에 대한 이론적 연구, 두 번째는 헤르츠의 전파 발견, 그리고 세 번째가 이를 하나의 기술로 접목시킨 마르코니의 무선통신 기술이다.

다소 복잡한 내용이지만 무선통신의 탄생 과정을 간략하게 설명해 본다.

패러데이(Michael Faraday, 1791~1867)는 자석 주위의 공간이 자기(磁氣)의 '역선(力線)'으로 채워져 있어서, 탄성 밴드처럼 움직이며 이 역선이 진동할 때 전기가 생긴다고 보았다. 이를 전자유도라고 하는데 간단히 말하면 자장이 변화할 때 전력이 발생한다는 것이다. 전자유도는 발전기와 변압기 등 각종 전자기기의 기본 원리로, 유도가열(Induction Heating) 조리기도 이 원리를 응용한 것이다.

패러데이는 "전기분해로 발생하는 물질의 질량은 흐르는 전기의 양에 따라 결정된다"는 전기분해의 법칙을 발견하는 등 과학사에 중요한 업적을 남긴 인물이다. 그 공헌을 기념하여 전기분해할 때의 전기량을 측정하는 단위를 '패러데이'라고 부른다.

패러데이가 발견한 전기와 자기(磁氣)의 성질들을 수학적으로 표현하여 전자기 사이의 관계에 대한 방정식을 만든 사람이 제임스 맥스웰(James Clerk Maxwell, 1831~1879)이다.

맥스웰 이론의 주요 내용은 "진동하는 전류가 '전자기파'를 만들고 이 파동이 전기의 근원에서 퍼져 나와 공간을 통해 이동한다"는 것이다. 전자기파의 속도는 빛의 속도와 같고, 이를 토대로 그는 '빛의 전자기파설' 즉, "빛 자체는 전자기 법칙에 따라 전파되는 전자기적 교란이다"라고 주장했다.

맥스웰 방정식의 중요성은 빛이 전자기 현상임을 밝혀냈을 뿐만 아니라 전자기파의 존재를 예견한 데 있다. 맥스웰 방정식에서 새로운 전자기파의 진동수는 전류의 진동수에 의해 결정된다. 그러나 전류의 진동수가 커질수록 발생하는 전자기파의 진동수도 커진다는 그의 혁신적인 이론은 발표 당시에는 크게 주목을 받지 못했다.

맥스웰

그가 사망한 지 10년이 지났을 때, 독일의 한 과학자의 실험실에서 우연히 전파가 검출되었다. 헤르츠(Heinrich Rudolf Hertz, 1857~1894)는 전원이 연결되지 않은 상태에서, 유도 코일이라는 장치의 서로 떨어져 있는 도선 고리 사이에서 스파크가 일어나는 것을 보았다. 그것은 직선으로 진행했고 거울에서 빛이 반사되듯 금속판에서 반사되었다. 마치 전자기 복사(輻射, radiation)처럼 보인 이 현상을 헤르츠는 맥스웰이 예견한 전자기파의 증거라고 확신했다. 이 파동들이 훗날 '전파'로 알려진 현상이며, 주파수 단위

헤르츠

헤르츠(Hz)에 그의 이름을 붙이게 된 사건이기도 했다.

1890년 프랑스의 물리학자 브랑리(Edouard E. Branly, 1844~1940)는 금속가루를 가득 채운 유리관을 수신기로 사용해 전송기로부터 137미터 떨어진 거리에서 헤르츠파를 검출하였다. 한편 그는 금속가루를 에보나이트관 속에 넣고 전기저항을 측정하던 중, 옆방에서 유도 코일의 불꽃이 방전했을 때 금속가루의 전기저항이 두드러지게 낮아지는 것을 발견했다. 유도 코일의 불꽃과 금속가루의 전기저항에 대해 흥미를 느낀 그는 알루미늄 가루를 이용해 라디오 컨덕터(radio conductor)라는 장치를 만들었다. 이것이 라디오의 어원이다. 그러나 그는 이 라디오 컨덕터를 어떻게 사용할 것인가는 생각지 않았다.

영국의 물리학자 로지(Oliver Joseph Lodge)도 805미터 떨어진 곳에서 모스 부호로 보내진 신호를 '코히러(coherer)'로 검출했다. 코히러는 금속가루에 전파가 부딪치면, 가루가 들러붙어 전기저항이 감소하는 원리를 이용한 전파검출기이다. 이것은 신경계를 연구하고 있던 브랑리가 신경섬유의 뉴런에서 힌트를 얻어 만든 것이다. 이들 모든 학자들의 연구를 집대성하여 무선통신을 실용화한 사람이 정신병자라고까지 불린 G. 마르코니이다.

| 정신병자가 만든 공상기계 |

마르코니의 친구들이 그를 정신병자라고 단정한 데는 충분한 이유가 있다.

이 당시 과학계의 화두는 '에테르(ether)'의 존재였다. 에테르는 눈에 보이지 않지만 질량과 마찰도 없고 안정되어 있는데, 데카르트가 처음 제안하고 뉴턴이 이를 인정한 신비의 물질이라고 알려졌다.

맥스웰의 이론은 빛이 물질을 통과하면서 진동 운동이 일어나고 그것이 전파해 나간다는 것이었다. '빛이 파동이다'라는 종래의 학설을 강조한 것이다. 당시에는 빛의 매개 물질이 있다고 믿었다. 다시 말해 먼 별에서 우주공간을 가로질러 빛이 지구까지 오려면, 이 광대한 우주공간은 모조리 빛의 매개 물질인 에테르로 충만해 있어야 하고, 지구는 광대한 에테르의 바다 속에 잠긴 잠수함처럼 에테르 속에서 태양 주위를 공전하고 있어야 한다는 뜻이다. 에테르를 보다 보완하여 설명한 사람이 헤르츠인데, 그는 자신의 논문에서 다음과 같이 적었다.

'우리가 사는 공간 어디에나 색도 냄새도 무게도 없는 에테르라는 것이 있어서 그것이 전파를 전달해 주는 역할을 한다.'

당시에는 에테르가 무엇인지를 누구도 정확히 알지 못했다. 단지 빛이 파동으로 되어 있다는 관점을 받아들이기 위해 에테르가 필요했을 뿐이다. 그런데 빛의 성질이 밝혀지면서 에테르의 성격도 규정되었다. 우선 에테르는 빛이 통과할 때 진동하는 고체여야 하며 매우 단단할 뿐만 아니라 미세하고 진공을 포함한 모든 곳에 존재해야 한다. 빛은 진공 상태에서도 이동하기 때문이다. 에테르가 존재한다면 그것은 이제까지 알려진 적이 없는 새로운 종류의 물질이어야 했다.

그런데 에테르의 존재를 믿고 있던 과학계의 정설을 뒤집는 발표가 나온다.

빛의 속도를 측정한 마이클슨(Albert Michelson)과 몰리(E. W.

Morley)는 에테르를 측정하는 실험을 구상했다. 지구는 운동하고 있으므로 지구의 움직임과 반대 방향 즉 지구의 뒤로 흘러가는 에테르의 바람이 존재해야 한다. 이 바람과 같은 방향으로 전파되는 빛의 속도는 그만큼 빨라지며 바람에 거슬러서 전파되는 빛의 속도는 그만큼 느려야 한다. 지구 위의 모든 방향에서 빛의 속도를 측정하면 에테르의 바람에 의한 속도 차이를 계산할 수 있다는 것이 그들의 생각이었다. 이 속도 차이를 확인하려면 실험의 정밀도를 높이는 것이 관건인데 이미 빛의 속도를 정밀하게 측정한 그들에게는 어려운 일이 아니었다. 모든 색깔의 빛이 진공에서 같은 속도를 갖는다는 데서 착안해 그들이 측정한 광속은 299,776.25킬로미터로 실제보다 0.006퍼센트가 적은 값이다.

그들은 에테르가 존재한다는 어떠한 증거도 찾을 수 없었다. 아무리 실험을 반복해도 에테르라는 매개 물질이 있다면 꼭 나타나야 할 간섭 줄무늬의 변환이 발견되지 않았다. 그것은 에테르가 존재하지 않는다는 의미였다. 1886년 그들은 에테르, 즉 빛의 매개 물질이 존재하지 않는다는 결과를 발표했다. 그들의 발표는 결국 '참'으로 인정되었고 이를 토대로 아인슈타인의 상대성이론이 도출되었다는 것은 잘 알려진 사실이다.

마르코니는 학자들의 물리학적 결론을 잘 알지 못했다. 그는 헤르츠의 논문만 철저하게 믿었기 때문에 "무선전신의 원리가 무엇이냐?"는 사람들의 질문에 "에테르의 힘을 이용할 수 있다"고 설명했다. 에테르가 존재하지 않는다는 새로운 과학적 지식을 전혀 알지 못해 생긴 일이었다. 그로인해 마르코니는 '정신병자'라는 조롱을 받아야 했다.

과학적 이론의 오류와 정신병자 취급을 받았음에도 불구하고 결과적으로 마르코니가 무선전신에 성공을 했다는 데 아이러니가 있다. 현대 과학자들은 그 이유를 정확하게 알고 있다. 그것은 에테르의 존재 때문이 아니라, 전기 입자를 품고 있는 대기의 전리층 때문이었다. 전리층이 없다면 직선 방향으로 이동하는 모든 전파는 지구의 곡률 때문에 수신기에 도달하지 못한다. 위로 올라가더라도 대기층 꼭대기에서 소멸된다. 그러나 전파는 전리층에서 반사되어 지구로 되돌아오기 때문에 먼 거리까지 전송될 수 있는 것이다. 물론 마르코니를 포함한 당시의 학자들이 이 사실을 몰랐음은 물론이다.

| 지구촌을 하나로 만든 무선전신 |

마르코니는 1874년 이탈리아의 볼로냐에서 부유한 은행가인 아버지와 아일랜드 부호의 딸인 어머니 사이에서 태어났다. 마르코니의 어머니는 아들이 과학에 특별한 관심과 소질이 있다는 점을 발견하고 훌륭한 과학자로 키워야겠다고 결심했다. 그는 13세 때 어머니의 권유에 따라 레그혼(Leghorn) 기술학교에 입학하여 두각을 나타냈다.

성공한 사람에게는 대부분 전설이 따라다니지만 마르코니의 경우도 예외는 아니다. 1888년 여름, 부유한 마르코니 가족은 알프스 산기슭에서 휴가를 즐기고 있었다. 14세의 마르코니는 한 과학잡지에서 '독일의 헤르츠가 전자파의 존재를 확인했다'라는 기사를 읽게 되었다. 이때 마르코니는 생각했다.

'대단한 일이다. 어쩌면 전선 없이 먼 거리까지 신호를 보낼 수 있

을지도 몰라.'

기존의 유선통신으로는 불가능한, 움직이는 물체, 이를테면 바다를 항해 중인 배와도 통신이 가능할 것이다. 그로부터 마르코니의 머릿속에서 무선 전신에 대한 생각이 지워지지 않았다. 그가 19세가 되자 어머니는 볼로냐대학의 물리학 교수였던 리기(Augusto Righi)를 개인 가정교사로 초빙했다. 리기 교수는 아버지의 친구로서 전자기 이론과 실험의 권위자였다.

마르코니는 리기 교수의 도움으로 맥스웰의 초기 수학적 연구, 전자기파를 전송시킨 하인리히 헤르츠의 실험, 번개와 전기에 대한 올리버 로지의 실험 등을 연구했다. 마르코니가 흥미를 느끼는 것을 물으면 교수가 자세하게 가르쳐주는 식이었다.

마르코니가 주목한 것은 에테르였다. 그의 생각은 단순했다. 과학자 맥스웰의 말처럼 만약 우리가 사는 우주 공간 어디에나 무색(無色), 무취(無臭), 무미(無味)의 에테르라는 것이 있다면 그것이 전파를 전달해 주는 역할을 할 수 있을지 모른다는 것이다. 그의 상상력은 더욱 비약되어서, 만약 그것이 사실이라면 세계 어느 곳에서도 같은 현상이 일어날 것이며 구태여 긴 전선을 사용하지 않더라도 먼 거리에서 서로 통신할 수도 있다는 것이다.

당시 에테르가 존재하지 않는다는 사실이 발표됐지만 까맣게 모른 채 연구에 몰두하던 마르코니는 헤르츠가 사망한 1894년부터 볼로냐 인근 가족 사유지에서 본격적인 연구와 실험을 시작했다.

그는 96퍼센트의 니켈과 4퍼센트의 은가루를 진공 속에서 밀봉한 것을 사용하여 이전보다 성능이 우수한 검파기를 만들었다. 더 나아가 전파를 더욱 멀리 보내기 위하여 공중에 가설된 도선(導線)을 설치했다. 송신기의 한쪽 끝을 전신주 꼭대기의 금속판에 연결하고 다른 한쪽 끝을 땅에 묻으면 신호가 증폭될 수 있는 일종의 안테나였다. 이러한 준비를 바탕으로 그는 전송 거리를 점차 늘려나가 1895년 9월에는 언덕 넘어 잘 보이지 않는 2.4킬로미터 떨어진 곳에 신호를 보내는 데 성공했고, 보다 강력한 전송기를 사용하여 송·수신기 사이의 거리를 3킬로미터까지 넓혔다. 그리고 1896년 6월에 22세의 젊은 나이로 무선전신 기술에 대한 특허를 받았다. 전송기와 수신기 사이에 작은 산이 가로막고 있더라도 통신에는 아무런 지장이 없다는 것을 발견한 그는 곧바로 이탈리아 정부에 연구비 지원을 신청했으나 거절당했다.

마르코니는 곧바로 어머니의 나라인 영국(아일랜드)으로 향했는데 입국 과정에서 의사소통이 되지 않아 영국의 세관이 마르코니가 갖고 있던 무선전신기를 폭탄으로 의심해 부숴버리는 해프닝을 겪기도 했다.

마르코니는 이종사촌인 데이비스(Henry Jameson Davis)의 도움으로 특허를 획득했는데 마침 영국 체신부 기사장(chief engineer)이었던 윌리엄 프리스(William Preece) 경의 도움으로 무선전신기의 성능을 더욱 증진시킬 수 있었다. 그는 공개 시연회를 통해, 기구와 연을 이용해 안테나를 높이 올려 보내 솔즈베리 평원에서 브리스틀 해협을 넘어 14.5킬로미터까지 신호를 보내는 데 성공했다.

마르코니

그는 곧바로 사촌과 무선전신신호회사(Wireless Telegraph

& Signal Co.)를 설립했고, 그의 발명에 주목한 영국 정부의 예산을 지원받을 수 있었다. 1897년 6월 마르코니가 라스페치아에 지상 무선국을 설치하여 19킬로미터 밖의 이탈리아 전함과 통신한 것이 최초의 이동통신 사례이다. 1899년 그는 프랑스 위머로에서 50킬로미터 떨어진 영국 사우스폴랜드에 무선국을 설치했는데 이것이 우리나라 〈독립신문〉에 '줄 없는 전보'라는 제목으로 기사화되었던 것이다.

그후로 무선통신 거리는 계속 늘어나, 1899년 9월 2척의 미국 배에 장치된 무선통신을 이용해 바다 한가운데서 펼쳐진 아메리카컵 요트 경기의 진행 상황을 뉴욕에 있는 신문사로 보고하자 전 세계가 열광했다.

1901년에는 영국의 콘월(Cornwall)에서 3200킬로나 떨어진 뉴펀들랜드(Newfoundland)의 세인트존스(St. Jonh's)까지의 대륙 간 전파 송신이 성공했다. 이것은 단순한 과학적인 업적을 넘어 세계 경제와 무역을 획기적으로 변모시킬 수 있는 일대 계기가 되었다. 영국의 곡물 수입업자는 얼마만큼의 미국 농산물이 언제 입항하는지를 무선으로 미리 알 수 있어 그 정보를 토대로 영국에서 유통되는 곡물의 양을 조정할 수 있게 되었다. 곡물뿐만 아니라 다른 무역에서도 이를 곧바로 활용했음은 물론이다.

| 제국주의의 도구 |

무선통신의 역할은 이뿐만이 아니었다. 1900년 미국의 패슨던(Reginald Aubrey Fessenden)이 고주파전기식 무선전화를 발명했고,

1906년 매사추세츠 주 브랜트 록 실험국에서는 이 무선전화를 이용하여 음악과 목소리를 전파에 싣는 데 성공했는데 이것이 최초의 라디오 방송이다. 그래서 1906년에는 이미 한 지역에서 행하는 연설을 세계의 거의 모든 지역으로 송신하는 것이 가능했다. 이러한 업적으로 마르코니는 1909년 노벨 물리학상을 받았다.

무선통신은 제국주의 열강들이 식민통치를 하는 데 있어서 신속한 통신수단을 제공했고, 제1차 세계대전에서는 거의 모든 국가의 군사용 통신수단으로 이용되었다. 이후 급속도로 전 세계로 보급되면서 마르코니는 거부가 될 수 있었다.

마르코니는 이탈리아 중요 인물로서 행복한 말년을 보냈지만 모국이 아닌 영국에서 회사를 설립했다는 비난으로부터 자유롭지 못했다. 그것은 마르코니가 애국심이 없어서가 아니라 이탈리아가 그의 발명 가치를 알아주지 못했기 때문이다. 그의 무선기기가 영국에서 꽃을 피웠던 것은 해양국가인 영국에게 이동중인 선박간의 교신에 무선통신이 꼭 필요했기 때문이다.

유럽과 달리 20세기 초 미국에서의 무선통신사업은 지지부진했다. 미국의 무선통신기술 특허는 벨의 AT&T, 에디슨이 만든 GE, 웨스팅하우스 등 여러 회사로 분산되어 있었기 때문이다. 더구나 무선통신서비스 역시 페더럴 텔레그래프, 트로피컬 라디오(과일메이저 연합), 애틀랜틱 커뮤니케이션(독일 텔레푼켄 계열), 아메

타이타닉 호

리칸 마르코니(영국계열) 등의 민간 기업에 의해 주도되고 있었다.

미국 해군부는 국가안보 차원에서 모든 무선통신사업을 국영화하자고 주장했지만 의회에서 기각되었다. 1918년 독자적인 무선국을 개설한 해군부는 국가안보를 구실로 영국계 마르코니사를 미국 땅에서 내쫓으려 했다.

미국 정부와 GE가 합작해서 설립한 'RCA(Radio Communication of America)'의 합병 시도에 1919년 마르코니사는 결국 미국에서 철수할 수밖에 없었다. 마르코니가 미국에서 참패한 이유는 무선통신이야말로 국가권력과 함께 하는 비즈니스이기 때문이다. 현재도 일부 국가에서 인터넷을 비롯한 통신 분야를 정부가 통제하는 것과 같은 맥락이다. 마르코니는 미국에서의 실패에도 불구하고 엄청난 재산을 벌었으며 그 많은 돈을 무선통신의 발전을 위해 투자했다.

1912년 4월 14일 밤, 영국 사우샘프턴 항에서 미국 뉴욕으로 향하던 타이타닉 호에서 긴급 구조신호가 발신되었다. 이 무선신호들은 1904년 영국의 존 암브로스 플레밍(Sir John Ambrose Fleming) 경이 발명한 진공관을 이용해 송신되는데, 1906년 미국 마르코니 사에 급사로 입사해, 이듬해 하급 전신기사로 승진하여 근무하던 데이비드 사르노프(David Sarnoff, 1891~1971)가 대서양에서 날아온 긴급 SOS 신호를 최초로 수신한 것이다. 그는 즉시 주변 해역에 있던 배들에게 연락을 취했고, 700여 명의 승객이 구출될 수 있었다. 당시 매스컴은 이렇게 보도했다.

'타이타닉의 생존자들은 과학자로서의 마르코니의 지식과 발명가로서의 그의 천재성이 목숨을 구했음을 기억해야 한다.'

1919년 마르코니는 제1차 세계대전을 종결하는 파리강화회의에 이탈리아의 전권대사로 파견되어 오스트리아, 불가리아와 각각 평화협정을 체결했다. 1929년에는 후작 작위를 받고 이탈리아 상원에 지명되었으며 1930년에는 '이탈리아 왕립아카데미' 의장으로 선출되었다.

과학의 역사를 보면 종종 비상식적인 일들이 일어나곤 하는데 그것은 당대의 기술과 지식수준으로는 설명할 수 없는 경우가 많기 때문이다. 사실 과학은 미지의 것을 탐구하는 학문이므로 이러한 사례는 어쩌면 당연한지도 모른다.

마르코니의 성공 요인은 다른 사람과 달리 상식을 무시하고 스스로 가능하다고 믿었기 때문이다. 그가 무모하게 당대의 상식을 거스르지 않았다면 결코 무선통신의 아버지라는 이름을 얻지는 못했을 것이다.

그의 성공이 주는 메시지는 단순하다. 상식적인 생각만 고집한다면 획기적인 아이디어가 나오기 어렵다는 점이다. 만일 마르코니가 정신병자라는 손가락질을 받으면서 무선통신에 매달리지 않고 의지를 꺾었다면 무선통신의 개발은 수십 년은 더 늦어졌을 것이다.

1937년 7월 마르코니가 세상을 떠났을 때 전 세계 방송사들은 그를 추모하기 위해 2분 동안 방송을 중단했다.

10

아이디어를
확장하라

찰스 A. 파슨스 Charles Algernon Parsons, 1854~1931
증기기관 발전소의 탄생

"나는 배가 침몰될 수 있다는 그 어떤 조건도 상상할 수 없다. 현대의 조선 기술은 이미 그 수준을 넘어섰다."

타이타닉 호의 선장으로 최후를 마친 저명한 항해자 에드워드 J. 스미스가 1907년에 한 말이다. 스미스 선장의 예언을 증명하기 위해서였을까? 1909년 봄, 당시로서는 상상하기 힘들 만큼 큰 규모의 '움직이는 물체'가 인간의 손으로 만들어지고 있었다. 그리스 신화에 나오는 거인족 타이탄에서 따온 이름 그대로 거대한 배, 타이타닉 호의 전설은 건조장인 영국의 벨파스트 조선소에서부터 소문으로 흘러나오기 시작했다.

총 5만 마력의 거대한 괴물 선박은 높이 30미터로 건물의 11층 높이에 너비 28미터, 길이 270미터, 무게 4만6천 톤에 달했다. 3킬로미터를 운행하는 데 159개의 화실(火室)에서 2톤의 석탄이 연료로 쓰이고, 100톤이 넘는 방향타가 설치될 예정이었다. 이 배는 당시 최대의 군함보다 2배나 큰 세계 최대의 선박이었다.

16개의 방수 차단 공간이 설치된 타이타닉 호는 함교(bridge)에서 스위치만 누르면 몇 초 내에 비상문들이 내려와 닫히도록 설계되어 있어 어떠한 위험에도 대처할 수 있었다. 적어도 타이타닉 호는 '침몰 불가능한 배(An Unsinkable Ship)'는 아닐지라도 안전도에 관한 한 세계 최고 수준의 배였다. 배가 완성되면 거의 천 명에 가까운 승무원들이 2500명 이상의 승객과 함께 세계 어느 곳이라도 안전하게 운항할 수 있으리라 평가되었다.

그러나 타이타닉 호는 처녀출항에서, 그것도 빙산과 충돌한 지 3시간도 되지 않아 침몰했다. 이 사고로 2200명이 넘는 승객과 약 1500명의 승무원들이 사망한 사상 최대의 해난 사고로 기록된다.

타이타닉 호는 당대 최고의 과학적 기술이 접목되어 건조된 배였다. 대형 선박을 고속으로 나아가게 한다는 것은 그리 간단한 일이 아니다. 바로 19세기 위대한 공학자의 마지막 주자로 알려진 찰스 파슨스의 증기기관이 개발되었기 때문에 가능한 일이었다. 그의 증기기관은 새로운 아이디어가 아니라 그동안 산업체와 소형 선박에서 사용되던 증기기관을 타이타닉과 같은 초대형 선박에도 확대 적용한 것이다.

| 악마가 달린다 |

제임스 와트의 증기기관 등장 이후 선박을 움직이는 동력에 대한 개념도 달라진다. 증기기관을 이용하여 배를 움직인 선구자는 바로 로버트 풀턴(Robert Fulton, 1765~1815)이다.

펜실베이니아 주의 리틀브리튼(지금의 풀턴)에서 태어난 풀턴은 3세 때 그의 아버지가 사망했다. 그는 화가가 되려고 필라델피아로 나갔는데 보다 전문적인 공부를 위해 1786년 영국 런던으로 건너가 웨스트(B. West, 1738~1820)의 제자가 되었다.

그러나 스스로 그림에 큰 재주가 없다고 생각한 풀턴은 전공을 바꾸어 독학으로 기계학·수학 등을 공부하며 증기기관에 눈을 돌렸다. 누구보다도 박식하고 화술도 좋았던 그는 타인의 호감을 얻는 데 천부적인 재능을 보였다. 한마디로 스폰서를 찾는 데 탁월한 능력을 발휘한 것이다. 맨 처음 그에게 큰 관심을 보인 사람이 영국 최초의 내륙 운하의 건설자인 브리지워터(Bridgewater, 1736~1803) 공작이다.

브리지워터 공작은 자주 가던 남프랑스의 휴양지에서 프랑스 루이 14세 시대에 폴 드 리크가 건설한 미디(Midi) 운하를 보고 큰 감명을 받았다. 미디 운하는 대서양과 인접해 있는 프랑스의 보르도(Bordeaux)를 통해 투르즈(Toulouse), 나르본(Narbonne)으로 수로를 만들어 대서양에서 곧바로 지중해로 나갈 수 있도록 설계되어 있었다.

1759년까지 영국의 도로 사정은 좋지 않았는데 브리지워터 공작은 운하를 이용하면 폭발적으로 생산량이 증가하는 석탄을 효율적으로 수송할 수 있다고 생각했다. 브리지워터 공작은 건축기사 브린들리와 함께 리버풀―맨체스터 사이의 운하 건설에 착수하면서 다음 두 가지 대전제를 세웠다.

첫째, 장마철 홍수와 같은 재해를 막기 위해 운하를 강이나 기타 어떠한 물줄기에도 연결시키지 않으며 둘째, 저지대나 고지대에 수문을 만들지 않기 위해 운하의 수평선을 같은 높이로 유지한다는 것이었다.

그러나 맨체스터까지 운하를 관통시키기 위해서는 어웰 강과 험한 골짜기를 통과해야 했는데, 이 난관을 돌파하기 위해 그들은 아치형 석조 수로교(水路橋)를 계획했다. 운하 길을 수평으로 유지하는 데 적격이었고 물을 끌어올리는 데 필요한 수문도 생략할 수 있었다.

1761년 운하가 개통된 후 바튼 수로교는 '18세기의 기적'이라는 평을 들었다. 다리 아래 강에서 배가 왕래하고 그 위의 공중에 뜬 수로교에서 석탄을 실은 운반선이 말이나 노새에 끌려 움직이는 광경은 그야말로 한폭의 그림이었다. 당시의 한 여류작가는 다음과 같이 묘사했다.

"이것은 사람의 손으로 만든 것 중에서도 가장 신기한 것으로 보여요. 상류층 인사들을 비롯해 많은 구경꾼이 매일 밀어닥친답니다."

1764년 브리지워터 공작은 맨체스터와 리버풀을 연결하는 운하를 완공해 워슬리 광산에서 맨체스터로 석탄을 운반하는 비용을 절반으로 줄였다.

| 로버트 풀턴과 증기선 |

운하 건설에 결정적인 공헌을 한 브린들리가 1772년 사망한 뒤, 그의 공백을 메운 사람이 풀턴이다. 풀턴은 브리지워터 공작과 운하에 대해 토론하여 얻은 지식만으로 1796년 운하 건설을 효율적으로 개선할 수 있는《운하항행의 개량론》을 썼다. 이 책에서 풀턴은 수문 대신 비탈진 경사면을 이용하여 크기가 다른 여러 종류의 배를 통과시킬 수 있는 운하 방식을 제안했다. 마침 나폴레옹 통치하의 프랑스가 파리-디에프(dieppe)를 잇는 운하를 건설할 목적으로 그를 초청했다.

풀턴은 나폴레옹을 만나 세계 과학사에 반드시 나오는 유명한 무기, 즉 잠수정을 제안한다. 나폴레옹의 자금 지원을 받아 풀턴은 1801년 세계최초의 잠수정인 노틸러스(Nautilus) 호를 건조했다. 철골 조에 구리판을 입힌 소형 잠수정 노틸러스 호는 길이가 7미터로 4명이 탈 수 있었다. 물속에서 3시간을 머물 수 있었지만 동력이 문제였다. 명색이 잠수정인데 돛이나 노를 쓸 수도 없었으므로 스크루(screw)가 채택되었다. 하지만 스크루를 사람이 돌려야 하고 수면에 떠 있을 때는 돛을 사용해 군함으로는 쓸모가 없어 나폴레옹은 더 이상 잠수정 개발에 후원하지 않았다.

그러나 노틸러스 호는 쥘 베른(Jules Verne, 1808~1905)이 1870년에 출간한《해저 2만 리》에서 네모 선장의 잠수함으로 등장했으며, 이후 1950년대 실제 가동되는 세계 최초의 원자력 잠수함으로 그 모습을 드러냈다.

노틸러스 호의 실패로 다소 침체해 있던 풀턴은 1802년 스코틀랜드의 운하 관리자였던 토머스 던다스(Thomas Dundas, 1741~1820)가 와트의 증기기관을 목선(木船) '샤롯던다스 호'에 장착하여 몇 주간 승객을 태우고 운행한다는 것을 알았다. 호기심이 강한 그는 즉각 사롯던다스 호에 탑승해 배의 구석구석을 살펴본 후, 제임스 와트의 증기기관을 보다 개량하면 대형 선박에도 적용할 수 있다고 생각했다.

그는 곧바로 프랑스 주재 미국대사인 리빙스턴(Robert R.

클레몬트 호

Livingston, 1748~1813)을 설득했다. 부호였던 리빙스턴은 실험용 소형 보트에 장착할 수 있는 증기기관을 제임스 와트에게 주문했다. 1802년 풀턴의 첫 번째 작품은 물속에 가라앉고 말았지만 이듬해 와트의 증기기관은 성공적으로 가동되어 파리의 센(Seine) 강을 운행했다.

풀턴

1806년 유럽이 나폴레옹 전쟁으로 온통 소용돌이에 휩싸여 증기선에 대한 관심이 사라지자 풀턴은 미국으로 돌아갈 수밖에 없었다.

신생국가 미국은 서부 개발 붐으로 물동량이 폭발적으로 늘었지만 주로 뗏목에 의존하고 있었다. 풀턴은 뗏목을 증기선으로 교체하자는 아이디어로 리빙스턴을 설득했고, 리빙스턴은 풀턴에게 미국 정부로부터 특별 허가증을 받게 해주었다. 풀턴이 받은 허가증에는 "뉴욕 주의 강에서 증기선을 달리게 할 수 있는 사람은 오로지 풀턴뿐이다"라고 적혀 있었다. 증기선을 제작하기도 전에 이러한 독점적 허가를 받은 것만 봐도 풀턴은 다방면에 대단한 능력을 가진 사람이었다.

그러나 증기선을 만들기 시작하자마자 곧 반대에 부딪혔다. 바로 기계에 대한 반발이었다. 반대자들은 운하 근방에 사는 주민이나 정부의 관리들에게 갖가지 유언비어를 퍼뜨렸다. 증기선이 운항하면 큰 파도로 운하의 둑이 무너지고, 증기선의 굴뚝에서 나오는 연기나 검댕이 농작물에 해를 준다는 식이었다. 수많은 반대에도 불구하고 풀턴은 증기기관을 장착한 '클레몬트(Clermont) 호'를 제작했다. 길이 40.5미터, 너비 약 5.5미터, 굴뚝의 높이 9.1미터인 외륜용수차(물레방아)가 달린 이 배는 완성되기 직전에 반대자에 의해 파손된다.

다행히도 증기선은 완전히 파손되지 않아 그는 밤낮으로 감시하며 배를 수리하여 1807년 8월 17일 수많은 사람 앞에서 공개 운항을 실시했다. 결과는 대성공이었다. 배는 허드슨 강을 거슬러 올라가 241 킬로미터의 상류에 있는 올버니(Albany)까지 32시간 만에 도착했다. 시속 약 7.4킬로미터로 사람이 걷는 속도의 약 2배밖에 되지 않았지만 어쨌든 증기선은 작동한 것이다. 허드슨 강을 거슬러 올라가는 클레몬트 호의 모습을 본 한 농부가 놀라 외쳤다. "큰 톱 위에 악마가 타고 간다."

풀턴 이전에도 존 피치(John Fitch), 스코틀랜드의 헨리 벨(Henry Bell), 영국의 사이밍턴(William Symington) 등이 증기선을 제작했고 토머스 던다스도 초보적인 증기선을 제작했었다. 그러므로 엄밀한 의미에서 와트가 증기기관의 창시자가 아닌 것처럼, 풀턴 역시 증기선의 창시자는 아니다.

그러나 풀턴은 최초로 상업적인 목적의 증기선을 건조한 사람으로 기록된다. 그는 곧바로 허드슨강 운송회사를 설립하고 클레몬트 호를 계속 개량하면서 허드슨 강을 운항했는데, 증기선을 타보겠다는 사람이 구름처럼 몰려들었다. 풀턴은 한편으로 미시시피 강을 오가는 올리언즈 호를 운항함으로써 사업수완을 발휘했고, 1812~1814년 미국—영국 간의 전쟁에서 영국군을 봉쇄하고 뉴욕 항을 방어하기 위해 증기로 움직이는 최초의 군함 데모로고스(Demologos) 호를 건조하기도 했다.

승승장구하던 그였지만 만년에는 골치아픈 일을 겪어야 했다. 특허 침해를 당해 소송을 벌여야 했고, 예전에 실패했던 잠수정을 실용화하는 데 상당한 노력과 자금을 쏟아부었다. 그리고 증기로 추진되는 100인용 잠수함 건조 계획을 의회로부터 승낙 받았으나 완성을 보지 못하고 1815년 사망했다. 1900년 '명예의 전당'이 워싱턴에 세워지자 풀턴도 그곳에 안장되었다.

풀턴의 사망 후 4년이 지난 1819년 미국의 증기선 사바나 호가 최초로 대서양을 횡단하여 영국에 도착했다. 이후 목재 대신 철제를 사용한 배가 만들어지기 시작했다. 철로 만든 선체는 튼튼하면서도 가벼웠기 때문에 수명이 길고, 목선보다 훨씬 많은 승객과 화물을 운송할 수 있었다. 게다가 철로 만든 배는 다양한 크기로 제작할 수 있었다.

1840년대에 스크루가 등장하여 그 장점이 알려지면서 점차 외륜선(선체 옆면에 물레방아 모양의 노를 장착한 배)은 퇴출되기 시작했다. 1860년대에 상용화된 고압증기 엔진은 2개의 실린더로 확장되면서 출력도 높고 연비도 좋아 중간에 연료를 공급받지도 않고 영국에서 모리셔스까지 8500마일을 운항할 수 있었다.

증기선은 돛을 단 범선과는 달리 바람에 상관없이 강을 거슬러 올라갈 수 있다는 장점이 있다. 특히 육로가 발달하지 않은 식민지에서 유용했는데, 오지까지 갈 수 있는 유일한 교통수단이었다. 물론 초기에는 범선보다 증기선이 훨씬 많은 비용이 들었지만 점점 증기선의 진가가 나타나기 시작했다.

| 19세기 위대한 마지막 공학자 |

19세기 말경부터 안전하고 소음이 적은 대형 왕복 증기기관, 고출력 터빈 등이 개발되면서 속도 경쟁이 시작되었다. 1837년 대서양 횡단 평균 속력은 6.7노트였으나 1888년에 이미 20노트에 달했다. 각국의 선박회사들은 '블루리본(blue ribbon, 1년 동안 가장 빨랐던 선박에 대해 마스트에 매달아 펄럭이도록 푸른 리본을 수여했다)을 목표로 경쟁적으로 빠른 배를 만들었는데, 이것을 가능케 한 사람이 바로 찰스 파슨스(Charles Parsons)이다. 타이타닉 호가 빙하 지역을 항해하면서도 고속으로 달린 것은 블루리본을 획득하기 위해서라는 것은 잘 알려진 사실이다.

찰스 파슨스는 아일랜드의 귀족 출신으로 아버지 윌리엄 파슨스는 1885년 당시 세계에서 가장 큰 망원경을 만든 사람이었다. 찰스 파슨스는 더블린의 트리니티(Trinity) 대학과 케임브리지(Cambridge) 대학에서 수학을 전공했고 졸업 후 공학 분야에서 4년간 연수한, 말하자면 이론과 실무를 두루 섭렵한 사람이었다. 그는 증기엔진을 전문으로 만드는 게이츠헤드(Gateshead) 사에 입사했다.

파슨스는 증기 에너지를 직접 이용하면 발전기의 효율이 높아질 것으로 생각하고 터빈 법칙에 따라 작동되는 기계를 구상했다. 즉 물레방아의 물이나 풍차의 공기 같은 유체의 움직임에 의해 힘이 발생되는 원리였다.

증기기관으로 배를 움직일 수 있다는 원리는 사실 오래 전부터 알려져 있었다. 1629년 이탈리아의 지오반니 브랑카(Giovani Branca)는 나무 기어가 장착된 증기터빈을 고안했다. 둥근 모양의 보일러에 열을 가하면 덮개 입구에 연결된 파이프에 증기가 발생되는데 노즐을 조여 증기를 가

찰스 파슨스

158

속시킨다. 가속된 증기가 바퀴에 고정된 날개에 직접 분사되도록 하여 그 압력으로 회전하는 것이다.

파슨스는 이 원리를 이용하되, 증기로 피스톤을 움직이고 그 피스톤이 바퀴를 움직이게 하는 중간 과정을 생략하고, 발사된 증기로 직접 바퀴 테 둘레에 있는 스크루의 날개를 돌리도록 했다. 사실 기존의 기술 개발이 있었기에 그의 아이디어도 실현될 수 있었다. 그에게 필요한 기술 개발은 고온 증기에 견딜 수 있는 강철 합금인데, 이 역시 영국의 베서머에 의해 실용화되었다.

파슨스는 초대형 선박의 동력원으로 자신의 증기터빈이 가장 적합하다는 것을 확신했다. 그는 곧바로 선박용 터빈을 전문으로 제작하는 회사를 설립하고 30여 미터 길이의 실험선 터비니아(Turbinia) 호를 직접 건조했다. 1887년, 그는 빅토리아 여왕 즉위 60년을 기념하는 관함식에서 아주 극적인 방법으로 그것을 일반에게 공개했다.

파슨스의 증기터빈선 터비니아 호는 빅토리아 여왕이 탑승한 군함 옆으로 일반 선박보다 7노트(knot)나 빠른 34.5노트의 속력으로 조용히 지나갔다. 영국 해군이 자랑하는 어떤 증기기관선도 파슨스의 배를 따라잡을 수 없었다. 이것은 기상천외하고도 멋진 광고가 되었다.

그의 터빈은 그야말로 신화를 창조하면서 상업용 여객선과 전함에 채택되었다. 20세기 초에 경쟁적으로 벌어졌던 대형 여객선 붐에 따

선박회사들은 경쟁적으로 빠른 배를 만들었다

라 초호화 여객선 루시타니아(Lusitania)호, 모리타니아(Mauritania)호, 비운의 타이타닉 호에도 그의 터빈이 장착되었다. 그는 터빈을 계속 개량하여 소형 화물선에도 사용할 수 있게 만들었다.

그는 대형 선박 외에도 더 많은 분야에 증기기관이 활용될 수 있다고 생각했다.

1880년대 중반 이후, 에디슨의 직류와 테슬라의 교류 중에서 어느 송전 방식이 승리하느냐 하는 싸움에 세계의 이목이 집중되어 있었다. 대다수의 전문가들은 당대의 슈퍼스타요 재벌이 된 에디슨이 승리할 것을 믿어 의심하지 않았다. 그러나 기계 기술 분야에 전문적인 지식을 갖고 있는 파슨스는 테슬라의 교류가 승리할 것으로 예상하고 자신의 터빈이 교류 발전에 사용될 수 있도록 사전에 철저하게 준비했다. 그는 교류 전기가 승리하면 자신의 터빈 발전 시스템의 전망이 밝다고 예상하고 1889년 직접 전기 발전회사를 차렸다.

두 대의 파슨스 터빈 교류 발전기가 뉴캐슬의 포스뱅크(Forth Bank) 발전소에 설치되었다. 이것이 1900년에 가동됨으로써 증기기관을 이용한 세계 최초의 발전소가 되었다. 발전소의 기본 원리가 고온의 증기를 이용하여 터빈을 돌리는 것이었으므로 고효율의 터빈이 대형 발전소에서 채택된 것은 당연한 일이었다. 그의 증기터빈이 발전소라는 거대 규모의 시설물에 성공적으로 접목되자 각국의 전기회사들은 그의 터빈을 구입하기 위해 앞을 다투었고 그는 당대 최고의 부자 그룹에 속하게 되었다.

찰스 파슨스의 증기터빈

파슨스에게 성공을 가져다준 대형 증기기관의 아이디어는 이미 뉴커먼, 와트에 의해 정립된 것으로 어찌 보면 새로울 것이 없는 아이디어이다. 그럼에도 불구하고 그가 '19세기 위대한 공학자의 마지막 주자'라는 평가를 받는 것은 소규모 증기기관을 대형 증기기관으로 변모시켰기 때문이다.

작은 아이디어를 크게 확대시킬 때 엔지니어가 무작정 대형화한다고 성공하는 것이 아니다. 10킬로와트와 10만 킬로와트 전기를 내는 원리는 같지만 이를 실용화하는 것은 전혀 다른 얘기다. 한마디로 10킬로와트 발전기 1만 개를 병렬로 연결하여 10만 킬로와트를 생산한다는 것은 어리석은 짓이다. 파슨스의 작업이 그리 녹록치 않았음을 충분히 유추할 수 있다.

그러나 작은 아이디어를 커다란 아이디어로 만드는 것을 두려워할 필요는 없다. 원리만 정확하다면 대형으로 만들 때 작은 걸림돌을 하나하나 제거해가면서 대형화를 시도해간다면 성공에 도달할 수 있다. 그러나 이때 "대형화가 과연 필요할까?"하는 정확한 분석이 필요하다. 분야에 따라 대형화가 경제성 있다는 것, 즉 아이디어의 확장이 성공의 비결임을 이해할 필요가 있다.

다방면에 재주를 갖고 있던 파슨스는 무려 300가지 이상의 특허를 획득했다. 그가 터빈 외에 가장 큰 관심을 보인 부분은 광학이다. 그의 아버지가 유명한 망원경을 만든 것처럼 파슨스는 광학

터비니아 호

기재에 사용되는 렌즈 제작에 몰두했다. 그러나 무엇보다도 그로 하여금 '19세기 위대한 공학자의 마지막 주자'라는 평가를 받고, 작위라는 명예와 부를 쌓도록 만든 것은 소형 증기기관 아이디어를 확장하여 대형화에 접목시키는데 성공한 대형 증기터빈이었다.

11

통찰력으로
우연을
포착하라

콘스탄틴 팔베르크 Konstantin Fahlberg, 1850~1915
눈썰미로 개발된 달콤한 사카린

전자레인지의 발명은 직립인간인 호모에렉투스가 불을 발견한 이래 등장한 가장 획기적인 조리 방법이다. 1988년 아프리카 프리토리아의 동굴에서 불에 탄 것으로 보이는 뼈가 발견되었다. 이 뼈들은 약 150만 년 전 것으로 추정되었다. 150만 년 만에 처음으로 인간은 불이나 열기에 직접 닿지 않고도 음식을 익힐 수 있다는 것을 전자레인지를 통해 증명했다.

전자레인지는 눈썰미 좋은 한 과학자에 의해 우연히 발명되었다. 그것은 레이더에서 시작되었다.

무선전신이 세상에 알려졌을 때 전 세계 과학자들의 큰 관심을 끌었고 곧바로 라디오가 개발되었다. 그러나 라디오만큼 무선 전신이 성공적으로 적용된 분야가 바로 레이더이다. 라디오에 쓰이는 전파는 파장이 수백 미터에 달하는 장파이지만 이러한 파장을 몇 밀리미터, 몇 센티미터 단위로 낮출 경우, 전파가 방해물에 부딪혔을 때 되돌아오는 힘이 강해지는데, 이 현상을 이용한 것이 레이더이다.

레이더는 제2차 세계대전 중에 그 위력을 확실히 보여주었다. 영국은 해안선을 따라 CH국이라는 레이더 기지를 설치해 놓고, 200킬로미터나 떨어진 곳에서 바다를 건너오는 독일 공군의 비행기 공격을 예상할 수 있었다.

제2차 세계대전이 끝난 후 미국의 퍼시 스펜서(Percy Spencer, 1894~1970)는 보다 효과적인 레이더용 전파는 없을까 하고 전파의 파장을 여러 크기로 바꾸어서 내보내는 실험을 하였다. 그러던 중 호주머니 안에 있던 초콜릿이 녹아 있는 사실을 발견했고 자신이 실험하고 있었던 마그네트론 튜브가 원인이 아닐까 하는 데에 생각이 미쳤다. 그는 곧바로 옥수수를 튜브 근처에 놓았고, 몇 분 내에 성공적으로 팝콘이 되어 튀기 시작했다. 당시 실험하던 전파의 파장은 약 0.1밀리 정도였는데, 여러 조건을 바꿔가면서 실험을 반복한 결과 이 파장의 전파가 음식물에 열을 발생시킨다는 점을 확인했다.

이 파장대의 전파를 마이크로파라고 명명한 스펜서는 즉시 특허 출원과 함께 실용화에 착수하였다. 1954년에 마침내 레이더 레인지라는 이름의 새로운 조리 기구가 시판되기 시작했다. 그 조리 기구가 바로 전 세계 주방을 차지하고 있는 조리용 기계 전자레인지이다.

| 우연이 만든 전자레인지 |

전파는 가시광선, 적외선, 자외선의 진동수보다 훨씬 낮은 진동수를 갖는다. 전파 외에도 X선, 감마선, 우주선, 마이크로파 등이 발견되었는데 전자레인지는 엄밀하게 말하면 전파가 아니라 마이크로파가 물체 내의 분자들, 특히 수분을 진동시켜 마찰열을 일으키는 원리를 이용한 것이다.

0.1밀리 파장의 전파는 분자들을 진동시키는데 적당한 크기인데다, 수분의 경우는 분자구조가 단단하게 안정되어 있는 고체와는 달리 양이온, 음이온 등의 불안전한 형태로 존재하게 마련이어서 전파의 파장에 영향을 받아 진동하게 된다. 이때 수분의 분자들은 1초에 24억 5천만 번이라는 엄청난 횟수로 진동하는데 이때 분자들끼리 부딪치면서 마찰열이 발생하여 음식물 전체로 전달되는 것이다.

이때의 열은 100도를 넘으며 핫도그 정도는 30초, 채소나 생선 등 일반적인 음식은 거의 2분 정도면 잘 익고, 날고구마는 4분 정도, 닭고기도 15분 정도면 익는다. 음식이 빠른 시간에 골고루 익기 때문에 음식물이 가지고 있는 수분조차 증발할 겨를이 없다. 더구나 사기 그릇이나 플라스틱 제품은 단파 에너지를 잘 받아들이지 않으므로, 전자레인지 안에 음식을 넣어 데운 후 꺼낼 때 뜨겁지 않아서 좋다.

일반 사람들은 주머니 속의 초콜릿이 녹아 바지를 버렸다면 짜증을 낼 것이다. 그러나 스펜서는 그것을 연구하여 전자레인지를 발명했다. 사실 스펜서는 레이디온 사에서 39년이나 근무하면서 120개의 특허를 따낸 비범한 발명가였다. 그는 제2차 세계대전 당시 영국이 개발한 레이더를 개량하여 미국 해군이 민간인에게 수여하는 최고의 훈장인 청동무공십자 훈장을 받기도 했다. 그는 발명가로서의 소양을 갖고 주위에서 일어나는 조그마한 변화도 주의 깊게 살펴보는 자질이 있었으므로 대 발견을 한 것이다.

이러한 기회는 누구에게나 찾아온다. 그 좋은 기회를 적절하게 포착하는 것은 바로 각자의 통찰력에 달려 있다. 주위의 조그마한 변화도 주의 깊게 살펴보는 것이 새로운 발명과 발견의 지름길일 수 있다. 이러한 일은 과학사에도 종종 일어나는 일인데 현재 인간의 식생활에 빼놓을 수 없는 중요한 재료인 설탕을 대용하는 인공감미료 사카린의 경우도 그러하다.

| 슬픔을 간직한 설탕 |

설탕은 포도당이나 녹말과 같은 탄수화물이다. 이 물질은 탄소, 수소, 산소로 이루어져 있는데 수소와 산소의 조성비가 물과 같아서 마치 탄소와 물로 이루어진 것과 같은 $C_n(H_2O)_n$의 일반식으로 표현된다. 탄수화물이라는 이름도 이런 연유에서 나왔다.

당분을 함유하고 있는 식물에는 사탕수수, 사탕무, 사탕단풍, 사탕야자, 고구마, 당근 등 여러 가지가 있다. 사탕수수는 열대 또는 아열대지방에서 재배되는데, 그 줄기에 10~20퍼센트의 당분을 함유하고 있다. 사탕무는 온대지방에서 재배되는 식물로 당분을 15~20퍼센트 함유하고 있다.

설탕이 유럽에 소개된 것은 1494년이다. 물론 일부 학자들은 기원전 327년 알렉산더 대왕이 인도로 원정군을 보냈을 때 사령관이었던 네아르코스 장군이 인더스 계곡에서 사탕수수를 발견했으므로 이미 매우 오래 전에 유럽에 알려졌다고 지적하기도 한다.

폴리네시아가 원산지인 사탕수수는 마디가 있으며 길이 1~3미터 정도의 키가 큰 식물로 비옥한 토양에서 잘 자라며 8~10년 동안 산다. 사탕수수는 온도가 섭씨 4.5도 이하로 내려가면 냉해를 입어 잘

자라지 못하며 특히 서리를 맞으면 죽는다. 사탕수수 줄기를 수확하려면 베는 힘은 물론이고 어느 정도의 기술이 필요해 노동력이 많이 요구되는 작물이다.

사탕수수가 중국, 인도 등지로 전파된 경위는 다소 만화 같지만 물에 떠내려간 사탕수수가 바다를 떠다니다가 이들 국가의 해변에 우연히 도착하여 전파되었다고 한다. 여하튼 사탕수수는 기원전 320년에 인도에 주재한 적이 있었던 그리스인 에가스테네스가 설탕을 '돌꿀(石蜜)'로 소개했다. 돌꿀이라고 한 것으로 보아 그 당시에 이미 딱딱한 설탕이 사용되고 있었음을 알 수 있다. 중국의 문헌에도 베트남에 수수설탕이 있고 인도에는 돌꿀이 있다고 기록되어 있다.

사탕수수는 기원전 2세기 경부터 널리 재배되고 있었으므로 알렉산더 대왕이 인도에서 설탕을 발견했다는 것도 전혀 허황된 이야기는 아니라고 생각된다. 슈거(sugar)의 어원도 인도의 산스크리트어로 사르카라(Sarkara) 또는 사카라(Sakkara)에서 유래한다.

설탕에는 상당히 슬픈 역사가 있다. 1800년대 초, 영국의 설탕 광고의 주 내용은 '노예들이 만들지 않은 동인도 설탕'이었다. 이 광고의 내용은 1주일에 5파운드의 설탕을 사용하는 가구가 21개월 동안 서인도가 아닌 동인도의 설탕을 먹는다면 노예 한 사람의 죽음을 막는다는 것이었다.

17세기만 해도 사람의 생명은 싸구려 취급을 받았다. 특히 아프리카에서는 흑인 노예들을 쉽게 구할 수 있었다. 한 학자에 의하면 이당시 노예 1명의 값어치는 설탕 0.5톤에 지나지 않았다. 현 시가로 약 50만 원에 해당하는 가격으로 노예 값은 계속 올랐지만 18세기 말에도 고작 설탕 2톤, 즉 200만 원 정도였다.

영국의 광고가 뜻하듯이 그들이 진실로 인간의 인권을 위한 것은 아니다. 당시 동인도에서는 흑인 노예 대신 원주민 노동자들을 부렸다. 그들 역시 노예나 다름없는 취급을 받았다. 흑인 노예를 사용하지 않고 재배하는 설탕이 서인도의 설탕보다 더 인간적이라는 광고는 그야말로 '광고'일 뿐이었다.

| 말썽이 가시지 않는 인공감미료 |

독일은 지형적인 여건 때문에 많은 필수품을 외국에서 수입해야 했다. 유럽 국가들은 독일이 필요한 자원을 곧바로 얻을 수 없도록 방해를 하기 일쑤여서 독일은 자원 수급에 곤란을 겪고 있었다. 설탕의 경우도 마찬가지였다.

다행하게도 독일에는 화학 분야의 최고봉인 프리드리히 베르기우스(Friedrich Bergius, 1884~1949)가 있었다. 그는 기존의 사탕무나 사탕수수 등이 아닌 다른 방법으로 설탕을 만들 수 있다고 생각했다. 그것은 바로 탄수화물로 이루어진 셀룰로오스로 설탕을 만드는 것이다.

식물 섬유를 구성하는 셀룰로오스는 인간과 가장 오랫동안 밀접한 관계가 있는 화합물이다. 19세기 중엽 학자들이 다른 큰 분자를 만들기 위한 원료 물질로서 셀룰로오스를 연구한 것은 당연한 일이다. 왜냐하면 모든 식물은 세계에서 제일 흔한 원료이기 때문이다.

가장 중요한 셀룰로오스의 효용성은 음식물로서의 역할이다. 물론 인체 내에서 소화는 되지 않지만 꼭 필요한 섬유소(纖維素)를 공급하고, 양이나 소 등 되새김 동물에게는 중요한 영양원이 되므로 인간의 간접 영양원으로 볼 수 있다.

셀룰로오스는 질긴 섬유 형태로 물에 녹지 않는 특성을 갖고 있다. 이와 같은 성질 때문에 셀룰로오스는 음식물이 아니더라도 인간에게 이용 가치가 높다. 목재에는 셀룰로오스가 40~50퍼센트 정도 포함되어 있어 높은 강도를 유지해 주므로 구조재로 사용할 수 있다. 황마 (黃麻)의 셀룰로오스(65~75퍼센트)나 대마의 셀룰로오스(80~90퍼센트)도 강한 내구성 때문에 바구니나 매트, 로프 등으로 사용된다. 또한 아마(80~90퍼센트)나 솜(88~96퍼센트)도 셀룰로오스 덕분에 질기고 세탁이 가능하며 염색에 적합하여 인간에게 가장 중요한 직물을 공급한다. 더구나 목재의 펄프로 만드는 종이는 셀룰로오스 덕분에 종이의 강도, 내구성, 잉크의 흡수성 등을 좋게 한다. 누에는 약 4800만 년 전부터 뽕나무 잎의 셀룰로오스를 소화하여 가느다란 명주실을 토해냈다. 그것은 수천 년에 걸쳐서 인간에게 가장 고급인 실크 섬유를 제공했다.

베르기우스는 이 셀룰로오스가 포도당이나 녹말 등과 같이 탄수화물로 구성되어 있으므로 설탕을 만들 수 있다고 생각했다. 그는 이미 고압화학을 사용한 수소첨가법으로 인조석유를 개발한 적이 있었으므로 똑같은 방법을 사용하여 탄수화물인 셀룰로오스를 설탕으로 변형시키려고 했다.

베르기우스의 가설은 보기 좋게 들어맞아 그는 셀룰로오스로부터 설탕을 만들어내는 데 성공한다. 이는 수많은 식물에 있는 셀룰로오스로 설탕을 만드는 획기적인 발명이었다. 그는 1915년부터 이 연구에 매달려 1930년에 완성했는데 바로 그 공로가 인정되어 보슈와 함께 1931년에 노벨 화학상을 받았다. 그들의 수상 제목은 〈고압화학적 방법의 발명과 개발〉이었다.

그러나 제2차 세계대전이 끝나 세계적으로 설탕 거래에 대한 각종 규제가 풀린 후 더 이상 셀룰로오스로 설탕을 만들 필요가 없어졌다. 현재 설탕 생산에 이용되고 있는 원료는 사탕무와 사탕수수뿐이며 베르기우스의 설탕 제조법은 더 이상 사용되지 않는다.

| 눈썰미가 자산이다 |

예전 우리 할머니들은 손자가 울거나 보챌 때면 주머니에서 아껴 두었던 사탕을 꺼내주며 아이를 달래곤 했다. 그러나 오늘날 적어도 산업이 발달된 국가에서는 이러한 취향이 180도 바뀌었다. 설탕에는 너무 많은 열량이 포함되어 있어 각종 성인병의 원흉으로 지목되기 때문이다. 그럼에도 불구하고 단맛은 거부할 수 없는 유혹이어서 칼로리가 없는 감미료 개발에 연구가 집중되었다.

1846년 뉴욕에서 태어난 아이러 렘슨(Ira Remsen, 1846~1927)은 독일의 뮌헨, 괴팅겐, 튀빙겐 대학에서 공부했는데, 당대 세계 최고의 화학자로 알려진 호프만으로부터 직접 지도받고 미국으로 돌아왔다. 미국에서 가장 학벌이 좋은 화학자였던 그는 윌리엄즈 대학을 거쳐 존스홉킨스 대학의 화학교수가 되었고 나중에 존스홉킨스 대학 총장까지 오르게 되었다. 그의 목표는 미국을 독일에 버금가는 화학 분야의 강국으로 만드는 것이었다.

1879년 렘슨은 독일 출생의 팔베르크에게 식료품에 쓰일 새로운 방부제를 개발하는 프로젝트를 맡겼다. 어느 날 연구실에서 퇴근하고 집에 돌아와 저녁을 먹던 팔베르크는 빵맛이 유난히 달다고 느꼈다. 그 단맛의 원인이 연구실에서 실험할 때 자신의 손에 묻은 물질 때문이라고 생각한 그는 곧바로 실험실로 돌아가 자신이 퇴근 전까지 실험하던 화합물을 찾았다. 그는 실험실에 있는 모든 것을 일일이 맛보며 문제의 그 화합물을 찾아냈다.

벤조일 0-설포너마이드(bensoyl 0-sulfonamide)라는 화합물이었다. 남다른 통찰력을 가졌던 팔베르크는 자신이 발견한 화합물이 '설탕을 대체할 수 있는 놀라운 물질'임을 확신한 후 지도교수인 렘슨에게 이 사실을 보고했다.

그들은 곧바로 새로운 감미료의 발견을 발표하면서 이 화합물을 '사카린(saccharin)'이라고 불렀다. 사카린이란 설탕을 의미하는 라틴어 'saccharum'에서 말에서 따온 말이다. 사카린은 현재 지구상에서 가장 단 물질로, 설탕보다 무려 300~500배나 달아 물 10만 리터에 사카린을 한 숟갈만 녹여도 단맛을 느낄 수 있다. 그러나 사카린은 뒷맛이 쓰기 때문에 향을 내는 글리신이라는 아미노산을 첨가하기도 한다. 사카린은 우리 체내에 흡수되지 않아 칼로리가 '0'이므로 다이어트 첨가물로 인기가 높다.

팔베르크

그런데 독일로 돌아간 팔베르크는 특허를 신청하면서 렘슨의 이름을 적지 않았다. 즉 렘슨을 특허권 수익 분배에 참여시키지 않은 것이다. 렘슨은 당연히 제자에게 배반당했다고 느껴 분개했다. 렘슨이 자신에게도 특허 지분에 관한 권한이 있다고 주장한 것은 사카린에 대한 최초의 논문 공저자였기 때문이다.

그러나 렘슨은 팔베르크를 고소하지 않았다. 그는 부를 얻지는 못했지만 명예를 얻었다. 그와 팔베르크 간의 비하인드 스토리가 드러나면서 학계에서는 렘슨에게 수많은 명예와 상을 수여했다. 더구나 그는 존스홉킨스 대학의 총장으로 선임되었다. 렘슨은 총장이 되자 비로소 공개적으로 팔베르크를 비난했다.

"팔베르크는 악당이다. 내 이름을 그의 이름과 함께 거론하는 것을 들으면 구역질이 난다."

| 사카린의 구원자 루스벨트 |

팔베르크는 렘슨의 비난에 전혀 개의치 않았다. 그는 마그데부르크에 회사를 설립하고 '사카린'이란 이름으로 감미료를 판매하기 시작했다. 그러나 자신있게 벌인 첫 번째 사업은 곧 난관에 부딪혔다. 비스마르크 치하의 독일 정부가 설탕 산업을 보호하기 위해 인공 감미료 제조를 금지했기 때문이다.

그러나 1914년 발발한 제1차 세계대전의 여파로 설탕이 부족해지면서 사카린의 판매금지가 해제되었고 팔베르크는 엄청난 수익을 벌어들였다. 그후 또 한 차례 위기가 찾아왔는데 농무성이 오염되고 불량한 식품과 유해 첨가물로부터 국민을 보호한다는 취지로 사카린을 겨냥한 때문이었다. 이 운동을 주도한 것은 하비 W. 와일리(H. W. Wiley)가 이끄는 미국 농무성 화학분과로, 사카린에 대해 '영양가도 전혀 없고 건강에 극히 유해한 콜타르 같은 제품'이라고 선언하고 시판 금지 품목에 넣었다.

하지만 이번에도 행운의 여신은 팔베르크에게 등을 돌리지 않았다. 미국 26대 대통령 시어도어 루스벨트가 윌리의 사카린 공격에 동의하지 않은 것이다. 당뇨 때문에 의사의 권고에 따라 매일 사카린을 복용하고 있던 루스벨트는 사카린에서 아무런 유해한 것을 발견할 수 없다고 확신했다. 심지어 루스벨트는 "사카린이 건강에 해롭다고 말하는 사람은 어리석다"라고 선언할 정도였다.

루스벨트는 새로운 식품 및 약품법을 적용하여 시판 금지하려는 물품에 대해 보다 명확한 연구와 프로젝트를 검토하는 '과학자검토위원회'를 구성토록 했다. 검토위원회의 위원장으로 임명된 사람이 다름 아닌 렘슨이었다. 아무리 팔베르크가 밉더라도 사카린 자체는 렘슨 자신도 참여하여 연구한 물질이므로 그의 대답은 한결같았다. "사카린은 안전하다."

렘슨의 지원 아닌 지원으로 사카린은 순풍에 돛을 단 듯했으나 또 다른 위기가 찾아왔다. 1957년 사카린이 미국에서 식품첨가제로 승인된 후 청량음료에도 사용될 정도로 호평을 받는데 사카린 과다 섭취가 방광암을 유발한다는 동물실험 결과가 발표된 것이다. 결국 1977년 미국식품의약국(FDA)은 사카린의 사용을 제한하겠다고 발표했다.

그러나 이런 부정적인 결과는 실험용 투입량이 지나치게 많았기 때문인 것으로 밝혀졌다. 실험동물에게 나타난 것과 같은 증상이 인간에게 나타나려면 하루에 적어도 1킬로그램 이상 먹어야 한다는 것이다. 사카린의 당도가 설탕보다 300~500배나 높다는 것을 감안할 때 이런 위험은 무시해도 된다는 설명이다.

팔베르크와 사카린에 대해서는 사실 시선이 곱지만은 않은 것이 사실이다. 그의 처신이 그다지 신사적이지 않았다는 데도 일말의 책임이 있다. 그러나 그가 주는 메시지는 인정할 만하다. 우연히 대발견이나 발명을 하는 경우도 있겠지만 팔베르크는 우연만으로 사카린을 발견한 것이 아니다. 그는 방부제를 만드는 프로젝트에 투입된 연구원으로 방부제를 연구하는 도중에 부산물로 단맛이 나는 새로운 물질을 발견한 것이다. 남다른 통찰력이 없다면 '대박의 기회'를 놓쳐버릴 수도 있었을 터였다.

과학계뿐만 아니라 기업의 제품 개발이나 아이디어 개발 등에서도 팔베르크와 같은 예가 많이 있다. 중요한 것은 어느 사람은 이러한 기회를 적절하게 포착하는 반면 어떤 사람들은 손안에 들어온 기회도 놓치고 만다는 점이다.

아직도 몇몇 나라에서는 사카린의 판매를 금지시키고 있다. 일부 국가에서는 '이 제품의 사용은 당신의 건강을 해칠 수도 있다'는 경고 문구를 넣은 채 시판되기도 한다. 사카린의 유해성 문제는 엄밀한 의미에서 아직 끝나지 않았다고 볼 수 있지만 현재 사카린의 식용을 허용하고 있는 나라는 90개국이 넘는다. 또한 칼로리 '0'인 사카린은 '다이어트'를 목숨처럼 여기는 사람들에게는 '구세주'와 같은 대우를 받고 있다. 최근 미국의 발암물질 목록에서 사카린이 삭제되었고 한국도 사카린 규제가 완화되어 식품에 사용되는 허용 범위가 넓어졌다. 숱한 위기를 힘겹게 넘긴 사카린의 승리라 하겠다.

에디슨을 전등의 발명가로 인정하는 것은 아이디어를 실행에 옮길 수 있는 방법론을 갖고 있었기 때문이다. 어떤 발명이라도 실험실이라는 조건에서만 가능하다면 쓸모없는 아이디어에 불과하다. 그러므로 엄밀한 의미에서 에디슨은 전등을 '발명' 한 것이 아니라 '발전' 시켰다고 하는 것이 옳다. 다른 발명가들도 작동하는 전등을 생산하는 데 성공은 했지만, 에디슨은 다른 발명가들과는 차원이 달랐다. 그가 백열등을 개발하는 과정에는 1600가지 이상의 금속선이 동원되었고 4만 쪽이 넘는 노트가 작성되었다.

12

경쟁자와
손잡고
파이를 키워라

토머스 알바 에디슨_{Thomas Alva Edison, 1847~1931}
밤을 낮으로 바꾼 전등

심리학자들은 '발명왕' 에디슨이 전형적인 '주의력 결핍 및 과잉행동 장애(ADHD)'를 갖고 있는 문제아였다고 진단한다.

어린이용 위인전에도 자주 등장하듯이 호기심이 왕성한 에디슨은 이상한 행동을 보이고 집단생활에 적응하지 못했다. 더구나 에디슨은 주위의 어른들을 붙잡고 납득할 수 있는 답을 얻을 때까지 계속 '왜?'라는 질문을 연발하는 골칫덩이였다. 그러나 에디슨은 사람들의 대답이 시원치 않아 의문이 풀리지 않으면 스스로 답을 찾기 위해 곧바로 직접 실험해보는 끈질긴 집념을 가진 아이였다.

에디슨은 유년기 때 "왜 불이 붙는지?" 알고 싶어 헛간에 불을 붙였다가 모두 태우기도 했다. 그의 아버지는 관대한 편이었지만 이때만은 엉덩이가 터지도록 때렸다고 한다. 달걀을 따뜻하게 하면 부화하여 병아리가 된다는 사실을 확인하기 위해 밥도 먹지 않고 닭장에서 달걀을 품고 있었다는 이야기는 전설이 되어 전해 내려온다.

그러나 그의 어머니는 에디슨이 보통 아이들과 달리 관찰력이 뛰어나고, 또 무엇인가를 만들 때는 대단한 집중력을 보인다는 것을 알았다. 그리고 아들이 놀림을 당하며 손가락질을 당해도 항상 감싸주었다.

오늘날 심리학자들은 ADHD 아동들이 정서불안으로 감정이 급변하기는 해도 대단히 뛰어난 특수 능력을 가진 경우가 많다고 한다. 이런 아이들은 본인이 좋아하는 일을 하게 하면 아주 높은 집중력과 능력을 발휘하여 역사에 이름을 남기는 경우가 많다. 중세시대의 천재 중의 천재라고 불리는 레오나르도 다 빈치도 어려서 ADHD를 갖고 있던 아이로 알려져 있다.

인류 사상 최고의 발명가라는 에디슨은 84세에 눈을 감을 때까지 무려 1100여 가지의 발명을 했다. 4중 전신기, 전화기, 축음기, 활동사진기 등을 발명하여 사실상 20세기의 문을 연 장본인으로도 일컬어진다.

| 전신 기술의 발견 |

에디슨의 최대 발명품은 전기 시대를 알린 백열전등이다. 무려 9천여 개의 물질로 실험한 끝에 필라멘트로 사용될 수 있는 물질을 찾았는데 그것은 놀랍게도 불에 그을린 무명실이었다. 그의 백열등은 진공유리관 속에서 필라멘트가 타버리지 않은 채 무려 45시간 동안 빛을 발했다.

전등의 탄생으로 비로소 인간의 눈은 보다 새로운 환경, 즉 24시간을 모두 낮처럼 사용하는 환경에 적응하게 된다. 인간의 삶을 원천적으로 바꾸게 한 에디슨이야말로 인류에게 가장 필요한 문명의 이기를 갖다 주었으며 세계를 바꾼 사람이라고 해도 무리가 없다. 인류는 그에게 큰 빚을 지고 있음은 말할 나위 없다.

어린 시절 에디슨은 특히 한 권의 책에 흥미를 일으켰다. 《자연실험철학》이란 책으로, 전기분해나 열전도와 같은 아주 기본적인 실험들과 그 실험에 관한 삽화가 들어 있는 책이었다. 에디슨은 이 책에 나와 있는 모든 실험을 직접 해보려고 시도했다.

그는 집의 지하실 구석에 실험실을 차리고 전기나 화학에 관계되는 실험에 몰두했다. 실험을 하기 위해 늘 많은 돈이 필요했던 에디슨은 12세 때부터 그랜드 트랭크 철도의 기차 안에서 신문을 팔기 시작했다. 그는 단 3개월 만에 초등학교를 중퇴했으므로 시간은 충분했다.

15세가 된 에디슨은 기차 안에 들여놓은 인쇄기로 주간 신문〈그랜드 트랭크 헤럴드〉를 직접 발행했는데, 세계 최초의 열차 내 신문이었다. 신문은 철도회사가 아니라 회사의 허가를 얻은 에디슨에 의해 발행된 것이었다. 신문 판매가 순조로워 어느 정도 자금이 모이자 그는 화물차의 빈 공간에 화학실험실을 만들었다.

에디슨

어느 날 열차가 급커브를 돌면서 생긴 원심력으로 인해 실험 장치가 엎어지면서 불이 났고, 다행히 열차를 급정거시켜 불을 끌 수 있었다. 하지만 평소 운행중인 열차 안에서 실험하는 것을 못마땅하게 여기던 승무원이 에디슨의 실험 도구를 모두 열차 밖으로 던져버렸다고 한다. 이때 에디슨은 승무원에게 주먹으로 오른쪽 귀를 맞아 고막이 파열되어 난청이 되었다고 알려졌다(실제로는 중이염과 같은 질병 때문으로 추측된다).

그러던 어느 날 에디슨은 철로 위를 걸어가던 마운트클레멘스 역의 역장 맥킨지의 두 살 난 아들을 달려오는 열차로부터 구해내어 기회를 잡게 된다.

이 당시에 가장 각광받는 분야는 전신 기술이었다. 철도망이 전국으로 이어지면서 전신망도 전국으로 퍼져나갔다. 누가 보다 빠른 정보를 얻느냐로 희비가 엇갈려 정보가 늦은 회사를 순식간에 파국으로 몰아가기도 하고 극적으로 회생시키는 등 전신기술이 마법의 기술이었다. 정통 서부극 영화를 보면 먼지를 뒤집어쓰고 있는 주인공들과 달리 모스 부호를 치고 있는 전신기사들은 항상 깔끔한 옷을 입고 있는 것도 그 때문이다. 전신기사는 당시의 모든 사람들이 가장 선망하는 직업이었다.

여하튼 아들의 구출에 감명 받은 맥킨지는 에디슨에게 전신기술을 가르쳐 주었는데 초등학교도 단 3개월 만에 중퇴한 에디슨은 놀랍게도 전신기사 대회에서 우승했다. 그가 많은 전신기 전문가들을 제치고 우승할 수 있었던 것은 마침 숙련된 전신기사들이 남북전쟁에 소집된 이유도 있지만 그가 남보다 빨리 전신 내용을 보낼 수 있는 기계를 이미 고안하고 있었을 만큼 전신기를 연구하고 있었기 때문이다. 미국 제일의 전신기사 타이틀은 에디슨 시대의 서막을 알려주는 신호탄에 불과했다.

| 에디슨의 아이디어 원천 |

에디슨은 전신기사로 근무할 때 영국의 물리학자인 마이클 패러데이가 저술한 《전기학의 실험적 연구》를 접했다. 당시로 보면 최첨단 전문서적이었는데 정규교육을 받지 않은 그에게 가장 취약했던 수학이 등장하지 않아 안성맞춤이었다. 그는 이 책에 나오는 실험을 거의 전부 직접 해보았다고 한다.

그가 첫 번째 특허를 얻은 것은 1869년 '전기 투표 기록기'이다. 투표기 자체는 나무랄 바 없었지만 의회에는 '시간 끌기(filibuster)'라는 특별한 의사방해 전술이 있었기 때문에 투표가 빨리 이루어지는 것이 환영받을 만한 것은 아니었다. 최초 특허의 실패 경험은 그로 하여금 발명이란 합리적인 것만이 아니라 '무언가 소비자에게 도움이 되는' 것이어야 한다는 중요한 명제를 깨닫는 계기가 되었다.

두 번째 특허는 '주식상장 표시기'였는데 남북전쟁 직후 투기 붐이 일어 그는 상당히 큰돈을 벌었고 그후 갖가지 발명품을 팔아 1876년 뉴저지 주의 먼로파크에 거대한 응용과학연구소를 세우면서 생애 최대의 전성기를 누린다. 에디슨은 연구소에 기계공, 화학자, 모형제작자 등 20여 명의 전문 인력을 고용하고 발명 기구, 각종 화학 재료, 증기 엔진은 물론 자료실까지 구비하여 세계 최초의 기술개발센터(테크노센터)로 개인적 차원이 아닌 조직적 차원에서의 발명에 착수했다.

에디슨 연구소는 한마디로 발명 공장이

조지프 스완

었다. 에디슨이 아이디어를 제시하면 세밀한 부분을 연구원들이 나누어 분업적으로 개발했다. 그는 자신이 발명으로 번 재산을 아낌없이 연구소에 재투자했다. 에디슨의 연구소에서는 발명이나 특허가 5일에 한 건, 4년에 300건 정도의 속도로 양산되었다. 열흘에 하나 정도는 우수한 발명품이 나왔는데 그 가운데 상당수가 실용성이 있었다. 이처럼 상상을 넘는 성과를 이뤄낸 그에게 '천재 발명가'라는 별칭은 매우 걸맞은 이름이었다.

에디슨 연구소의 최대 발명품은 탄소 필라멘트 백열전등이다.

그러나 백열전등으로만 한정한다면 맨 처음 아이디어를 생각한 사람은 에디슨이 아니라는 점을 이해할 필요가 있다. 그가 전등을 발명하는 데 사용한 핵심재료인 탄소도 에디슨보다 50년 전에 이미 실험용 전등의 재료로 사용되었다.

학자들은 적어도 12명의 발명가가 전등을 발명했다고 믿는다. 특히 영국의 조지프 스완(Joseph Wilson Swan, 1847~1931)은 에디슨보다 여러 면에서 앞서 있었다. 스완은 에디슨보다 8개월 전에 전등의 공개 시연을 했고 성능도 에디슨보다 좋았다. 그런데 스완이 자신의 발명품에 대한 특허를 신청하려 했을 때는 이미 에디슨이 특허신청서를 제출한 뒤였다. 에디슨은 아이디어를 구상하자마자 특허를 제출했지만 스완은 완전하게 전등을 만든 후 특허를 제출하려 한 차이였다. 엄밀한 의미에서 스완이 먼저 공개 시연을 했으므로 특허권은 에디슨에게 돌아가지 않을 수도 있었다. 최소한 시빗거리가 될 수도 있었다. 그러나 여기서 에디슨의 사업적 수완이 발휘된다. 에디슨은 스완과의 특허권으로 인한 험난한 싸움을 피하기 위해 에디슨–스완 전기회사를 제시했고 스완도 이에 동의했다. 물론 영국에서는 에디슨의 특허를 인정하지 않았다. 그런데 1881년 파리박람회에서 1등상은 에디슨 전구가 받았고 스완의 전구는 2등상을 받았다.

이러한 스캔들에도 불구하고 에디슨을 전등의 발명가로 인정하는 것은 아이디어를 실행에 옮길 수 있는 방법론을 갖고 있었기 때문이다. 어떤 발명이라도 실험실이라는 조건에서만 가능하다면 쓸모없는 아이디어에 불과하다. 그러므로 엄밀한 의미에서 에디슨은 전등을 '발명'한 것이 아니라 '발전'시켰다고 하는 것이 옳다.

다른 발명가들도 작동하는 전등을 생산하는 데 성공은 했지만 소규모로만 가능했다. 에디슨은 다른 발명가들과는 차원이 달랐다. 그가 백열등을 개발하는 과정에는 1600가지 이상의 금속선이 동원되었고 4만 쪽이 넘는 노트가 작성되었다.

에디슨은 전등 개발 과정에서 이미 전력을 생산하기 위한 발전기와 그것을 분배하고 통제하기 위한 전선과 퓨즈를 갖춘 종합시스템을 설계했다. 에디슨은 전등이 실험실 밖에서도 작동하기 위해서는 수많은 부속 기자재가 필요하다고 인식했고 이를 위해 수많은 발명을 유도했다. 송전을 위한 배전판과 사용요금 부과를 위한 계량기를 개발했고, 부속 설비로 케이블, 스위치, 소켓, 안전용 퓨즈 등도 개발했다. 에디슨이 전기시스템 전체를 가동시키기 위해 취득한 특허는 모두 362건에 달한다.

에디슨은 하루 20시간 이상 연구에 몰두했으며 많아야 4시간 정도 잤다고 한다. 한 연구소 직원은 에디슨이 자는 것을 본 적이 없다고 증언하기도 했다.

그의 이와 같은 연구방식은 과학계에도 큰 파급 효과를 가져왔다.

| 또 다른 발명의 천재 테슬라 |

에디슨을 거론할 때 반드시 함께 등장하는 인물이 니콜라 테슬라 (Nikola Tesla, 1856~1943)인데, 그 역시 700여 건의 특허를 가진 발명가이다.

테슬라는 1875년 오스트리아 그라츠 공과대학에 입학해 그곳에서 처음 그람 다이너모(Gramme Dynamo)라는 직류 기계장치를 보았다. 발전기와 모터의 기능을 겸비한 최신 기계였던 이 전동기를 반대로 작동시키면 심한 불꽃이 튀었지만 전기모터로는 쓸 만했다. 테슬라는 좀더 향상된 모터를 개발하겠다는 생각을 했다. 하지만 그는 장학금을 더 이상 받지 못하게 되어 중퇴했고 다시 들어간 프라하 대학도역시 졸업하지 못했다.

1881년 테슬라는 부다페스트에서 국영 전화국의 기술자로 일했는데 어느 날 공원을 산책하던 중 직감적으로 교류를 이용하면 자기장을 회전시켜 모터를 돌릴 수 있다는 아이디어를 떠올렸다.

당시 교류는 매우 높은 전압을 발생시키므로 위험한 것으로 알려졌지만 천부적인 기계 제작 능력과 탄탄한 과학적 지식을 가진 그는 다양한 교류이용시스템을 고안했다. 다음해 그는 스트라스부르크 (Strasbourg)로 옮겨 유도전동기를 만들었다. 이것이 교류 장치의 효시로 주파수를 교대로 변화시키지 않고 전압을 변환하는 발전기, 전동기 및 변압기 등에 사용된다.

다음해인 1884년 그는 뛰어난 어학 능력과 에디슨에게 보내는 추천장, 그리고 동전 몇 푼만을 쥔 채 뉴욕으로 건너갔다. 에디슨에게 보낸 추천장에는 테슬라에 대해 다음과 같이 적혀 있었다고 한다.

"내가 지금까지 위대한 인물이라고 생각하는 사람은 단 두 명인데, 한 명은 당신이고 다른 한 명은 바로 이 젊은이(테슬라)입니다."

그의 어학 능력은 전설적이어서 18세에 이미 6개국의 언어를 자유롭게 구사할 수 있었다고 한다. 그는 암기력에서도 타의 추종을 불허했다. 그는 젊은 시절 이상한 질병에 걸렸다가 치유된 후 갑자기 눈앞에서 빛이 번쩍이면서 환각이 나타나곤 했다. 이 환각 현상으로 어떤 단어를 들으면 그 순간 그 사물이 사진처럼 눈앞에 나타났는데, 이를 '사진기식 기억력'이라고 한다. 그는 어떤 아이디어가 도출되면 먼저 머릿속에서 수없이 실험하여 해답을 얻은 경우 발명에 임했다고 한다.

에디슨은 연구 보조원 테슬라에게 직류발전기를 설계하는 임무를 주면서 성과급으로 5만 달러의 포상을 제시했다. 그러나 정작 테슬라가 성공적으로 작업을 끝내자 에디슨은 테슬라에게 "당신은 미국식 유머를 모른다"면서 포상금을 주지 않고 주급을 25달러로 올려주는 것으로 대신했다. 이에 화가 난 테슬라가 회사를 떠나면서 두 사람 사이의 갈등이 시작되었다.

테슬라는 에디슨에게 받은 모욕감을 고스란히 돌려주겠다고 마음먹었다. 에디슨 밑에서 직류를 연구했기 때문에 누구보다 직류의 문제점을 잘 알고 있던 그는 에디슨을 굴복시키기 위해 교류발전기를 고안하고 1886년 테슬라전등회사를 설립했다. 그리고 자신의 특허를

테슬라

186

철도용 에어브레이크의 발명으로 큰 성공을 거둔 사업가 조지 웨스팅하우스에게 넘겼다. 대사업가인 웨스팅하우스는 테슬라를 대신해 교류발전기로 당대의 슈퍼스타인 에디슨과 혈투를 벌였다.

에디슨은 이미 전등의 판매뿐만 아니라 전기를 생산할 발전 시설과 전기를 송전하는 시스템을 함께 묶어 전기 분야를 완전히 장악했다. 에디슨은 미국의 가장 큰 도시인 뉴욕에서 가스등을 몰아낸 자신의 전력제국의 미래를 어떤 경쟁자에게도 나눠줄 의사가 없었다.

| 직류 vs 교류, 전류전쟁 |

교류 · 직류의 전쟁에서 고지를 선점한 사람은 에디슨이었다. 에디슨은 발전소, 전선, 모터 등을 직접 개발하여 대규모 전기 제국을 지배하고 있었다. 그런데 전등의 보급이 폭발적으로 증가하자 그에 걸맞은 전기 공급체제가 필요했다. 최초의 전등은 배터리를 이용했지만 도시 전체를 밝히는데 배터리를 이용할 수는 없었다. 해결책은 중앙발전기로부터의 전기배전이다. 그런데 이를 위해서는 두 가지 문제가 선결되어야 했다. 효율적인 전기 전도(傳導)와 사용된 전력의 정확한 계량 측정이다. 이 둘 중 효율적인 전도가 더 큰 문제였는데, 전력 손실은 곧 수익 손실을 의미하기 때문이다. 이것이 직류와 교류 중 어느 것이 더 효율적인가, 하는 혈투의 쟁점이다.

1840년대에 제임스 줄(James P. Joule)은 전력 손실은 전류의 제곱에 비례하지만 전압과 전류는 반비례한다는 것을 발표했다. 간단히 말해 전압을 두 배로 높이면 전류는 반으로 줄어들고 전력 손실은 4

분의 1로 줄어든다. 장기적으로 보면 높은 전압이 경제적이지만 처음 전등에 직류를 이용했으므로 전압을 바꾸는 것은 간단한 일이 아니었다.

그래서 테슬라는 전압을 높이거나 낮출 수 있는 변압기를 발명했는데, 그런데 변압기는 다양한 전류에 작동하지만 정상일 때에는 교류가 가장 효과적으로 작동했다. 조명은 교류로 작동하지만 일반적인 전동기는 직류로만 작동했다. 이 문제를 해결한 것이 테슬라가 발명한 교류전동기와 변압기이다.

테슬라의 특허를 구입한 웨스팅하우스는 테슬라가 개발한 교류 시스템에 자신이 있었다. 1886년 그는 미국 최초의 성공적인 교류 시스템을 뉴욕 버펄로에 개설한 지 1년 만에 남부와 서부에서 교류 발전소를 30개 이상 가동했다. 1887년 말에는 거의 13만 5천 개의 전구에 전기를 공급하면서 에디슨의 직류 시장을 잠식하기 시작했다.

시카고 엑스포(1893)

교류의 도전이 예상 외로 거세어 자신의 송전 사업을 위협해 오자 에디슨은 작전을 바꾸어 교류 송전 방식이 위험하다며 적극적인 선전 공세를 펼쳤다. 당대 유명한 과학자들도 에디슨을 지원사격하고 나섰다.

에디슨의 측근이었던 브라운은 교류는 근본적으로 낮은 전압에서도 직류보다 위험하다고 주장했다. 매년 수십 명의 사람과 말이 고압선 때문에 감전사하고 있었기 때문에 브라운의 주장은 대중적 설득력을 발휘했다. 브라운은 전압 때문이 아니라 교류가 원래 위험하기 때문에 감전사가 일어난다고 주장하면서 모든 도시에서 300볼트 이상의 고압선을 불법화할 것을 요구했다.

그런데 1887년 구리가격이 급등하면서 주로 굵은 구리선을 통해 전류를 보내는 직류 시스템의 설치비용이 상승했다. 에디슨은 '구리 가격 상승'과 '테슬라의 교류'라는 두 마리 호랑이와 직면해야 했다.

에디슨은 기자, 시민, 학계 인사들을 연구소에 초청해 개, 고양이들을 고압의 교류 전류로 태워 죽여 공포감을 조성하기도 했다. 이때 뉴욕 주가 교수형을 대신할 인도적인 사형집행 방법을 찾고 있었는데 브라운은 〈뉴욕타임즈〉의 지면을 통해 공개적으로 웨스팅하우스에게 전기 결투를 제안했다. 1888년 12월 18일자의 기사는 다음과 같다.

'나는 (웨스팅하우스 씨에게) 자기 몸에 교류 전기를 통해볼 것을 제안한다. 나는 내 몸에 직류를 통하게 하겠다. (중략) 우리는 100볼트에서 시작하여 (중략) 한쪽이 됐다고 외치며 자신의 잘못을 인정할 때까지 (중략) 한 번에 50볼트씩 점차 전압을 높여 보자.'

브라운의 공개적인 결투 신청은 상당한 파장을 불러일으켜 결국 뉴욕 주지사 데이비드 힐은 전기 처형을 고려할 것을 지시했다. 처음엔 전기 처형에 반대하던 에디슨도 승리를 위해서라면 교류를 사용하는 전기의자로 그 위험성을 증명하려 했다.

에디슨은 사형수의 손을 소금물에 담근 뒤 그릇으로 전류를 보냈다. 17초 동안 전류가 사형수의 몸을 통과했으나 사형수는 비명만 지를 뿐 죽지 않았다. 다시 72초 동안 전류를 보내자 연기가 솟아올라 방청하는 사람들을 모두 경악케 했다. 그 뒤 사형수의 머리에서 종아리로 전류를 보내는 방식이 채택되었다. 영화 〈그린마일〉에서 보여주는 방식이다.

에디슨의 전기의자 사형 작전은 실패할 수밖에 없었다. 동물 대상 실험은 했지만 직접 사람을 대상으로 실험해 보지는 못했기 때문이다. 제아무리 에디슨이라 해도 인간을 상대로 위험한 실험을 해볼 도리가 없었다. 교류를 통한 전기의자 실험이 실패로 돌아가자 에디슨이 철저하게 준비한 전류전쟁은 오히려 교류가 승리하는 결정적 계기를 마련해준 꼴이 되고 말았다.

에디슨 측의 적극적인 방해 공작에도 불구하고 웨스팅하우스 측은 1893년 시카고 만국박람회에서 25만개의 전등을 켜는 프로젝트를 낙찰 받았다. 시카고 만국박람회의 주제는 전기였다. 전기는 대망의 20세기를 위해 에너지를 무한정 제공해줄 특별한 존재였다. 개막식도 극적이었다. 그로버 클리블랜드(Grover Cleveland) 대통령은 워싱턴의 백악관에서 '마법의 단추'를 눌러 1600킬로미터 밖의 시카고박람회장의 불을 밝혔다.

박람회에는 에디슨의 백열전구, 테슬라의 전기 코일, 웨스팅하우스의 교류발전기와 변압기, 모터 등 새로운 전기제품이 모두 전시되었다. 그러나 박람회를 밝히는 전기를 공급한 주인공은 에디슨이 아니라 웨스팅하우스였다.

1895년 나이아가라 폭포에 세계 최초의 수력발전소 건설을 계기로 송전 방식을 둘러싼 교류·직류의 대결은 결국 교류의 승리로 끝이 났고, 전 세계는 교류 시스템의 송전 방식을 채택한다.

직류 대신 교류가 채택된 것은 직류 송전 시스템에 치명적인 단점이 있었기 때문이다. 직류는 전압을 올리거나 내리는 것이 어려워 발전소에서 전송하는 전압도 가정용 전압과 같아야 한다(110볼트). 그런데 직류는 전압을 높일 수 없어 전류를 크게 해야 하기 때문에 열손실이 커진다. 두꺼운 구리선을 사용하면 전력 손실을 어느 정도 막을 수 있지만 비싼 구리 값 때문에 많은 설비비용이 발생한다. 유일한 해결방법은 전기를 전송할 수 있는 지역을 발전소를 중심으로 대략 반경 0.5킬로미터로 제한하는 것이다. 이는 직류 발전소가 도시 곳곳에 가정이나 아파트 뒷마당에 설치되어야 한다는 것을 뜻했다.

직류의 단점은 곧 교류의 장점이 된다. 교류는 어디서든 원하는 비율로 전압을 바꿀 수 있으므로 매우 높은 송전압이더라도 변압기를 사용해 110볼트로 낮출 수 있다. 따라서 발전소는 도심에서 멀리 떨어진 곳에도 설치될 수 있었다. 석탄이나 수력이 있는 어느 곳이든 대형 발전소를 건설할 수 있다는 의미이다. 에디슨이 강조한 직류 송전방식은 사업성을 놓고 볼 때 치명적 약점을 극복할 수 없었다.

| 에디슨, 웨스팅하우스와 손잡다 |

에디슨은 교류와의 전쟁에서 패한 뒤 전 세계가 교류시스템의 송전방식을 채택하자 엄청난 손실을 입게 되었다. 그러나 에디슨은 철저한 사업가였다. 특허 분쟁이 일어나면 곧바로 분쟁의 당사자와 타협하여 공동으로 사업을 추진했다. 즉 이익이 있고 사업을 키우는 데 필요하다면 적과도 손을 잡았다.

웨스팅하우스와의 혈투의 결과도 그렇다. 교류에 패배하여 엄청난 손해를 보자 그는 먼저 웨스팅하우스에게 더 이상의 소모적인 싸움을 중단하고 함께 공생하면서 판을 크게 키우자고 제안했다. 더욱 놀라운 것은 웨스팅하우스의 태도였다. 에디슨과의 혈투에서 완벽한 승리를 거둔 웨스팅하우스가 에디슨의 제안을 두말없이 받아들인 것이다.

에디슨의 기업가정신은 자신의 회사뿐 아니라 미국사회 전체에 영향을 미쳤다. 특히 에디슨의 과학적 방식은 기술과 기계분야뿐 아니라 산업 전반에 활용될 수 있다는 것을 알려주었다. 자동차 왕 헨리 포드의 에디슨에 대한 다음과 같은 평은 의미심장하다.

'에디슨은 이 나라에서 근대산업을 일으킨 사람이다. 그는 우리를 위해 새로운 독립선언문을 만들어냈다. (중략) 그가 만들어낸 일련의 도구로 우리는 그 누구도 가능할 것이라고 생각지 못했던 엄청난 경제적 자유를 얻을 수 있었다.'

13

천재를
잡아라

조지 웨스팅하우스 George Westinghouse, 1846~1914
탁월한 사업 감각의 대명사

에디슨은 자신이 발명한 전등을 더욱 개량하여 수명을 늘리는 데 주력하는 한편 전기의 공급에 필요한 송전선, 소켓, 스위치, 퓨즈 등의 부품을 개발했다. 그러나 에디슨은 전류의 송전에 110V의 직류를 사용했기 때문에 낮은 전압과 전선의 저항에 의한 손실로, 발전소에서 2~3마일 정도밖에 송전할 수 없었는데 이 약점을 비집고 들어온 기술이 교류이다.

교류가 실제로 산업화될 수 있었던 것은 웨스팅하우스와 테슬라의 역할이 절대적이었다. 조지 웨스팅하우스는 어느 누구보다도 앞선 생각을 갖고 있는 탁월한 사업가였다. 에디슨보다 한 해 먼저 태어난 웨스팅하우스는 남다른 발명과 경영 능력을 겸비한 거물로, 철도용 에어브레이크의 발명으로 큰 부를 이룬 사람이다.

| 공기로 열차를 세운다고? |

웨스팅하우스의 성공은 그야말로 신화라고 할 수 있다. 그도 에디슨처럼 거의 독학으로 공부하고 기술을 배웠지만 발명에 남다른 일가견이 있었다. 1865년 회전식 증기엔진으로 첫 번째 특허를 받았다. 이 엔진은 실용성이 없는 것으로 판단되었지만 추후에 이 원리를 이용하여 수량계 개발에 성공했다. 같은 해 웨스팅하우스는 탈선된 화물차량을 철로로 되돌려 놓는 장치를 발명했다. 그의 나이 20세가 채 안되었을 때이다.

그런데 웨스팅하우스가 21세가 되는 1867년 어느 날 선행하던 기차가 사고를 내는 바람에 사고처리가 끝날 때까지 뒤의 기차에서 무한정 기다리고 있어야 했다. 발명이라면 둘째가라면 서러울 만한 자질을 갖고 있던 그는 출발을 기다리는 동안 앞에 서 있는 기차의 문제점을 곰곰이 생각하기 시작했다. 당시에는 기관사들이 전방에 있는 위험물을 발견하더라도 전 차량을 동시에 멈출 방법이 없었다. 기관사가 호각을 불면 그것을 신호로 각 차량의 담당자가 수동브레이크를 잡아당겨 속도를 늦춰야 했다. 그러나 이 방법으로는 각 차량 담당자의 행동 시간이 일치하지 않으므로 열차 전체를 재빨리 그리고 안전하게 세

철도왕 밴더빌트를 풍자한 카툰

우는 것이 사실상 불가능했다. 따라서 긴급 정차를 하게 되면 차량의 탈선 등 큰 사고로 이어졌는데 바로 웨스팅하우스의 앞에서 달리던 기차가 그런 경우였다.

웨스팅하우스는 열차 차량 전체를 하나로 묶을 수 있는 수동 제어 장치를 장착하면 기차의 제어 문제를 해결할 수 있다고 생각했다. 문제는 동력이었다. 증기의 힘을 잘 알고 있는 그는 전 차량에 브레이크를 걸 수 있는 증기 제어장치를 장착하면 위급 상황시 곧바로 제동시킬 수 있음을 떠올렸다. 그는 곧 실험 장치를 만들어 실험했으나 예상처럼 작동되지 않았다.

그런데 우연히 잡지에서 알프스 몽스니 산의 터널을 공기 드릴로 뚫고 있다는 기사를 읽었다. 수천 미터의 파이프를 통해 터널 속에 보내진 압착공기로 드릴을 움직이는 방식이다. 그는 이 방법을 기차의 브레이크에도 응용할 수 있다고 생각했다. 즉 압착공기를 모든 차량에 보내고 기관차에 설치한 레버를 움직여 동시에 전 차량의 브레이크를 거는 것이다. 원리는 그가 처음에 생각했던 것과 같았으나 압착공기가 좀더 효율적이었다.

우여곡절 끝에 에어브레이크 설계에는 성공했지만, 자신의 아이디어를 어떻게 투자자에게 설득시키냐, 하는 문제가 남았다. 그는 우선 에어브레이크의 원리를 뉴욕 센트럴철도 회장 코넬리어스 밴더빌트 (Cornelius Vanderbilt, 1794~1877)에게 설명했다. 그러나 철도의 왕은 단숨에 그의 설명을 잘랐다.

"기차를 바람으로 세운다고? 나는 바보 녀석과 이야기할 시간이 없어."

그러나 바보는 웨스팅하우스가 아니라 밴더빌트였다.

웨스팅하우스가 끈질기게 철도 관계자들을 설득하고 다닌 끝에 이윽고 미국 전역과 전 세계의 철도에 그의 아이디어가 채용되었다. 1893년에 제정된 철도 안전장치 규정은 미국의 모든 열차에 의무적으로 에어브레이크를 장치하도록 했다. 밴더빌트도 결국 자신의 전 열차에 그의 아이디어를 채택하지 않을 수 없었다. 물론 웨스팅하우스의 투자 요청을 거부한 대가로 수백 배나 더 큰 비용이 들었음은 물론이다.

| 전기 사업에 눈을 돌리다 |

당대의 갑부가 된 웨스팅하우스는 또 다른 사업에 눈을 돌린다. 전기의 장래성이 유망하다고 본 것이다. 그가 본격적으로 전기에 투자를 고려할 때는 직류와 교류 중 어느 것이 더 좋은지 한창 논란을 벌이던 때였다. 그는 에디슨이 고집하고 있는 직류에 문제점이 있음을 알았다. 발명에 남다른 일가견이 있는 웨스팅하우스는 송전 과정에서 중간 손실이 큰 직류 방식은 변압기를 통해 교류 송전방식을 사용하면 해결할 수 있다고 생각한 뒤, 승부수를 던졌다. 즉 직류가 아닌 교류를 송전방식으로 채택하기로 한 것이다.

조지 웨스팅하우스

웨스팅하우스가 에디슨에게 펀치를

먹일 준비를 했지만 문제는 변압기였다. 그런데 마침 에디슨과 알력을 빚고 있던 니콜라 테슬라가 변압기를 개발했다는 소식을 들었다.

그는 곧바로 테슬라의 변압기 관련 특허를 사들이고 '웨스팅하우스 전기회사'를 설립하여 본격적인 원거리 송전사업을 시작했다. 발전소에서 송전할 때에는 전압을 높여 중간의 손실을 줄이고, 수신소에서는 전압을 낮추어 수신함으로써 일반 가정에서는 안전한 낮은 전압을 쓰도록 하는 오늘날과 같은 송전방식을 이용한 것이다.

웨스팅하우스에게 에디슨을 격파할 수 있는 보검을 쥐어준 테슬라야말로 만만한 사람은 아니었다. 테슬라도 700여 건의 특허를 가진 사람이며 에디슨, 웨스팅하우스와 마찬가지로 동시대에 전설적인 인물이 될 자질을 갖고 있는 사람이었다.

테슬라는 현 크로아티아의 스밀리얀(Smiljan)에서 그리스 정교회 목사의 아들로 태어났다. 그의 어머니는 학교 근처에도 가보지 않았지만 몇몇 가정용구와 농장용 기구를 발명한 재능을 가지고 있었다. 어머니의 발명가적 기질을 갖고 태어난 테슬라는 다섯 살 때 이미 나름대로 발명을 시작했을 정도로 어린 시절부터 발명에 관심이 많았다. 그는 훗날 이렇게 회상했다.

"어머니는 누구보다도 뛰어난 발명가이셨다. 만약 좋은 환경에서 태어나 능력을 제대로 발휘하셨다면 이 세상에 큰 업적을 남기셨을 것이다."

테슬라라는 막강한 무기를 얻었지만 웨스팅하우스에게 여전히 에디슨은 막강한 상대였다. 전기 시장을 먼저 점령한 사람은 에디슨이었다. 뉴욕 중심가에 에디슨 전등회사를 차린 에디슨은 전등의 판매에 그치지 않고 전기를 생산할 발전시설과 전기를 송전하는 시스템을 함께 묶어야 전기 분야를 완전히 장악할 수 있다고 생각했다. 그의 예상은 적중하여 그동안 거리를 밝혀주던 가스등 생산은 전멸했다. 에디슨은 미국의 가장 큰 도시에서 가스등을 몰아낸 자신의 전력제국의 미래를 어떤 경쟁자에게도 나눠줄 생각이 없었다.

| 직류·교류 전쟁에 종지부를 찍다 |

그런데 당대의 또 다른 슈퍼맨 웨스팅하우스가 에디슨과 다른 생각을 갖고 있다는 것이 문제였다. 한마디로 에디슨에게 전기 사업의 미래를 맡기지는 않겠다는 것이다.

문제는 웨스팅하우스도 에디슨과 버금갈 정도로 발명과 사업에 일가견이 있다는 점이다. 철도 차량용 공기 브레이크를 발명하여 큰돈을 번 웨스팅하우스는 1882년 자동식 철도 신호기를 만들었고, 1886년 웨스팅하우스 전기 회사를 세우고 라디오를 처음으로 만들기 시작했으며 100여 개나 되는 특허를 갖고 있는 당대의 발명가이자 부호였다. 그는 당시 갑부의 상징이었던 개인용 열차를 타고 전국을 돌아다닐 정도로 열정적이었다.

미국식 사고로 똘똘 뭉친 웨스팅하우스는 자신보다 한 살 아래인 에디슨이 자신을 앞선다는 것이 참을 수 없었다. 마침 전류 송전 논쟁이 벌어지자 에디슨에게 치명타를 줄 수 있는 방법을 찾았다고 기뻐했다. 에디슨 연구소에 근무했던 테슬라가 교류 송전에 적합한 전동기를 발명한 후 회사를 세우자 웨스팅하우스는 즉시 테슬라의 회사를 인수했다. 즉 그의 특허를 사들인 것이다.

웨스팅하우스는 에디슨이 전등으로 가스등 사업을 말살시킨 것과 똑같은 일을 해주고 싶어했다. 한마디로 직류를 고집하는 에디슨에게 강편치를 먹여 다시는 자신에게 도전하지 못하게 하겠다는 것이 그의 생각이었다. 즉 그의 사업체를 문 닫게 하려고 한 것이다.

그런데 에디슨의 방어는 생각보다 강했다. 그는 전구를 개발하여 이를 사업에 연결시킨 것이 아니라 보다 근원적인 시스템, 즉 발전소·전선·모터 등을 직접 개발하여 한마디로 거대한 전기 제국을 건설하고 있었다. 사실 당대의 슈퍼 천재이자 자본가인 에디슨과 대결한다는 것은 자동차 중소기업이 미국의 디트로이트에서 GM과 대결하는 것과 같은 일이었다.

그러나 웨스팅하우스는 테슬라가 개발한 교류 시스템에 자신이 있었다. 1886년 뉴욕 버팔로에 미국 최초의 성공적인 교류 시스템을 개설한 후 1년 뒤에 30개 이상의 동급 발전소를 남부와 서부에서 가동했다. 1887년 말에는 거의 13만 5천 개의 전구에 전기를 공급하면서 에디슨의 직류 시장을 잠식하기 시작했고 결국 직류와 교류 전쟁에서 종지부를 찍으며 교류가 승리한다.

에디슨과 웨스팅하우스 간의 송전 전투는 에디슨의 완전히 패배로 끝났다. 당대 최고의 발명가 에디슨은 송전 전투에서 패배하여 큰 손실을 입고 자신이 경영하던 '에디슨 제너럴 일렉트릭'을 기업 사냥꾼 J.P. 모건(John Pierpont Morgan, 1837~1913)에게 넘겨야 했다. 회사 이름에서도 에디슨의 이름이 빠진다. 이 회사가 이후 세계 최대의 기업 중 하나로 성장하는 GE(제너럴 일렉트릭)이다. 물론 당시 에디슨은 GE의 주식 5퍼센트를 받았지만 이를 곧바로 팔아버렸다. 만약 에디슨의 후손들이 그 주식을 지금까지 갖고 있다면 약 150억 달러가 넘는 천문학적인 액수이다.

| 철저한 사업가 에디슨 |

에디슨은 과학자이자 발명가이지만 철저한 사업가라는 일면도 있었다. 그는 웨스팅하우스와의 전류 전쟁에서 혈투를 벌여 엄청난 손실을 보았지만 1892년 자신의 회사를 GE로 재정비한 후 웨스팅하우스와 공생을 꾀했다. 웨스팅하우스로서도 반대할 이유는 없었다. 에디슨이 전류전쟁에서 패배했다곤 하지만 그와 계속해서 혈투를 벌인다는 것은 이쪽으로서도 이득이 될 리 없기 때문이다.

사실 1895년 나이아가라 수력발전소의 계약도 두 회사의 연합으로 이루어졌다. 건설 공사(제너럴모터스)는 웨스팅하우스사가 맡고, GE가 나이아가라 수력발전소에서 버펄로 시로 전기를 공급하는 전선의 제작을 담당했다.

더 나아가 두 기업은 특허를 공유하는 방법으로 사업 영역을 확장했다. GE는 웨스팅하우스의 독점 분야였던 철도 장치의 제작에 참여했고 웨스팅하우스는 GE가 주도하는 전등 및 전력기기를 생산했다. 두 사람이 철천지 원수처럼 으르렁거렸지만 이익이 걸린 사업에서 원수가 될 필요는 없는 일이었다. 한 가지 분명한 것은 웨스팅하우스가 에디슨보다 한발 앞섰다는 점이다. 교류시스템의 상용화가 테슬라 한 사람만의 업적은 아니지만, 나이아가라 수력발전소 교류발전기에 필요한 13건의 특허 중 9개가 테슬라의 것이라는 사실만 봐도 그의 공을 짐작케 한다.

한편 웨스팅하우스로부터 거액을 받은 테슬라는 다른 과학자들처럼 재산을 불리는데 열중하지 않고 대신 살인 광선 같은 공상과학 아이디어 등을 실현하는 데 많은 돈을 투입했다. 테슬라는 교류에만 집중한 것이 아니라, 다양한 연구를 계속하여 원격 조정으로 움직이는 자동 보트, 고주파 유도 테슬라코일 등을 발명했다.

아이디어가 번뜩인다고 해서 테슬라의 계획이 언제나 성공한 것은 아니었다. 테슬라의 계획은 다소 무모한 발상을 전제로 하므로 실패도 많았다. 1900년 그는 J. P. 모건에게 투자를 받아 전 세계로 통신을 할 수 있는 무선전신탑을 세우는 작업을 시작했다. 하지만 막대한 비용이 들어가는 이 계획은 모건의 투자 철회로 중단되었다. 그리고 건설중이던 탑도 1차 세계대전 중에 파괴되고 말았다.

테슬라의 가장 유명한 발명품은 저전압을 고전압으로 바꾸어 주는 테슬라코일인데, 오늘날 장거리 라디오와 TV 송신에 사용되는 고주파 유도 코일에 사용되고 있다. 물론 그의 발명들이 모두 성공한 것은 아니지만 근래의 과학자들은 그의 연구 논문에서 새로운 아이디어를 얻을 수 있을지도 모른다는 희망을 갖고 아직도 그의 연구 논문을 참고하고 있다고 한다.

| 노벨상을 거부하다 |

사람들은 '천재 발명가'인 에디슨이 노벨상을 타지 못했다는 사실을 알면 다소 의아해한다. 그런 데에는 웃지 못할 에피소드가 있다.

테슬라와 에디슨의 알력은 엉뚱한 곳으로 비화되기도 한다. 노벨상 선정위원회에서는 1912년부터 노벨 물리학상 수상자로 에디슨과 테슬라를 후보에 올려놓고 있었다. 그런데 노벨상위원회에서 테슬라와 함께 공동 수여하겠다는 심사 비밀이 누설된 것이 화근이었다.

테슬라는 자신이 에디슨과 함께 노벨상 수상자로 거론되자 공동 수상을 거부하겠다고 선언했다. 결국 1912년 노벨상은 또 다른 발명가 달렌(Nils Gustaf Dalen)에게 돌아갔고 두 사람에게는 그후로 영영 노벨상 수상의 기회가 찾아오지 않았다.

달렌의 노벨상 수상 발명은 조명 표지등과 부표(light buoy) 등에 쓰이는 기체 완충 장치와 연결해서 이용할 수 있는 자동 조절 장치 발명인데 그것은 간단히 말해 등대에서 사용하는 조명등을 개발한 것으로 노벨상 사상 최악의 수상 중의 하나로 평가되기도 한다.

그후 테슬라는 1917년 미국의 전기공학자협회가 수여하는 가장 영광스런 상을 수상하는데 아이러니컬하게도 그 상의 이름은 '에디슨 메달'이다. 테슬라가 에디슨 메달을 수상한 이유는 웨스팅하우스와 에디슨이 공존공생하고 있는 마당에 굳이 당대 최고의 상을 거절할 필요는 없는 일이었다. 테슬라의 고집으로 이미 노벨상이 물 건너 간 것도 그가 상을 받아들인 이유 중의 하나였을 것이다. 이 시상식에서 테슬라는 다음과 같이 말했다.

"에디슨은 이론적인 교육을 전혀 받지 않았고, 사전에 그 어떤 유리한 조건을 갖고 있지 않았음에도 성실함과 근면함으로 혼자 힘으로 위대한 업적을 이룬 인물입니다."

1943년 1월 8일 아침 테슬라는 호텔방에서 숨진 채로 발견되었다. 검시관은 그가 1월 7일 오후 10시 30분에 사망했으며, 사인은 관상동맥 혈전증이라고 밝혔다. 그는 1891년 6월 23일 전기 조명 시스템으로 받은 미국 특허를 비롯해 25개국에서 적어도 272개의 특허를 획득한 '세기의 발명가'였다. 미국 전기 공학자협회 회장은 이렇게 말했다.

"그의 연구가 있었기에 뢴트겐의 위대한 발견이 나올 수 있었고, 그의 연구가 나온 이후부터 톰슨을 비롯한 여러 과학자들이 업적을 이루어 현대 물리학의 개념이 탄생할 수 있었습니다. 테슬라 씨는 마르코니의 연구보다 앞섰으며, 무선 전신과 기타 여러 과학 기술 분야의 토대를 마련했습니다.'"

1960년 프랑스 파리의 국제도량형위원회에서 자기(磁氣)의 세기를 측정하는 단위를 '테슬라'로 이름 붙였다. 2009년 7월 구글(Google)은 자사의 아이콘에 테슬라 탄생 153주년을 삽입하여 그의 업적을 기리기도 했다.

웨스팅하우스와의 혈투에서 패배한 뒤에도 에디슨은 결코 자신의 실수를 인정하지 않았다. 그러나 교류에 철저하게 패배한 지 20년 후 결국 자신의 잘못을 인정하고 다음과 같이 웨스팅하우스의 아들에게 이야기했다고 전해진다.

"내가 잘못했었다고 아버님께 전해주게."

| 세계적 기업의 대명사, 웨스팅하우스 |

웨스팅하우스가 대단한 사람이라는 것은 그의 이름과 동의어인 회사가 지금까지 현존하는 것은 물론 세계적인 대기업으로 성장했다는 것만으로도 알 수 있다. 웨스팅하우스는 원래 남다른 발명으로 엄청난 재산을 모은 거부 중의 거부다. 그러나 그의 앞에는 에디슨이라는 천재가 있었다. 에디슨이 있는 한 자신이 2인자밖에 될 수 없다고 생각한 그는 에디슨을 이길 수 있는 방법은 에디슨의 약점을 이용하면 가능하다고 생각했다.

웨스팅하우스는 자신이 직접 에디슨의 약점을 찾는 대신 에디슨의 약점을 쥐고 있는 테슬라를 스카웃했다. 테슬라의 연구에 날개를 달아준 사람이 웨스팅하우스라는 것은 분명한 사실이다. 웨스팅하우스가 당대에 직류와 교류의 전투에 뛰어든 것은 테슬라의 아이디어로 무장한 교류가 승리할 수 있다는 확신을 갖고 테슬라에게 접근한 것이다. 그의 예상대로 교류가 승리했다.

놀라운 것은 웨스팅하우스가 에디슨에게 치명타를 안겼지만 에디슨이 제휴하자고 접근하자 전격적으로 합의했다는 점이다. 처음에는 에디슨을 몰락시키는 것을 지상과제로 생각했지만 그와 제휴하는 것이 오히려 도움이 된다고 생각했기 때문이다. 천재를 스카웃하여 경쟁자에게 철저한 패배를 안긴 그의 집념도 놀랍지만 종국에는 에디슨과 제휴하는 결단을 보여 사람들을 놀라게 했다. "사지(死地)에 몰아넣고 구해준다"는 동양의 병법을 알았던 것일까. 세계를 석권할 수 있는 발명가로 대 부호가 된 웨스팅하우스에게 남다른 재능이 있다는 것을 말해주는 대목이다.

퍼킨에게는 절묘하게 운이 따랐다. 영어사용권에서 가장 고귀한 여성 빅토리아 여왕이 퍼킨의 보랏빛 물감에 매혹된 것이다. 여왕은 1862년 런던 만국박람회의 개막식에 라일락 빛 드레스를 입고 나타나 많은 여성들의 선망의 눈길을 받았다. 그 연보랏빛 드레스가 바로 퍼킨의 염료로 염색한 것이었다. 그후 각국의 왕실 여성들에게 보라색이 대유행이 되었다. 프랑스의 왕후 외제니도 보라색 드레스를 유행시켰고, 빅토리아 여왕의 손녀 알렉산드리아도 자신의 내실을 완전히 연보라색으로 꾸몄다.

14

과감하게
올인하라

윌리엄 헨리 퍼킨 William Henry Perkin, 1838~1907
합성 염료 시대를 열다

19세기 중엽, 석탄을 가공해 만든 코크스가 산업용으로 중요하게 활용되고 있었다. 그런데 1톤의 석탄으로 코크스를 만들면 그 부산물로 30리터의 콜타르라는 검은색의 끈적끈적한 액체가 생긴다. 그중 일부는 철도 침목(枕木)을 만드는 목재 보호제나 도로 포장용으로 사용하지만 대부분 처리가 어려운 산업폐기물이었다.

런던에 있는 왕립과학대학의 독일인 화학자 호프만(August Wilhelm von Hofmann)은 콜타르를 사용하여 말라리아를 치료하는 퀴닌의 합성 가능성을 모색하고 있었다. 콜타르로부터 얻은 물질의 조성이 키니네와 매우 비슷하게 보였기 때문이다. 호프만은 당대 최고의 화학자로 영국왕자 앨버트의 초청으로 왕립과학대학에서 연구하고 있었다.

이 당시까지 말라리아에 유일하게 효과적인 키니네(퀴닌)는 동인도(인도네시아)에서 자라는 키나나무(cinchona) 껍질에서만 얻을 수 있었으므로 키니네를 인공적으로 합성한다는 것은 매우 중요한 일이었다. 당시 키니네는 단지 원자 조성만이 알려져 있었다. 호프만은 영국에 도착하자마자 왕립과학대학에 재학 중인 15세의 어린 학생 퍼킨(Perkin)이 매우 뛰어난 학생임을 한눈에 알아보고 조수로 채용한 후 합성 퀴닌 연구에 참여하게 했다.

퍼킨은 제철 공업의 값싼 부산물인 콜타르에서 나오는 톨루이딘(toluidine)을 원료로 당시에 유행했던 '가감법'을 사용하여 키니네를 합성하려고 했다. '가감법'이란 출발원료와 목적원료의 단순한 분자식 차이를 이용하는 방법이다. 퍼킨은 알려져 있던 알릴톨루이딘과 키니네의 분자식의 차이에서 톨루이딘에 몇 개의 탄소원자와 수소원자를 덧붙이고, 그후에 산소원자 몇 개를 더해서 원소의 모양과 수를 키니네와 같게 하면 키니네를 합성시킬 수 있다고 생각했다. 퍼킨은 처음에는 3개의 탄소와 4개의 수소를 알릴(allyl)기(基)로 해서 톨루이딘에 가한 다음 강력한 산화제인 2크롬산칼륨으로 처리했다.

그러나 그가 얻은 것은 키니네가 아니라 적갈색의 끈적끈적한 물질이었다. 그는 알릴톨루이딘 대신 아닐린을 써서 역시 끈적끈적한 물질을 얻었는데 이번에는 진홍색의 광택이 있었다. 사실 퍼킨이 사용한 아닐린은 소량의 톨루이딘을 함유하고 있었는데 이것이 보랏빛 염료였다. 바로 이 보랏빛이 염료업계에 획기적인 전환기를 가져오게 되는데, 놀라운 것은 퍼킨 자신이 보랏빛의 미래를 단번에 꿰뚫어 보았다는 점이다. 그의 나이 채 20세도 되지 않았을 때였다.

| 인간이 만든 보랏빛 |

구석기시대 인간들도 오늘날처럼 몸치장에 신경을 썼다는 것이 여러 면에서 확인된다. 짐승 이빨과 조개껍질로 만든 장식품들과 개, 고래, 물고기, 거북이들을 본뜬 장식품들도 발견된다. 프랑스의 쇼베 동굴에서는 기원전 3만5천 년경에 이미 빨강, 노랑, 갈색, 흑색 등으로 그려진 벽화가 아직까지도 선명한 색깔을 자랑하고 있다.

신석기시대로 내려오면 장식품들은 더욱 발전하는데 재료는 흙, 옥돌, 뼈, 조개껍질 등이고 용도로 보면 머리장식, 귀고리, 목걸이, 팔찌 등이며 형태도 여러 종류이다.

장식에 대한 인류의 관심은 당연히 다양한 색깔을 원하게 되고, 식물이나 동물의 피 등을 직접 활용하기에 이르러 염색기술이 등장하게 된다. 우선 염색 재료를 담을 수 있는 질그릇이 생산되었고 염색법도 바르는 것에 머물지 않고 담그기로 진행했다. 바르기는 식물의 즙, 여러 종류의 흙, 동물의 피 등을 혼합하여 원하는 곳에 그림 그리듯이 바르는 것이지만 곧 색이 변하면서 퇴색된다. 그러나 담그기는 염색 재료에 천 등을 푹 담가둠으로써 색소 물질이 스며들게 되어 오랫동안 염색 효과를 나타낸다.

천연염료는 대량생산이 거의 불가능하기 때문에 희소가치가 높았다. 따라서 왕이나 귀족만이 사용할 수 있었다. 그런데 오늘날 누구나 다양한 색깔의 옷을 입을 수 있게 된 것은 합성염료의 개발 덕분이다.

키니네를 합성하려다 엉뚱한 결과를 얻게 된 퍼킨은 놀라운 순발력을 보인다. 그는 자신이 발견한 보라색 용액이 천을 물들이는 것을 발견하고 이 합성염료의 샘플을 영국의 염료 공장인 폴라스 사에 보냈다. 퍼킨이 보낸 재료로 실험한 폴라스 사에서 다음과 같은 낙관적인 답장을 보내왔다.

'당신이 발견한 물질이 상품을 너무 비싸게 하지만 않는다면 이것은 이제까지 나온 발견 중 가장 값진 것이 될 수 있을 겁니다. 이 색은 모든 상품의 염료로 그 동안 기다렸던 것입니다. (중략) 여기에 섬유에 염색한 가장 훌륭한 라일락 문양을 동봉합니다. 이것은 영국에서 오직 한 공장에서만 염색할 수 있는데 이것도 실제는 당신의 색과 비교해 오래가지 않으며 공기에 노출되면 색이 바래집니다.'

폴라스 사는 퍼킨의 염료가 실크를 염색하는 데에는 매우 유용하지만 무명에는 잘 맞지 않았다는 의견도 덧붙였다. 퍼킨은 곧바로 무명을 염색하는 연구에 돌입했고, 곧바로 간단한 처리를 하면 이 물질을 무명에도 사용할 수 있다는 사실을 알아냈다.

퍼킨은 자신이 발견한 보라색 염료로 특허를 신청했다. 그의 나이 18세 때였다. 뒤에 알려진 사실이지만, 특허청 내에서는 미성년자에게 합법적으로 특허를 허가할 수 있느냐 하는 열띤 토론이 벌어졌다고 한다. 이것이 바로 인류 최초의 인공 염료가 개발된 과정이다.

당시 염료는 천연 재료에서 추출해야 했으므로 매우 가격이 비쌌다. 퍼킨은 자연계에는 존재하지 않는 아름다운 빛깔의 '아닐린 퍼플'이라는 염료를 만들어 프랑스 들판에 피는 보라색 들꽃의 이름을 따서 '모브(mauve)'라는 이름을 붙였다. 이 새로운 염료는 햇빛에도 쉽게 색이 바래지 않았다.

퍼킨은 자신이 발견한 염색재료의 가능성을 알고 있었다. 그가 새로 발견된 염색재료를 대량 생산하기 위해 지도교수인 호프만 교수에게 학교를 떠나겠다고 하자 호프만은 극구 만류하며 세계 최고의 명성을 갖고 있는 학교를 떠난다면 파멸에 이를 수 있다고 경고했다. 퍼킨이 학자로 성공할 수는 있어도 사업에는 실패할 가능고도 높다고 생각한 때문이었다. 더구나 그는 사업에는 전혀 경험이 없는 스무

살도 채 안 된 어린 청년이었다. 호프만 교수의 조수라는 것만으로도 학자로서의 미래는 보장된 셈이었다. 퍼킨이 충실하게 호프만 교수를 거들면서 연구에 몰두했다면 편안하게 호프만 교수처럼 유명인사가 될 터였다.

그러나 퍼킨은 자신이 개발한 염색 재료가 그동안 세계인들이 원하는 바로 그 물질임을 인지하고 있었다. 유럽인들을 열광시킬 매혹적인 보랏빛 '모브'를 산업화시킬 수만 있다면 그 대가는 달콤할 것이라는 전망을 갖고 있었다.

결국 퍼킨은 부친과 형제의 적극적인 지원을 받으며 자신의 아이디어를 제품화했다. 제품 생산 연구 과정에서 실험용 용기들이 열을 견디지 못하고 폭발하는 사건도 있었지만 벌어들이는 돈으로 이러한 장애를 쉽게 해결할 수 있었다.

하지만 퍼킨은 곧장 모브를 대량으로 생산할 수는 없었다. 우선 아닐린을 대량으로 생산하는 것이 문제였다. 엄청난 자본이 필요했기 때문이다. 보통 아닐린은 벤젠으로부터 니트로벤젠을 만들고 그것을 환원해서 만드는데 이 과정에 많은 질산이 필요했다. 그는 특별한 장치를 고안해서 칠레 초석과 황산을 반응시켜 질산을 만들어 아닐린 대량생산의 길을 열었다.

1856년까지 문명세계에서 사용된 염료는 12~13가지 정도로, 자연적 물질이나 생물체에서 채취해왔다. 그런데 퍼킨이 단숨에 그 귀하고 값비싼 보라색을 인공적으로 합성했다니 세계가 놀라지 않을 수 없었다.

| 여왕이 사랑한 색, 보랏빛 |

퍼킨에게는 절묘하게 운이 따랐다. 영어 사용권에서 가장 고귀한 여성 빅토리아 여왕이 퍼킨의 보랏빛 물감에 매혹된 것이다. 여왕은 1862년 런던 만국박람회의 개막식에 라일락 빛 드레스를 입고 나타나 많은 여성들의 선망의 눈길을 받았다. 그 연보랏빛 드레스가 바로 퍼킨의 염료로 염색한 것이었다.

그후 각국의 왕실 여성들에게 보라색이 대유행이 되었다. 프랑스의 왕후 외제니도 보라색 드레스를 유행시켰고, 빅토리아 여왕의 손녀로 러시아의 황제 니콜라이 2세와 결혼한 알렉산드리아도 페테르스부르크 근처에 있던 차르스코예셀로 궁전 내 자신의 내실을 완전히 연보라색으로 꾸몄다. 이 방의 양탄자, 벽, 베개, 커튼, 가구 등 모든 것이 연보라색이었다. 한마디로 이 방이 러시아에서 가장 유명한 방이 되었으며 보라색은 유럽에서 가장 인기 있는 색이 되었다. 보라색의 유행은 고스란히 퍼킨의 재산으로 이어졌다.

퍼킨은 또 하나의 중요한 콜타르를 염료로 개발해 공업적으로 생산했는데, 그동안 꼭두서니과의 식물 뿌리에서만 채취하던 빨간색 염료 알리자린이다. 사실 이 부분에도 선구자가 있었다. 독일의 칼 그레베와 칼 리베르만은 1868년에 콜타르의 한 성분인 안트라센으로 알리자린을 합성할 수 있다고 발표했다. 그러나

윌리엄 퍼킨

그들의 합성법은 비실용적이었다. 다행히 퍼킨은 호프만 교수 밑에서 안트라센을 취급한 적이 있었다. 퍼킨은 곧바로 알리자린 실용화에 착수하여 놀랍게도 단 1년 만에 알리자린을 생산해냈고 1871년에 이미 연 생산 200톤에 이를 정도로 그 규모를 키웠다.

콜타르와 합성염료, 이 두 가지처럼 서로 어울리지 않는 물질도 없을 것이다. 끈적끈적하고 시커먼 콜타르는 옷에 묻으면 잘 지워지지도 않을 뿐 아니라, 냄새도 지독해서 악성 폐기물로 취급되었다. 그런데 이 시커먼 애물단지가 화려한 합성염료의 원료는 물론 나프탈렌, 벤젠, 아닐린 등 여러 화학 공업의 원료로서 귀중한 자원이 된 것이다. 시커먼 콜타르에서 아름다운 인공 염료를 만들어낸 것은 퍼킨의 탁월한 안목에서 비롯된 것이다.

| 최고의 화학자에게 주는 상, 퍼킨 상 |

당대 최고 부자의 대열에 합류한 퍼킨은 사업을 일찍 시작한 만큼이나 은퇴도 빨랐다. 그는 특허로 엄청난 재산을 쌓고 35세라는 젊은 나이에 사업에서 완전히 손을 떼고 여생을 연구에만 바쳤다. 은퇴 후 1년 만에 퍼킨은 갓 베어낸 풀에서 나는 향긋한 냄새로 방향 물질인 쿠마린(coumarin)을 합성해 합성 향료 산업의 시발점을 알렸다.

염료 사업에서 손을 떼고 연구에만 투신한 이후에도 그에게는 부와 명예가 계속 이어졌다. 영국학사회 회원으로 작위를 받았고 이어서 유명한 다비 상, 호프만 상, 라부아지에 상을 받았다. 현재 꾸준히 사용되고 있는 약 3500가지의 합성염료는 그의 업적에서 시작되었다. 현재 영국화학공업회의 미국 지회에서는 미국인 화학자에게 최고 영예인 퍼킨 상을 수여함으로써 그의 이름을 기리고 있다.

퍼킨의 성공 스토리는 대단히 흥미롭지만 사실 일반 사람들에게 모두 퍼킨의 성공과 같은 기회가 올 수는 없는 일이다. 그러나 퍼킨이 주는 메시지는 분명하다.

키니네를 인공적으로 합성하려다 전혀 예상치 못한 부산물인 더러운 적갈색의 끈적끈적한 물질을 얻었다. 대부분의 사람들은 실망하고 다른 길을 찾았을 것이다. 특히 18세도 되지 않은 젊은이로서는 더욱 그러하다. 그런데 놀라운 것은 퍼킨의 나이 고작 18세가 채 되지 않았는데도 자신의 실패작인 더러운 물질의 효용성을 간파했다는 점이다.

퍼킨이 살던 시대가 지금보다 다소 조숙했다고는 하더라도 퍼킨의 경우는 특이하지 않을 수 없다. 그는 키니네라는 말리리아 약을 연구하고 있었지만 자신이 얻은 예상치 못한 부산물을 염료로 사용할 수 있다고 생각한 것은 놀라운 재능이라 하지 않을 수 없다. 거기에 그치지 않고 자신이 얻은 물질을 당대의 염료회사로 보내 실용성을 검증케 하는 치밀함도 보였다. 결론은 그의 예상대로였지만 그때의 나이를 생각하면 다시금 놀라울 따름이다.

이후 그가 발견한 물질의 중요성을 인정하여 온 집안 식구들을 비롯해 많은 사람들이 지원했지만 폭발 사고를 겪는 등 어려움 속에서도 당초의 계획을 밀고나갔다. 이런 와중에 '빅토리아 여왕의 관심' 같은 행운도 작용했지만, 결국 퍼킨의 염료가 세계를 석권한 데에는 부단한 연구와 함께 사업적인 추진력이 있었기에 가능한 일이었다. 모든 조건을 다 갖춘 재벌 2세라도 20대에 퍼킨과 같은 재능을 발휘할 수 있었을까? 퍼킨은 참신한 아이디어라면 어린 나이에도 이를 실현화시킬 수 있다는 가능성을 보여주었다. 젊은이이게 희망과 용기를 준 그의 일생이 더욱 돋보이는 이유이다.

퍼킨의 성공에 자극 받은 지도교수 호프만도 시대의 변화에 동참했다. 그 역시 염료 합성에 합세하여 붉은 염료를 만드는 데 성공했는데, 그 색깔은 1859년 마젠타(Magenta)라는 이탈리아의 마을에서 오스트리아를 물리친 프랑스의 승리를 기념하기 위해 '마젠타(자홍색)'로 명명되었다.

| 인공합성 염료가 세계를 지배하다 |

1905년 독일 화학자인 바이어(Johann Friedrich Wilhelm Adolf von Baeyer)는 '유기색소, 히드로 방향족 화합물 연구'로 노벨 화학상을 받았다. 그는 청색을 내는 합성염료인 인디고(indigo)의 구조와 합성 방법을 개발한 공적으로 노벨상을 수상했다.

그후 사퍼가 인디고의 공업용 합성 방법을 알아냈다. 사퍼는 나프탈렌을 발연황산과 함께 가열하던 중, 실수로 온도계를 깨트려 그 속의 수은을 반응용기 속에 떨어뜨렸는데 평소와는 다른 반응이 일어났다. 황산이 수은을 황산수은으로 변화시키고 이 황산수은이 나프탈렌을 무수 프탈산(phthalic anhydride)으로 산화하는 촉매 역할을 한 것이다. 무수 프탈산을 인디고로 변화시키는 것은 간단한 일이다.

인디고의 합성으로 인도 등 인디고 염료 생산국이 산업적인 치명타를 맞았다. 19세기 말까지 인디고는 '쪽'이라는 식물에서 채취했는데 1897년 인도의 쪽 재배면적은 약 8천 제곱킬로미터에 이르렀다. 값싼 인디고 합성염료가 개발된 이후 천연 인디고가 염료시장에서 더 이상 설 자리를 찾지 못한 것은 당연한 일이었다.

합성염료 산업의 발전은 뜻하지 않은 새로운 소득을 안겨주기도 했다. 아스피린과 같은 의약품의 대량 생산이 바로 그것이다. 현대 화학이 발달하기 전까지는 의약품도 염료와 마찬가지로 동물이나 식물과 같은 천연 자원을 원료로 사용했다. 그러나 염료 합성에서 얻은 화학적 지식을 이용해 값싼 합성 의약품을 대량으로 생산하는 길이 열린 것이다.

에를리히가 의약 개발사에서 중요한 위치를 차지하는 이유는 '마법의 탄환'을 만들었다는 점도 있지만 그 방법으로 '비소'라는 치명적인 독극물을 사용했다는 점 때문이다. 일반적으로 비소는 70~180밀리 그램의 소량을 체내에 섭취하면 중추신경계를 포함한 급성 중독으로 혼수상태, 사망에 이를 정도로 매우 치명적인 물질이다. 조선시대 사약으로 사용되었던 비상(砒霜)의 주성분이며 독살된 중국의 황제 사용한 물질 대부분이 비소이다. 무색, 무취로 음식물 등에 넣기가 수월했기 때문이다.

15

역발상에
승부수 있다

폴 에를리히 Paul Ehrlich, 1854~1915
매독 치료제 살바르산 606

독일의 세균학자 코흐(Robert Koch, 1843~1910)는 "특정 질병은 특정 균에 의해 발병한다"는 '특정병인론'을 내놓았다. 예를 들어 결핵균이 없으면 결핵에 걸리지 않는다는 것이다. 현재는 당연하게 받아들이는 이론이지만 파스퇴르와 코흐가 살아 있을 당시만 해도 이 이론은 통용되지 않았으며 결핵의 원인은 심한 과로 상태나 영양결핍 때문이라고 여겨졌다.

코흐는 특정병인론에 기반을 둔 세균 조사 원칙을 세웠다. '코흐의 정리'로 알려진 이 4원칙은 이후 세균학 발전의 기초가 된다.

1. 특정 질병에는 그 원인이 되는 하나의 생물체가 있다.

2. 그 생물을 순수 배양으로 얻을 수 있다.

3. 배양한 세균을 실험동물에 투입했을 때 똑같은 질병을 유발시켜야 한다. 예컨대 분리 배양한 결핵균을 실험동물에 주입했을 때 결핵을 일으킬 수 있어야 한다.

4. 그 병에 걸린 실험동물에서 다시 그 세균을 분리할 수 있어야 한다.

'코흐의 정리'는 이후 인간이 수많은 질병과 싸울 수 있는 계기를 만들어 주었다. '특정병인론'은 논리적으로 특효 요법이라는 개념을 낳았는데, 특정 원인에 의해 특정 질병이 발생하므로 그 특정 원인을 제거하거나 치료한다면 특별한 효과가 있다는 치료법이다. 학자들은 제일 먼저 세균을 확인한 후 그 다음 과제로 환자를 해치지 않고 세균만 죽이는 약을 발견하는 데 치중했다.

이런 효과가 있는 특효약을 '마법의 탄환(magic bullet)'이라고 부른다. 병의 원인을 적군이라고 가정할 때, 아군인 우리 몸에는 아무런 부작용을 일으키지 않는 화학물질을 사용하여 적군만을 골라 공격한다는 뜻이다. 이로써 특정 세균에 대한 특정 화학치료법이라는 새로운 개념이 탄생했으며 마침내 약학이 20세기 의학의 한 부분으로 등장했다. 진정한 '마법의 탄환'은 한 우물을 팠던 한 의학자의 고집과 역발상 덕분에 세상의 빛을 보게 되었다.

물론 한우물만 고집스럽게 판다고 모두 다 성공하는 것은 아니지만, 고집에 역발상이 결합되면 또 얘기가 다르다.

대부분의 사람들은 상식과 구태의연한 정보에 의존하여 새로운 것을 받아들이기를 주저하지만 역발상의 사고를 할 줄 아는 사람은 과거의 정보와는 다른 새로운 감각으로 보다 높은 경지의 진보를 이루어낸다. 물구나무서서 세상을 보면 새로운 것이 보인다고 하지 않는가. 실제로는 주위에 없던 것이 새로 생기는 것은 아니지만, 거꾸로 보면 그동안 놓쳤던 새로운 것을 볼 수 있는 기회를 접할 수 있다.

| 불량 의과대학생 |

독일의 폴 에를리히는 최초로 '마법의 탄환'을 개발했다고 인정받는 사람이다. 그는 600번이 넘는 실험과 시행착오를 거듭하고 마침내 1910년 매독 치료에 특효가 있는 '살바르산 606(salvarsan, 살바르산은 '안전한 비소'라는 뜻이며, 606이라는 숫자는 606번째로 얻어진 물질이라는 뜻이다)'을 개발했다. 606번의 실험을 했다는 말은 605번의 실패가 있었음을 뜻한다. 하루에 하나씩 실험해도 거의 2년이 걸릴 만큼 긴 세월 동안 좌절을 겪었다는 의미이다.

그토록 긴 세월을 견뎌낸 에를리히가 융통성 없는 사람으로 보이겠지만 그는 사실 꽁생원 스타일과는 거리가 멀다. 에를리히는 매우 쾌활한 사람으로 하루에 25개의 시가를 피웠고 연구실 동료들과 어울려 맥주 마시기를 좋아했다. 그는 철저한 과학자적 기질을 갖고 있으면서도 한편으로는 논리에 맞지 않는 비과학적인 생각도 주저없이 말하는 사람이었다. 그는 주위의 평판에 전혀 신경쓰지 않는 성격의 소유자였다.

살바르산 606호를 개발하기 전에 그는 미생물을 죽일 수 있는 마법의 탄환은 확실히 존재하며, 그것을 제일 먼저 발견하는 주인공은 자신이 될 것이라고 장담했다. 그의 경쟁자들은 그를 모델로 '공상과학자'라는 제목의 풍자만화를 그릴 정도로 비아냥거렸다.

1854년 3월 동프로이센의 슐레지엔(현 폴란드의 스트르제린)에서 유태계 집안의 아들로 태어난 에를리히는 브레슬라우에서 고등학교를 다녔다. 한번은 문학 선생님이 '인생은 꿈이다'라는 주제로 글을 써오라는 숙제를 내주었는데 에를리히는 다음과 같은 글을 작성하여 제출했다.

'인생은 산화작용에 달려 있다. 꿈이란 뇌의 활동이고 뇌의 활동이란 단지 산화작용이다.'

그의 과학적 서술은 선생님을 화나게 했고 그의 문학 점수는 당연히 형편없었다. 고등학교를 졸업하고 여러 군데의 의과대학을 다닌 평범한 의대생이었던 에를리히에 대한 교수들의 평가 역시 그가 형편없는 학생이라는 것이었다. 그 이유는 그가 병든 환자를 치료하는 데 반드시 알아야 할 수만 개 필수 단어의 암기를 거부했기 때문이다.

해부학 강의에서 교수가 시신을 해부하여 인체의 각 부분을 공부하라고 했다. 그러자 에를리히는 시신의 한 부분을 아주 얇게 잘라 놀랍도록 다양하고 아름다운 색깔의 아닐린 염료로 염색했다. 그는 교수의 코앞에서 염료를 훔치는 등 제멋대로 행동하곤 했으니 교수들이 예뻐할 리 없었다. 그러나 이것은 훗날 에를리히가 마법의 탄환을 발견하고 1908년 메치니코프(Elie Metchnikoff)와 공동으로 노벨 생리의학상을 수상하는 계기가 되어주었다.

에를리히가 공공연하게 거침없는 행동을 보인 것은 권위적인 교수들의 전통적인 교수법에 반발했기 때문이다. 에를리히의 눈에 그들은 과거에 안주하는 고집불통들로 보였다.

그러나 에를리히가 모든 면에서 엉뚱한 일만 저지른 것은 아니다. 그는 자신이 중요하다고 생각하는 일에는 열정적으로 도전하고 또 이를 누구에게나 증명할 자신이 있다고 믿었다. 바로 그 점이 다른 사람들에게는 돌출행동으로 보였는지도 모른다.

독일이 자랑하는 세균학자 코흐가 처음으로 탄저균의 존재를 증명하여 세계를 놀라게 한 바로 그날 에를리히는 코흐의 설명을 듣자마자 곧 코흐의 숭배자가 되었다. 훗날 그는 코흐가 결핵균을 발견했다는 소식을 듣고 열 살 연상인 코흐를 찾아가 미생물 사냥에 동참하겠다고 말했다.

에를리히의 결심이 확고한 것을 확인한 코흐는 곧바로 그를 자신의 연구소에 채용하고 실험실을 주며 마음대로 연구할 수 있도록 파격적으로 대우했다. 에를리히는 고집불통의 교수들을 싫어한 것이지 코흐와 같은 진정한 학자들까지 경원한 것은 아니었다.

에를리히는 대학 시절 교수들을 골탕 먹이곤 했던 염색에 유독 집착을 보였는데, 살아 있는 동물을 염색하면 동물의 생체를 이루는 물질을 쉽게 파악할 수 있다고 생각했다. 그가 메틸렌 블루(methylene blue)를 토끼의 귀에 있는 정맥에 주사하자 염료는 혈류를 타고 온몸으로 퍼지면서도 이상하게 신경의 끝만 파랗게 물들일 뿐 다른 부분은 염색되지 않았다.

그는 메틸렌 블루가 통증을 없앨지도 모른다고 생각했지만 그의 기대는 어긋났다. 그러나 그의 실험은 결국 그로 하여금 마법의 탄환을 개발할 수 있게 만드는 견인차가 되었다. 그는 자신의 실험을 토대로 다음과 같이 추론했다.

'동물의 몸을 이루는 여러 조직 중에서 한 가지만을 염색하는 염료가 있다. 그렇다면 사람의 세포조직에는 전혀 붙지 않으면서 사람을 공격하는 미생물만을 염색하고 죽이는 것도 분명히 있을 것이다.'

| 끈기와 행운의 대명사 에를리히 |

1901년 마법의 탄환을 찾기 위한 연구를 시작한 지 8년째 되던 해 에를리히는 말라리아 병원균을 처음으로 발견한 라브랑(Laveran)의 연구 논문을 읽었다. 라브랑은 지느러미를 가진 트리파노소마 (trypanosoma)가 말들의 뒷다리를 못 쓰게 만들고 쥐에게는 말 드 카데라라는 병을 일으킨다고 적었다. 또한 트리파노소마에 걸린 쥐의 피하에 비소를 주사했더니 트리파노소마를 많이 죽이기는 했지만 쥐는 한 마리도 회복되지 않았다는 내용도 있었다.

에를리히는 원생동물에 의한 질병에는 베링(Emil Adolf von Behring)의 혈청 요법이 좋은 결과를 거두지 못하자 그 대안으로 화학 요법이 적절할 수 있다고 생각했다. 이것이 결과적으로 에를리히로 하여금 노벨상을 받게 한 계기가 되었다고 볼 수 있다.

에를리히는 트리파노소마를 연구 대상으로 삼고 자신의 특기인 염료를 통한 미생물 사냥을 시작했다. 그는 매우 성실한 일본인 세균학자 시가 기요시(志賀潔)와 함께 거의 500종류의 염료를 시도했다. 그야말로 끈기가 없다면 지쳐 포기했을 만큼 매우 단순한 작업이다.

계속적인 반복 작업과 그의 열성에도 불구하고 그가 원하는 결과는 나타나지 않았다. 여하튼 그는 중단함이 없이 쥐들을 파랗게 물들였다가 노랗게 물들였다가 했지만 지느러미가 달린 트리파노소마는 쥐들

폴 에를리히

의 정맥에서 활달하게 헤엄치다가 모두 죽였다.

그런데 어느 날 복잡한 염료인 벤조퍼퓨린(benzopurpurin)을 죽어 가는 쥐에게 시험했더니 그 쥐도 말 드 카데라로 죽었지만 이상한 점을 발견했다. 벤조퍼퓨린이 쥐의 몸 속에 충분히 퍼지지 않은 것이다. 그점을 볼 때 만약 염료의 구조를 조금만 바꾼다면 쥐의 혈액에서 더 잘 녹을지 모른다고 생각한 에를리히는 벤조퍼퓨린을 제조하는 공장에 가서 황산기를 하나 붙여 변형시킨 염료(트리판레드)를 만들어 달라고 의뢰했다.

그의 예상은 적중했고 황산기를 하나 더 붙인 트리판레드 염료를 주사 받은 쥐는 트리파노소마의 영향을 받지 않았다. 그때까지 쥐들을 죽이던 트리파노소마들이 쥐의 혈액 속에서 녹아 없어졌기 때문이다.

단 한 마리의 쥐를 살린데 고무된 에를리히는 수많은 지루한 실험을 계속하면서 마법의 탄환을 계속 찾았다. 그런데 한 잡지에서 아톡실(Atosyl, 독이 없다는 뜻)이란 약에 대해서 읽었다. 아톡실은 수면병에 걸린 쥐를 '거의' 치료한 반면 수면병에 걸리지 않은 쥐는 죽게 만들었다. 아톡실은 벤젠고리 한 개와 수소원자 네 개, 암모니아 몇 개와 비소 산화물로 만들어져 있었다. 트리판레드를 만들어 본 경험이 있는 에를리히는 아톡실의 구조를 조금 바꾸면 다른 결과가 나올지 모르겠다고 생각했다.

결국 그는 벤젠고리와 비소 결합을 전혀 손상시키지 않고 아톡실을 수없이 많은 비소 화합물 속으로 끼워 넣을 수 있었다. 즉 수많은 새로운 비소 화합물을 만들 수 있게 된 것이다.

그런 길고 지루한 고난의 과정 끝에 1909년 드디어 유명한 화합물

606이 탄생되었다.

'디하이드록시디아미노벤젠'이란 긴 이름을 가진 화합물 606이 트리파노소마를 죽이는 효과는 그야말로 놀라웠다. 단 한 방에 말 드 카데라에 걸린 쥐의 혈액에서 트리파노소마를 깨끗이 없앤 것이다.

에를리히가 마법의 탄환 개발에 거의 근접하고 있을 즈음, 그에게 기회가 찾아왔다. 1906년 독일의 동물학자 프리츠 샤우딘(Fritz Schaudinn)이 발견한 나선형의 가늘고 희미한 미생물에 대한 논문을 기억해낸 것이다. 그 미생물의 이름은 스피로헤타 팔리다(Spirochaeta pallida)로 당시에는 불치병이었던 매독의 원인으로 알려졌다.

샤우딘은 이 희미한 나선형 균이 동물계에 속해 있지만 세균과 다르고 트리파노소마와 매우 유사하다고 지적했다. 또한 그는 나선형 균이 아마도 가끔씩 트리파노소마로 바뀌는지도 모르겠다고 적었다.

에를리히는 나선형 균이 말 드 카데라의 원인인 트리파노소마의 사촌이라면 그 나선형 균도 죽일 수 있겠다고 생각했다. 결과는 에를리히가 생각한 그대로였다. 단 한 번의 주사로 나선형 균들은 완벽하게 사라졌다. 드디어 '마법의 탄환'을 발견한 것이다!

| 매독의 공포 |

당시 매독에 대한 공포는 현재의 에이즈에 대한 공포와 비견될 만큼 악명이 높았다. 성병의 일종인 매독은 대륙으로부터 유입된 후 300년 동안 치료가 불가능한 질병이었다. 당시 사람들은 매독에 걸린 환자들이 부도덕한 대가로 신의 노여움을 산 것이라고 여겼으며 질병으로 인한 고통은 당연한 신의 징벌로 생각하고 있었다.

에를리히의 연구 내용이 알려지자 매독의 치료법을 개발하는 것 자체를 비난하는 사람들이 많았다. 특히 종교계의 반대가 심했는데 아무리 막강한 종교계의 압력이라 하더라도 신념의 사나이 에를리히를 굴복시킬 수는 없었다. 그의 연구에 반대하는 여론이 들끓었지만 에를리히는 이에 굴하지 않고 드디어 세계를 놀라게 한 살바르산 606을 개발했다.

그는 특정 염료는 세균의 세포를 염색시키지만 사람의 세포는 염색시키지 못한다는 것을 발견하고 세포핵이 생물체 내부에서 특수한 기능을 하는 분자 합성물이라고 가정했다.

그의 이 가설은 추후에 많이 수정되었지만 에를리히야말로 세포핵이 본질적으로 화학적이라는 가설을 세운 최초의 인물이다. 에를리히는 이 이론을 계속 발전시켜 독소가 존재하는 곳에서는 자연적인 화학 반응으로 항체가 생겨난다고 이론화했다. 보통의 화학적 합성 규칙에 따라 혈류 속에서 독소를 묶고 무력화시키는 항체에 대한 그의 이론은 특정 질병을 치료하는 특수한 화합물, 즉 마법의 탄환 개발 가능성을 보여주었다.

에를리히가 의약 개발사에서 중요한 위치를 차지하는 이유는 마법의 탄환을 만들었다는 점도 있지만 그 방법으로 '비소'라는 치명적인 독극물을 사용했다는 점 때문이다. 일반적으로 비소는 70~180밀리그램의 소량을 체내에 섭취하면 중추신경계를 포함한 급성 중독으로 혼수상태, 사망에 이를 정도로 매우 치명적인 물질이다. 조선시대 사약으로 사용되었던 비상(砒霜)의 주성분이며 독살된 중국의 황제에게 사용한 물질 대부분이 비소이다. 무색, 무취로 음식물 등에 넣기가 수

월했기 때문이다.

그런데 에를리히는 고대에 비소를 의약으로 많이 사용했고 중세의 의학자 필리푸스 파라셀수스(Philippus Paracelsus, 1493~1541) 등도 독성을 알면서도 비소를 약용으로 사용했다는 것을 알았다. 비소는 독성물질이지만 소량으로 복용하면 감기, 천식, 기침, 피부질환 및 여러 질병에 대한 저항력을 높여주는 기능을 한다고 알려졌다. 그는 치명적인 질병일수록 비소가 효과적일지 모른다고 생각했다.

그의 생각은 옳았고 비소를 사람의 생명을 구하는 약으로 바꾸는 데 성공했다. 매독을 일으키는 나선형의 미생물(스피로헤타 팔리다)이 비소로 완전히 박멸된 것이다. 사실 극약이 특효약이 될 수 있다는 것은 신약 개발 방법의 신기원을 열어주는 획기적인 계기가 되었다.

그는 살바르산을 발명하기 2년 전인 1908년 메치니코프와 함께 노벨 생리의학상을 받았고 또한 독일에서는 가장 높은 존칭인 '각하(Excellency)'라는 칭호도 받았다.

그가 개발한 살바르산 606은 시판되자마자 곧바로 전 세계로 판매되었다. 부에는 무관심한 그도 특허료로 엄청난 부자가 되었고 독일 최초의 화학약품 공장을 설립하기도 했다. 그의 성공으로 모든 질병은 간단히 만들어진 해독제, 즉 마법의 탄환으로 정복될 수 있다는 희망이 생겼다. 또한 많은 학자들이 에를리히를 따라 질병이나 종합적인 성능을 갖는 마법의 탄환을 찾는 연구에 뛰어들었다. 스트렙토마이신, 페니실린, 글리벡 등 획기적으로 인류를 질병에서 구원해 준 수많은 마법의 탄환은 그로부터 시작되었다고 해도 과언이 아니다. 하지만 606번이라는 반복 작업을 통한 끈질긴 실험이 없었다면 결코 그러한 성과도 없었을 터였다.

에를리히의 성공 이후 인체에 치명적인 독약이나 또는 해롭다고 알려진 물질을 사용하여 신약을 개발하는 것은 상식이 되었다.

이상은 화합물 606호의 개발에 대해 알려진 내용이지만 다소 다른 이야기도 있음을 적는다. 원래 606호는 1907년에 만들어졌는데 초기의 실험에서 아무런 효과를 보지 못했으므로 사장될 운명에 있었다. 그런데 2년이 지났을 때 일본인 하타(Hata)가 다시 실험한 결과 606호는 세균 중에서도 가장 지독한 매독균인 스피로헤타 팔리다 병원균을 죽일 수 있다는 것을 발견했다는 내용이다. 그렇다고 해서 집념을 갖고 연구한 에를리히의 공이 사라지는 것은 아니다.

16

빠른 정보가
자산이다

새뮤얼 모스 Samuyel Morse, 1791~1872

SOS, 돈을 버는 신호 모스 전신기

1974년 아카데미 시상식에서 작품상을 비롯해 감독상(조지 로이 힐), 각본상, 음악편집상, 미술상, 의상상, 편집상 등 모두 7개 부분을 수상한 〈스팅〉은 1936년 두뇌 플레이로 시카고 암흑가의 대부를 속이는 콘맨(사기꾼)의 활약을 그린 영화이다.

노름꾼의 대명사 후커(로버트 레드포드 분)는 스승의 죽음에 복수하기 위해 소위 현직에서 은퇴한 사기꾼 콘도르프(폴 뉴먼 분)와 손잡고 암흑가의 거물 로네간(로버트 쇼 분)을 골탕 먹일 계획을 세운다. 그들은 엄청난 배율의 경마 배당금을 미끼로 포커와 경마광인 로네간을 유혹한다.

그들이 로네간에게 제시한 방법은 간단하다. 경마장에서 경기 결과를 각 지역의 마권 판매 창구에 송부하므로 이 시간 차, 즉 경마가 끝난 순간부터 마권 판매 창구로 경기 결과가 알려지는 시간 동안 짧지만 차이가 있다는 것이다. 즉 경기를 중계하는 통신사는 마권 판매 창구보다 몇 분 전에 그 결과를 알 수 있으므로 이를 이용하자는 것이다. 통신사의 내부 정보를 이용해 우승한 말에 베팅하면 몇 분의 시간 차로 엄청난 돈을 딸 수 있다는 그럴듯한 유혹에 로네간은 거금을 베팅한다.

후커와 콘도르프는 마권 판매 창구 자체를 거짓으로 꾸미는데, 등장 인물 거의 모두 소위 전문 사기꾼이라는 점이 관객들의 흥미를 끌었다. 영화의 후반에 FBI가 경마업소를 급습하는데 콘도르프는 자신을 속였다 며 후커에게 총을 쏘고, 총을 쏜 콘도르프는 FBI의 총에 맞아 쓰러진다. 이 혼란 속에 FBI는 지명 수배된 로네간을 체포한다.

영화의 결론은 그야말로 반전에 반전의 연속이다. 죽은 줄 알았던 후 커와 콘도르프가 툭툭 손을 털고 일어서는데 FBI를 비롯한 모든 인물과 그들이 연출한 상황은 두 사람의 멋진 계략으로 꾸며진 희대의 사기극 이었다. 종래의 영화들과 달리 사기꾼들이 주인공이고 그들의 복수극이 멋지게 성공하는 치밀한 구성으로 흥행에 성공했다.

그런데 이 영화에서처럼 통신사에서 마권 판매 창구로 중계되는 경 기 결과의 시간 차이는 실제로 가능했을까? 당시의 여건으로는 충분히 가능한 시나리오이다. 영화와 같은 사기극이 아니더라도 남보다 빨리 정보를 얻는다는 것은 오늘날에도 경제적으로 큰 가치를 지닌다. 새뮤 얼 모스가 전신기를 발명한 것도 남보다 빠른 정보를 얻는 것이 엄청난 금전적 이익이 있다는 것을 알고 있었기 때문이다.

| 알파벳을 전기 신호로 |

오랜 옛날부터 인간은 멀리 떨어져 있는 다른 사람에게 자신의 생 각을 전달하기 위해 다양한 형태의 통신수단을 발명했다. 가장 잘 알 려진 방법은 빛을 반사하거나 연기, 소리 등을 사용하는 것으로 1800

년대까지 변하지 않았다. 즉 1800년대까지의 통신수단은 탑의 지레를 이용하여 다른 탑에 신호를 보내는 깃발 신호인 세마포르 (Semaphore, 수기신호)가 최선이었다. 나폴레옹의 전성기인 1800년대 초 프랑스는 해안선 주위에 수기(手旗) 신호탑을 두었고 영국의 주요 항구는 런던의 해군본부와 연결되어 맑은 날 신호를 보낼 수 있었다. 한마디로 고대와 크게 달라진 것이 없었다.

그러나 전신에도 과학이 도입되기 시작했다. 1746년 프랑스의 성직자이자 물리학자인 놀레(Jean Antoine Nollet, 1700~1770) 대수도원장은 전기가 즉각 전도되는지 알아내려고 200명의 수도사들을 1600미터 원으로 세워 인간사슬을 만든 뒤 그들을 긴 철사줄로 연결했다.

세마포르(수기신호)

라이덴병

그런 다음 끝에 있는 두 명의 수도사를 충전한 라이덴병(Leyden jar)과 연결시켰다. 라이덴병은 원시적이지만 효율적인 축전장치였다.

회로를 닫자 수사들 모두 동시에 비명을 지르며 철사줄을 떨어뜨렸다. 놀레는 유한한 수의 수도사만 있다면 전 세계에 셰익스피어의 작품, 즉 방대한 양의 정보를 보낼 수 있다는 것을 증명했다. 물론 속도는 느리고 바다를 건너는 데에는 문제가 있었지만 원리 자체는 증명된 것이다. 즉 가능성이 보였다.

1790년 클로드 샤프(Claude Chappe)는 독특한 전기시스템을 실험했다. 두 시계

숫자판이 있고 각각의 숫자판에 있는 바늘 하나가 0부터 9까지 숫자를 가리킨다고 할 때 이 숫자판이 동시에 돌아가고 내가 갖고 있는 숫자판이 3을 가리킬 때 종을 치면 다른 사람의 숫자판 역시 3을 가리킨다. 하지만 275미터나 떨어진 곳에서 다른 사람이 종소리를 들으면 1초 차이가 나기 때문에 상대방 숫자판은 3이 아닌 4나 5를 가리킬 수 있다. 하지만 전기 신호는 빨리 전달된다는 착안해 '샤프 텔레그래프'라는 통신기를 발명했다.

축전지가 등장한 후 사람들은 전선으로 신호를 보내는 것을 연구했지만 두 가지 해결해야 할 문제가 있었다. 첫째는 어떻게 신호를 부호화하느냐이고 둘째는 아주 먼 곳까지 어떻게 신호를 닿게 하느냐이다.

전보와 전화는 기본적으로 다른 개념으로 출발했는데 전보는 이를 처음으로 발명한 사람의 이름을 따서 모스 부호로 알려져 있다. 그러나 모스는 매우 부당한 행동으로 전보의 발명자가 된 것으로 유명하다. 뉴욕 주 출신의 조지프 헨리(Joseph Henry)가 먼저 발명한 전보를 모스가 완전히 도용했다고 알려졌기 때문이다. 사실 모스처럼 다른 사람의 아이디어를 도용하고도 발명자로 인정받는 경우는 매우 드물다.

헨리는 원래 의학을 공부하기 위해 알바니학원(Albany Academy)에 입학한 의사 지망생이었다. 그러나 의사로 성공하지 못하고 30세가 되기 전 여러 직업을 전전했는데 1826년 알바니의 한 학교에 자리를 잡은 뒤 의학과는 전혀 다른 분야에 흥미를 느꼈다. 바로 전기였다.

그는 영국의 윌리엄 스터전(William Sturgeon)의 실험에 주목했다. 그 실험은 매우 흥미로운 것으로 철 조각 주위에 코일을 감아 만든 후 전지를 연결하면 평범한 철 조각이 갑자기 살아나 다른 철들을 끌어

당긴다. 그리고 전지를 끄면 모든 것이 멈추면서 철들이 모두 떨어진
다는 것이었다.

헨리는 강력한 자석을 만들자면 합선되지 않도록 절연하면서 철심
에 더욱 많은 코일을 감아야 한다는 것을 알았다. 그는 코일을 감기
위해 아내의 속치마 자락을 찢어 전선을 절연시켰다. 1830년 그는
342킬로그램의 무게를 들어올릴 수 있는 전자석(電磁石)을 만드는 데
성공했다. 전자석의 용량을 늘려 처음의 두 배인 685킬로그램을 넘게
들어올릴 수 있게 되었을 때 그는 이웃사람들에게 선보여 유명인사
가 되었다.

그는 전자석이 물체를 들었다내렸다 하는 이유를 알지는 못했지만
곧바로 자신의 실험이 전혀 다른 분야에 획기적으로 사용될 수 있음
을 간파했다. 19세기 미국에서 가장 위대한 발명으로 알려지게 되는
전보(telegram)이다.

그는 전자석의 강도가 중요한 것은 아니라고 생각하고 전지에서
뻗어 나와 전자석으로 이어지는 도선의 길이를 늘려보았다. 전지를
전자석 바로 옆이 아니라 옆방이나 아래층까지 가져갔는데 그가 전
기를 켜면 철 조각들이 달라붙었다.

그는 전자석을 이용해 장거리에 메시지를 보낼 수 있는가를 탐구
하기 시작했다. 알파벳 문자 하나를 보낼 때마다 커다란 금속 조각을
들었다내렸다 하는 신호체계로 조절하면 전보로 사용할 수 있을 것
같았다.

그는 아주 작은 전자석을 만들고 그 옆에 딸각거리는 조그마한 물
체를 두었다. 전지를 켜면 전류가 선을 타고 가서 전자석을 가동시켰
고 자석은 조그마한 물체를 끌어당겨 딸깍거리는 소리를 냈다. 헨리

는 여러 가지 조합으로 구성한 신호음으로 각기 다른 알파벳을 뜻하도록 정한다면 쉽게 메시지를 교신할 수 있다는 것을 알았다.

그의 발명품이 세상에 알려지면서 알바니의 시골학교 선생인 헨리는 뉴저지 대학(후에 프린스턴 대학)으로 자리를 옮길 수 있었고 아이디어의 일부를 출판했지만 특허를 신청하지는 않았다. 그가 특허를 신청하지 않은 것은 당대의 다른 발명가들과 달리 과학발전의 결과물은 인류의 공동 소유물이라고 생각했기 때문이라고 알려지기도 한다. 인류 문명사에는 헨리와 같은 특별한 생각의 소유자들이 있게 마련이다.

헨리는 1831년 이미 프린스턴 대학 구내에서 전보송신용 전선을 1.6킬로미터 넘게 연장하는 데 성공했다. 그러나 전보를 실용화하기에는 부족하다고 생각해 누군가의 도움을 받고자 했다. 이때 헨리에게 접근한 사람이 바로 새뮤얼 모스(Samuyel Morse)이다.

| 아이디어를 훔친 발명품 |

캘빈(Calvin)교 목사의 아들로 태어난 모스는 1810년 예일대학교를 졸업했지만 공부에는 별로 관심이 없어 유럽에서 미술을 공부를 한 후 1815년 미국으로 돌아와 본격적인 초상화가가 되었다. 그는 세밀화에 뛰어난 능력을 보여 초기 미국 미술사상 중요한 초상화가의 한 사람으로 꼽힌다. 미국 독립에

새뮤얼 모스

큰 공헌을 한 프랑스 라파예트 후작(Marquis de Lafayette)과 조면기를 발명하여 면화공업에 일대 혁신을 이룬 발명가 엘리 휘트니(Eli Whitney)의 초상화를 그리기도 했다.

초상화가로 생계를 유지하면서도 당대의 많은 사람들처럼 모스는 당시 새롭게 부상하는 전기 과학 분야의 전망이 매우 밝다고 생각하며, 기회가 오면 전기에 몰두하겠다는 마음을 먹고 있었다. 1832년 유럽을 방문하고 돌아오던 셜리(Sully)호 위에서 조셉 헨리를 만난 것이 그에게는 하늘이 준 기회가 되었다.

모스는 곧바로 헨리가 있는 프린스턴을 찾아갔고 헨리는 의심하지 않고 전지와 전자석, 전선 뭉치 등을 보여주며 자신의 기구가 어떻게 작동하는지 설명해주었다. 모스는 놀랍게도 헨리가 특허조차 신청하지 않았다는 사실을 알고는 간단한 신호체계에 관한 아이디어를 접목시켜 특허를 신청했고 곧바로 화가의 길을 포기했다. 엄밀히 말하면 헨리의 발명을 도용한 것이지만 알파벳과 숫자를 도트(·)와 대쉬(─)로 표현하는 모스 신호를 만든 것은 모스였다.

그는 미국 의회에서 자신의 특허를 발표했는데 마침 원거리 통신에 애를 먹고 있던 정부로부터 좋은 평가를 받아 전폭적인 지원을 받을 수 있었다. 정부로부터 재원을 확보한 그는 1844년 워싱턴과 볼티모어를 잇는 37마일에 달하는 유료 전보송신

모스의 전신기

용 전선을 건설했다. 1844년 5월 24일 역사적인 개통식 때 "신이 무엇을 만드셨는가"라는 첫 번째 전보를 보내자 사람들은 "신이 만든 것"이라는 찬사를 보내며 놀라워했다.

1851년에는 철도에도 전신이 사용되었다. 최초로 전보를 이용하여 열차운행을 관리했던 회사는 이리철도회사로 이 소식이 퍼지자 거의 모든 철도회사들이 전신선을 가설했고 정거장마다 전신국을 두었다. 1858년 8월 대서양 해저 전선이 설치되고 영국의 빅토리아 여왕과 미국 대통령 뷰캐넌이 서로 축하전보를 주고받았다. 모스가 미국에서 가장 성공한 사람이 되는 것은 예정된 수순이었다.

물론 처음부터 모든 일에 성공적인 것은 아니었다. 당시 사람들은 땅 위로 통과하는 전기의 부작용을 무서워했기 때문에 전신이 처음 보급될 때는 많은 어려움을 겪어야 했다. 미국 남부의 한 농부는 전기가 날씨를 엉망으로 만들고 계속 농사를 망친다며 임의로 전선을 모두 폐기하기도 했다.

모스 부호가 세상을 바꾸는 데 큰 기여를 한 것은 정보를 보다 빨리 전달할 수 있었기 때문이다. 모스의 전신에 의해 당시로서는 상상할 수 없이 멀리 떨어진 도시의 사무실끼리도 쉽게 통신할 수 있었다. 때마침 철도망이 계속 증설되고 철로를 따라 가설된 전선을 통해 수많은 전보 통신이 이루어졌다. 헐리웃 서부영화를 보면 전보를 통해 소식을 주고받는 장면이 많이 등장하는데 당시에는 전보가 최첨단 통신 방법이었기 때문이다.

전신은 사람의 목소리를 직접 전달하는 것이 아니라 메시지를 전기신호로 바꾸어 보내는 것이므로 모스 부호를 모르는 사람은 알아들을 수 없다는 단점이 있다. 그렇지만 그때까지의 어떤 통신수단보다 가장 빠르게 멀리까지 의사를 전달할 수 있는 유일한 방법이었기 때문에 전신시설은 빠르게 보급되었다. 특히 서부 개척의 황금광 시대가 열리면서 장거리 통신용 전신이 절실해져 전보는 폭발적으로 보급되었다.

데이비드 보더니스 박사는 모스 전보기가 이룬 가장 중요한 변화는 '시간의 통일'이라며 다음과 같이 적었다.

'전기가 보급되기 전에 시간이란 지역적이고 유동적이며 개인적인 개념이었다. 뉴욕과 볼티모어는 경도가 다르므로 몇 분의 차이가 났다. 즉 볼티모어의 정오는 뉴욕의 정오보다 몇 분 늦게 찾아왔다. 각 도시는 별개의 세계였다. 그러나 모스 부호가 설치되자 동시에 모든 것이 전달될 수 있게 되어 각 지역의 시간은 통합되기 시작했다. 사람들은 어디에 있든 똑같이 통제된 시간 속에 있다는 것을 알게 되었다.'

| 정보 시대를 이끌다 |

당대의 지성인들이 비상식적인 모스의 행동을 납득할 리 없었다. 모스는 특허 신청서에 헨리의 공헌에 대해 일체 언급하지 않고 모두 자신이 독자적으로 발명했다고 선전했다. 따라서 특허료도 모두 그 혼자 챙겼다.

모스는 특허권 시비에 연루되었지만 1854년 대법원으로부터 다소의 독창성이 있는 특허권으로 인정받는 데는 성공했다. 알파벳과 숫자를 도트(·)와 대쉬(−)로 표현하는 모스 신호 자체는 그의 아이디어였기 때문이다. 물론 그것도 헨리의 영향이 있었는지는 확실하지 않다는 설명이다.

특허권 재판 과정은 더욱 놀랍다. 모스의 변호사는 대법원에서 모스가 갖고 있던 전보개발에 대한 자필 연구 기록이 법원에 제출하기 며칠 전 원인 모를 화재로 소실되었으며 목격자도 없다고 진술했다. 모스가 원천적으로 헨리의 아이디어를 도용했음을 자인한 것이나 다름없는 옹색한 변명이었다.

한편 모스에 의해 아이디어를 도용당한 헨리는 오히려 영광되고 명예로운 생애를 보냈다. 헨리의 아이디어를 도용한 모스가 거부가 되는 것을 지켜보면서도 헨리가 초연할 수 있었던 것은 그가 당대 최고의 지식인으로 존경받았기 때문이다. 모스가 탐욕적인 삶으로 지탄을 받았던 데 반해 헨리는 대학교에서 학생들과 안정된 삶을 누리면서 유명한 스미스소니언 연구소(Smithsonian Institute)의 초대 소장이 되었다. 그가 스미스소니언 연구소의 소장이 될 수 있었던 것은 또 다른 과학적 업적, 즉 자기 감응(磁氣感應)을 발견했기 때문이다. 코일을 흐르는 전류가 다른 코일에 전류를 감응시킬 뿐만 아니라 자신의 코일도 감응시킨다는 것이다. 그의 발견은 현대 문명을 이끌어낸 획기적 업적에 속한다.

그는 전기와 자기에 관한 기존 지식을 응용하여 처음으로 실용 모터를 설계했다. 이것이 전기에너지를 기계에너지로 전환시키는 기기의 효시이다. 그가 개발한 모터의 등장으로 냉장고, 진공청소기, 전기 면도기 등등 수없는 많은 전기제품들이 세상에 나올 수 있었다. 헨리는 존경받는 과학자였으며 그가 사망했을 때 전 미국이 슬픔으로 애도했고 장례식에는 대통령을 포함한 정부 각료들이 참석했다.

모스도 말년에 약간의 명예를 회복하기는 했다. 그가 도용한 전보로 벌어들인 수많은 재산을 나름대로 현명하게 사용했기 때문이다. 뉴욕주에 바사대학교를 설립했고 많은 자금을 교육재단에 기부했다. 특히 신학교, 성서협회, 선교단체 및 금주협회에도 기부하는 등 자선가가 되어 한편으로는 많은 미국인들로부터 존경을 받는 인물이 되었다. 특히 그의 저택은 모스 기념관으로 기증되었다.

모스가 남의 아이디어를 도용했다는 오명을 완전히 씻을 수는 없겠지만, 빠른 정보가 자산이라는 것을 실현화시킨 것 자체는 그의 재능의 결과로 인정해주어야 할 부분이다. 더구나 그가 헨리의 아이디어에 자신의 아이디어를 접목시킨 것은 어디까지나 사실이다.

많은 학자들은 모스의 비상식적인 처신에 비난을 퍼붓고 있지만 만약 헨리가 먼저 특허권을 확보했다면 모스와 같이 열정적으로 신속한 정보시대를 보급시켰을까, 하는 점에는 의문이 남는다. 학자들은 그러지 못했을 것으로 추정한다. 그것은 헨리가 자신의 아이디어를 도출하고도 특허를 제출하지 않았다는 것만으로도 짐작할 수 있다.

17

주변의
고통을
살펴라

알렉산더 그레이엄 벨 Alexander G. Bell, 1847~1922
목소리를 들려주는 전화기

전보는 세계화의 초기 통신수단이다. 신문은 더 이상 동네 소식만 전하는 매체가 아니라 주요 외신에 의존하기 시작했고, 영화에서 자주 등장하는 '속보(호외)'라는 것도 전보의 등장으로 가능해졌다. 대중 정치에서의 여론 형성도 과거보다 빨라졌고 공장의 신기술도 더 빨리 전파되었다.

미국의 발전은 사실상 전보의 등장으로 활성화되기 시작했다고 해도 과언이 아니다. 많은 일자리가 생겨나고 유럽인들이 미국으로 건너오기 시작했다. 수많은 노동자들을 실어나르는 증기선들의 정확한 도착시간 예고는 많은 프로젝트들이 계획성 있게 추진될 수 있도록 해주었다.

이때 또 다른 통신수단이 등장해 정보의 속도전을 촉진시켰다. 통신수단을 한 차원 높게 업그레이드시킨 전화이다.

전화의 발명특허를 둘러싸고 반드시 등장하는 이야기는 전화를 발명한 알렉산더 그레이엄 벨(Alexander Graham Bell)의 전화 발명특허 신청이 엘리샤 그레이(Elisha Gray)보다 단 2시간 앞섰다는 것이다.

244

그러나 벨이 전화기에 관심을 기울이게 된 계기가 어머니와 아내가 농아였기 때문이라는 점은 잘 알려져 있지 않다. 벨의 전화 발명은 가족의 고통을 해결하려는 가족사랑에서 시작되었다.

| 아픈 가족사 |

많은 사람들이 전화기를 발명한 사람을 그레이엄 벨이라고 알고 있지만 실제로는 그가 처음 구상한 것이 아니다. 학자들은 최초로 전화기를 발명한 사람은 벨이 아닌 그와 동시대 사람인 독일의 요한 필리프 라이스(Johann Philipp Reis, 1834~1874)로 인정한다.

라이스는 한 과학소설에서 사람의 목소리는 공기의 진동에 의해 전달되므로 이 진동을 전기의 강약으로 바꾸어 보냈다가 그 전류를 다시 소리로 바꿀 수 있다면 사람의 목소리를 먼 곳까지 보낼 수 있을 것이라는 글을 읽고 아이디어를 얻었다.

그는 곧바로 놀라운 재주를 발휘해 맥주통의 마개를 이용하여 사람의 귓바퀴 모양의 송신기와 수신기를 만들었다. 돼지의 오줌보로 만든 고막을 사용한 이 장치로 그는 바이올린 연주 소리를 전달하는 데 성공했다.

라이스는 이 장치의 원리를 정리하여 발표하면서 '소리를 멀리 전달하는 장치'라는 의미의 텔레폰(telephone)이라는 용어를 최초로 사용했다. 그러나 시대를 너무 앞선 탓에 그의 발명품은 재미있는 장난감으로 흥미를 끄는 데 그치고 말았다. 결국 가난과 실망에 지친 라이스는 폐결핵으로 쓸쓸히 세상을 떠났다. 다행한 것은 그가 만든 텔레폰이라는 말이 전화기를 뜻하는 말로 굳어져 역사의 한 페이지에 그의 이름을 남겼다는 점이다.

그레이엄 벨은 언어학자인 아버지 알렉산더 멜빌 벨(Alexander Melville Bell)의 세 아들 중 둘째로 영국에서 태어났다. 그의 할아버지는 연극배우로, 조지 버나드 쇼의 희극 〈피그말리온〉의 주인공 헨리 히긴스 박사의 실제 모델이다. 아버지는 농아(聾啞)에게 말하는 방법을 가르치는 〈표준 웅변과 선명한 화법〉이란 책을 발간했는데 그것은 벨의 어머니가 농아였기 때문이다. 벨이 농아 교수법을 배운 것도 이러한 가정환경 때문이었다.

그런데 농아인 아내와 수화로 의사소통을 하던 벨의 아버지는, 모든 소리들을 목록으로 만들어 가르치는 보통의 음성분류 체계가 실제로 농아들에게는 별 소용이 되지 않는다는 것을 알았다. 그는 실생활에서 최종적인 소리가 의미하는 개념보다는 소리 자체를 만들어내는 것이 중요하다고 생각했다.

벨의 아버지는 벨의 두 동생이 어려서 결핵으로 사망하자 하나 남은 아들의 건강을 염려하여 1870년 그의 나이 23세 때 캐나다로 이주했다. 그들은 온타리오(Ontario)의 브랜트퍼드(Brantford) 근처에 정착해 농아를 가르치기 시작했다.

그러나 벨은 1872년 매사추세츠(Massachusetts) 주의 보스턴으로 옮겨 농아학교를 설립하여 농아들을 가르칠 교사들을 양성했다. 그의 자질을 눈여겨본 보스턴 대학교에서 그를 발성생리학(發聲生理學) 교수로 초빙했다. 그곳에서 벨은 아버지의 아이디어, 즉 소리를 만들어낼 수 있는 기계를 만든다면 어머니에게도 소리를 들려줄 수 있다고 생각했다.

더욱이 농아학교 교사였을 때 만난 메이블 허버드라는 여학생을 사랑하게 되면서 벨은 농아들에게 소리를 들려주겠다는 결심을 더욱 굳혔다. 어릴 적 성홍열을 앓아 농아가 된 메이블은 매우 부유한 집안의 딸이었다. 그녀의 부모는 가난한 벨이 딸에게 접근하는 것을 막았지만 벨은 결코 사랑을 포기할 생각이 없었다. 그는 농아인 메이블에게 소리를 들려줌으로써 사랑을 얻을 수 있다고 생각했다.

이때 벨은 다소 엉뚱한 발상을 한다. 당시에 이미 대중화되어 있던 모스 부호가 전기로 소리를 내는 것이니, 전선을 통해 소리를 내보내는 것도 가능할지 모른다는 생각이었다. 벨은 마침 독일의 헤르만 폰 헬름홀츠(Hermann von Helmholtz, 1821~1894)의 소리굽쇠에 대한 연구 논문을 읽었다. 헬름홀츠는 소리굽쇠를 전자석에 연결한 뒤 소리굽쇠를 퉁기면 소리굽쇠와 똑같은 진동수를 갖는 전류가 전선을 타고 흐른다고 적었다. 한마디로 벨이 생각했던 것이 결코 불가능한 것이 아니라는 것을 원론적으로 설명한 것이다.

이론적으로 소리를 전선으로 보낼 수 있다는 것을 알게 된 벨은 진동수가 다른 소리굽쇠를 한 전선에 달아 소리굽쇠마다 한 가지씩 신호를 보내고 전선의 반대편 끝에 여러 개의 진동판을 달아 그 신호들을 분리하는 실험에 돌입했다.

전기에는 문외한이었던 벨의 실험은 실패의 연속이었으나 시행착오 끝에 전자석과 진동판을 제대로 연결하면 소리를 전류로 바꿀 수 있다는 사실을 발견했다. 벨은 자신이 발명한 초보적인 기계를 조지프 헨리에게 보여주었다. 모스에게 전보 특허를 빼앗기고도 과학계의 거물이 된 헨리는 "자네의 아이디어를 밀고 나가게"라며 격려했다고 한다.

1875년 벨은 메이블의 부모에게 자신의 발명품을 들고 찾아갔다. 자신이 형편없는 젊은이가 아니라 메이블과 결혼할 정도의 능력을 가진 사람이라는 걸 보여주기 위해서였다. 메이블의 아버지 허버드는 전신사업에 관여하는 금융가로 사업적 안목을 가진 사람이었다. 허버드는 벨이 갖고 온 발명품의 엄청난 잠재성을 간파한 후 곧바로 벨과 딸의 결혼을 허락하고 개발 자금도 지원했다.

세계 발명 사상 가장 유명한 이야기는 이때 시작된다. 원래 벨은 전화기를 완벽하게 만든 뒤에 특허를 신청할 계획을 갖고 있었다. 그런데 장인인 허버드는 "특허는 아이디어가 중요하며 반드시 완벽한 제품이 완성되어야 하는 것은 아니니 시간을 놓치지 말라"며 벨을 재촉했다. 그래서 벨은 1876년 2월 15일 자신이 개발한 기계의 특허를 워싱턴 특허국에 신청했고, 그 한 시간 뒤 엘리샤 그레이(Elisha Gray, 1835~1901)도 동일한 내용의 특허를 신청했다.

당시의 특허 승인 여부는 매우 신속히 진행되었는데 3월 3일 미국 특허국은 벨에게만 특허권을 승인했고(그의 29번째 생일이었다), 7일에 특허장이 공식 발급되었다. 특허번호는 174465번으로 이 당시 허가된 내용은 다음과 같다.

'말소리나 그 밖의 소리들을 수반하는 공기의 진동과 유사한 형태의 전기 진동을 일으켜, 목소리나 그 밖의 소리를 전신으로 전달하는 방법과 기구를 만드는 기술을 인정한다.'

특허가 발급된 지 3일 후 "미스터 왓슨, 이리로 와 보게!"라는 인류 역사상 최초의 전화 통화에 성공한다. 학자들은 전화기의 개발은 거의 전적으로 벨의 조수 왓슨(Thomas A. Watson, 1854~1934)의 공으로 생각한다. 벨은 손재주가 없었던 반면 왓슨은 기계 수리공이자 모형

제작자였기 때문이다. 벨이 얼마나 운 좋은 사람인가!

| 세계를 놀라게 한 전화기 |

1876년 필라델피아에서 미국 건국 100주년을 기념하는 만국 박람회가 열렸다. 벨은 박람회 한 구석 부스에서 전화기를 선보였는데 그의 부스에 브라질 황제 페드루 2세가 찾아왔다. 벨은 부스에서 멀리 떨어진 곳에서 송화기에 대고 셰익스피어 희곡 〈햄릿〉의 명대사를 읊었고, 결과는 대성공이었다. "사느냐 죽느냐, 그것이 문제로다!"가 전선을 타고 들려온 순간 페드루 2세는 깜짝 놀라며 "이 물건이 말을 하네!"라며 입을 다물지 못했다. 심사위원 가운데 영향력이 컸던 영국 과학자 윌리엄 톰슨 경은 전화기를 "미국에서 본 것들 가운데 가장 놀라운 물건"이라고 평가했다. 필라델피아 박람회는 전화기의 보급에 크게 기여했다.

전화기 발명에 얽힌 2막은 매우 흥미롭다. 무슨 이유에서인지 벨은 한창 선풍적인 인기를 끌던 전화기 특허권을 웨스턴유니언사(Western Union Telegraph Co.)에 10만 달러에 팔겠다고 제의한 것이다. 벨과 동업자들은 전화기 투자에 비해 수익성을 확신하지 못했는지도 모른다. 그러나 웨스턴유니언의 사장 윌리엄 오튼은 전화기가 통신수단

알렉산더 그레이엄 벨

헬렌 켈러, 셜리번, 벨

이 되기에는 기술적으로 단점이 너무 많아 장난감에 그칠 것이라고 판단해 벨의 제안을 거절했다.

1877년 벨은 가디너 허버드, 샌더스 등과 함께 벨 전화회사(Bell Telephone Company, 오늘날 AT&T의 전신)를 설립했다. 1877년 4월, 보스턴에 있는 벨의 작업장과 서머빌 근처 찰스 윌리엄스의 집 사이에 최초의 전화선이 개설됐고, 그해 여름 당대의 '얼리 어댑터' 200여 명을 위해 보스턴에 최초의 교환기가 설치되었다. 주요 고객은 사업가, 의사, 약사 등으로 전화기를 활용하면 업무를 좀 더 효율적으로 처리할 수 있다는 걸 재빠르게 간파한 사람들이었다. 교환 서비스가 시작되었다고는 하지만 정해진 영업시간에만 통화할 수 있었고, 전화기도 판매가 아닌 임대였음에도 전화기는 폭발적으로 보급되기 시작했다.

그러자 웨스턴유니언의 오튼은 벨의 제안을 거절한 후 2년 만에 무려 2천5백만 달러를 제안했지만 이번에는 벨이 일거에 거절했다. 그러자 발끈한 오튼은 엘리샤 그레이의 특허와 에디슨의 탄소 마이크로폰 발명까지 사들이며 벨과의 전면전을 선언했다. 오튼이 에디슨의 특허를 구입한 것은 아무리 먼 거리라도 전화로 통화할 수 있는 기술이기 때문이다.

벨이 기본 특허를 갖고 있다고는 하지만 에디슨과 그레이를 확보하고 있는 당대의 재벌 오튼에게 도전한다는 것은 무모한 일이 아닐 수 없었다. 각자 중요한 특허를 갖고 있으므로 혈투를 벌일수록 서로 손해라는 것은 불보듯 뻔한 일이었다. 그러나 이 문제는 서로 연합하여 공동의 이익을 취하는 것으로 의외로 쉽게 결론이 났다. 1879년 벨 전화회사와 웨스턴유니언이 연합하되 특허권을 확보하고 있는 벨이 주도한다는 것이다. 장거리 전화는 그야말로 황금단지였다.

이렇게 해서 벨은 윈-윈 작전에 들어가 전화기 보급에 주력하면서 전화의 통화 거리도 더 늘어났고 더 이상 송화기에 대고 큰 소리를 지를 필요도 없게 되었다.

| 특허 전쟁, 타협으로 해결하다 |

모스가 발명한 초기의 전신 방식은 한 번에 한 가지 신호만 보낼 수 있는 단일 시스템이었다. 1872년 조지프 스티언스가 한 번에 두 가지 신호를 보낼 수 있는 이중 시스템을 발명하면서 전신기술에 획기적인 변화를 예고했다. 당시 미국의 전신사업을 독점하고 있었던 웨스턴유니언 전신회사는 이중 시스템을 이용하여 통신망의 능력을 두 배로 향상시켰고, 이후 수많은 신호를 동시에 전송할 수 있는 다중 시스템을 개발하기 위한 경쟁에 돌입했다. 한마디로 명예와 부를 향한 경쟁이었다.

GE의 경영진이었던 엘리샤 그레이는 전문 발명가로, 이미 전신 분야에서는 거물로 통하는 인물이었다. 다중 시스템을 개발하고 있던 그는 1874년 어느 날 사촌의 집에 갔다가 사촌 동생이 화장실 욕조에 두 개의 회로로 구성된 전기 장치를 설치하여 실험을 즐기는 것을 보았다. 한 회로의 전지가 금속판에 진동을 일으키면 그것이 소음을 내면서 유도 코일이 설치된 다른 회로를 열거나 닫았다. 그레이는 그것이 무엇을 뜻하는지 곧바로 알아차리고 세 가지 응용 분야를 생각해냈다.

첫째는 키보드를 누르면 스위치가 접속되고 전송기가 작동하면서 다양한 음이 발생하는, 일종의 전자 오르간이다. 둘째는 복합 전류를 전송할 수 있는 전신선인데, 문제는 복합 전류를 개별 신호로 분리하여 전송할 수 있는 기기의 개발이었다. 세 번째로, 사람의 목소리를 전달하고 재생하는 소위 전화기이다. 물론 전송된 사람의 목소리를 다시 합성하는 것이 관건이었다.

그레이가 가장 관심을 쏟은 것은 전화기의 가능성이었다. 그는 대기업의 중역답게 곧바로 전화의 가능성을 전신 전문가들에게 알렸고 전신 관계자들 앞에서 발명품을 시험해 보였지만 사람들은 단지 전화를 음성을 전달하는 재미있는 장난감 정도로 여길 뿐이었다. 특히 전신업계의 주요 잡지였던 〈텔레그래퍼〉는 전화에 대한 아이디어는 흥미롭기는 하지만 "독일의 발명가인 라이스가 이미 1861년에 전화의 가능성을 제기한 적이 있다"며 실제로 응용될 가능성이 없다고 일축했다. 전문가들의 견해도 〈텔레그래퍼〉와 크게 다르지 않았다. 실망한 그에게 회사는 다중전신 시스템에 몰두할 것을 요청했다.

그럼에도 불구하고 특허의 중요성을 아는 발명가였던 그레이는 전화기 아이디어의 특허를 신청했다. 그런데 놀랍게도 자신보다 한 시간 먼저 같은 내용의 특허가 신청되어 있었고, 그의 특허는 당연히 기각되었다. 상대는 그레이엄 벨이었다. 간발의 차이로 두 사람의 인생이 바뀌는 순간이었다.

사실 그레이가 발명한 전화기는 벨의 전화기보다 우수했다. 우선 그레이의 전화기는 금속 진동판을 이용해서 음성을 전달했기 때문에 벨이 사용한 가죽 진동판보다 기능 면에서 월등히 우수했다. 더구나 특허 측면에서도 벨의 전화기에는 치명적인 약점이 있었는데, 벨이 특허를 제출할 때 그레이가 고안한 가변 저항을 이용한 음성전달 방법을 무단으로 사용한 것이다. 그레이는 강력하게 이의를 제기했다.

워낙 상업성이 컸던 이들의 특허 소송은 세계적인 관심을 불러일으켰다. 우선 벨과 그레이가 같은 날 특허를 제출했다는 것부터가 시비꺼리였다. 특허를 담당했던 심사관은 남북전쟁 때 전우였던 벨의 변호사 마르셀러스 베일리에게 크게 신세를 진 적이 있어서 그레이의 특허신청서를 베일리에게 보여주었다고 훗날 진술했다(물론 벨 측은 이를 강하게 부인했다).

벨은 당시 보스턴을 떠나 워싱턴에 머물고 있었는데, 심사관은 심지어 벨에게 100달러를 받고 그레이의 특허신청서를 보여주었다고 주장했다. 벨은 단지 그 특허에 관해 일반적인 대화를 나누었을 뿐이라고 반박했다. 1876년 3월 3일, 미국 특허국은 벨의 특허권을 승인했고, 7일에 특허장이 공식 발급되었다. 보스턴으로 돌아온 벨은 다음 날 자신의 노트에 그레이의 것과 비슷한 그림을 그려 넣었다. 벨이 사실상 그레이의 핵심적인 아이디어를 도용한 것이나 마찬가지라는 것을 보여주는 대목이다.

특허소송 사건이 확대되면서 소문이 무성해지자 특허권을 확보한 벨은 웨스턴유니언사의 회장 오튼에게 극적인 타협안을 제안한다. 그레이의 특허를 소유한 웨스턴유니언사에게 전화기로 얻는 수익의 20퍼센트를 전화 대여료로 지불한다는 조건을 제시한 것이다. 타협은 이루어졌고 벨과 웨스턴유니언 사이의 유명한 특허 소송은 종결되었다.

그런데 아이러니컬하게도 그레이는 전신 분야의 전문가인 점 때문에 오히려 아마추어 발명가인 벨에게 전화 발명의 주도권을 허용한 셈이 되었다. 그레이는 계속 전신 분야에 종사하면서 오히려 많은 제한을 받았고 벨처럼 자유롭게 연구에 임할 수 없었던 것이다. 독창적인 발명품 개발에는 전문가보다 오히려 비전문가가 유리할 수도 있음을 보여주는 사례이다.

벨이 전화기를 발명하게 된 동기가 농아인 어머니의 가족 문제를 해결하기 위해서라는 점은 상당한 시사점을 준다. 발명이나 기술 개발의 아이디어는 의외로 가까운 곳에서 찾을 수 있다는 점이다. 사실 벨은 여러 가지 면에서 운이 좋았다. 역시 농아였던 메이블의 사랑을 얻기 위해 그녀에게 소리를 들려주고자 했던 순수한 동기가 있었다. 때마침 모스의 전신기가 발명되자 벨은 전신기의 원리를 전화기에도 접목시킬 수 있다고 생각했고, 게다가 기계 제작에 천부적인 재능을 가진 왓슨을 조수로 두고 있었다.

결론적으로 여러 가지가 잘 맞아떨어졌다. 벨은 자신의 아이디어를 특허로 제출하기 위해서는 보완해야 할 점이 많다고 생각했지만, 특허는 시간싸움이라는 사실을 잘 알고 있던 장인의 재촉으로 특허를 제출했다. 그가 장인의 제안을 따르지 않았다면 역사는 전화기를 발명한 사람을 그레이라고 기록할 것이다.

좋은 아이디어에도 행운이 따라야 한다. 그리고 일상에서 가장 중요한 전화기가 가족의 고통을 해결하기 위한 노력에서 비롯되었다는 것은 신선함을 준다.

벨은 1922년 8월 1일 사망했는데, 장례식이 거행되던 8월 4일 오후 6시 25분 고인을 추모하는 뜻에서 미국 전역의 전화 서비스가 1분 동안 중단되었다.

| 〈내셔널 지오그래픽〉 회장으로 취임한 그레이엄 벨 |

벨의 경력 가운데 전화기 발명만큼이나 유명한 것은 〈내셔널 지오 그래픽〉의 회장으로 취임한 일이다. 장인 허버드가 회장으로 있던 〈내셔널 지오그래픽〉이 경영 악화로 폐간 위기에 처했을 때 벨이 회장으로 취임해 딱딱하고 지루한 소책자를 재미있고 유익한 세계적인 잡지로 성장시켰다.

1888년 1월 지리학자, 탐험가, 군인, 법률가, 금융가 등 33명이 모여 지리에 관한 지식을 발전시키고 그 확산을 주도할 목적으로 단체를 설립했다. 이들은 당시의 시대정신에 맞게 탐험 · 발견 · 발명이 세계를 변화시킬 것으로 예상하고 그 목적을 달성하기 위한 방법으로 〈내셔널 지오그래픽〉을 창간했다.

〈내셔널 지오그래픽〉은 창간된 후 거의 120년 간 6500건이 넘는 탐사와 연구 프로젝트를 지원해 인류가 살고 있는 지구의 대지와 해양뿐만 아니라 우주에 대한 지식의 폭을 넓히는 데 크게 기여했다. 피어리(Peary)의 북극점 도달, 안데스 산맥의 잉카유적 마추픽추 발굴, 제인 구달의 침팬지 연구 등은 〈내셔널 지오그래픽〉의 연구 지원으로 이루어진 성과이다. 이 모든 것이 벨의 전화기로 얻은 명성과 자금에 힘입었음은 물론이다.

벨이 회장으로 취임한 이후부터 〈내셔널 지오그래픽〉은 급성장한다. 창간호를 200여부 찍었던 〈내셔널 지오그래픽〉은 벨의 사위였던 길버트 하비 그로브너(Gilbert Hovey Grosvenor, 1875~1966)가 책임 편집자로 영입되면서 사진의 비주얼을 강조하는 과감한 편집 방향으로 바꾼다. 그로브너가 사망한 1966년에는 정규독자만 500만 명이 넘었을 정도로 세계적인 잡지로 성장했다.

18

국가마다
다른 제도를
활용하라

루이 다게르 Louis J. M. Daguerre, 1787~1851
빛이 그리는 그림기계, 사진기

　　1863년 11월 19일 링컨은 게티스버그에서 "국민의, 국민에 의한, 국민을 위한"이라는 짧막한 말로 민주주의를 정의하는 유명한 연설을 했다.

　　그러나 많은 역사가들이 아쉽게 생각하는 것은 그 유명한 게티스버그 연설 장면을 찍은 사진이 단 한 장도 없다는 것이다. 그 이유는 간단하다. 링컨의 연설문은 겨우 272단어뿐이어서 당시의 사진사들이 사진을 찍기에는 너무 짧은 시간 안에 연설이 끝났기 때문이다.

　　그러나 지금은 어떠한가. 스포츠 게임에서 중요한 순간을 놓치지 않으려고 많은 기자들이 커다란 카메라를 갖고 사진 찍기에 좋은 장소를 찾아 경쟁하고, 사람들은 행복한 순간을 담기 위해 부지런히 셔터를 누른다. 찰나의 명장면을 위해 수백분의 1초까지 셔터 속도가 빨라지고 있는 것이다.

　　현대인들에게 추억을 영원히 간직하게 해준 사람이 커다란 명예와 부를 쌓았다는 것은 당연한 일이다. 그런데 과학의 역사를 보면 좋은 아

258

이디어를 낸 사람으로서는 다소 불만족스러운 제안을 수락하지 않을 수 없는 경우가 종종 있다. 이는 개인이 자신의 아이디어를 독점할 경우 많은 사람들에게 피해가 갈 수 있다는 우려 때문이다. 대체로 이러한 제안은 국가적인 틀에 의해 움직이므로 개인이 거절한다고 해서 피해갈 수 있는 일이 아니다. 그러나 이러한 규제 아닌 규제도 각국의 제도가 서로 다를 경우 현명하게 대처한다면 충분한 노력에 대한 보상을 얻을 수 있다. 실용적인 사진기를 개발하여 인간들에게 큰 영향을 미친 다게르가 바로 그 장본인이다.

| 어두운 방, 카메라 옵스큐라 |

사진기의 역사는 생각보다 꽤 오래되었다. 이미 2300년 전에 그리스의 아리스토텔레스는 방 안을 어둡게 한 뒤 한쪽 벽면에 바늘구멍을 뚫어 놓으면, 방 밖에 있는 물체의 영상이 바늘구멍을 통해 방 안의 벽면에 거꾸로 비친다는 사실을 알아냈다. 그는 이런 방법을 이용하여 일식(日蝕) 때 해가 일그러지는 모습을 확인했다고 기록했다. 사진을 의미하는 포토그래피(Photography)의 어원은 '빛'을 뜻하는 그리스어 'Photo'와 '쓰는 것'을 뜻하는 'graphy'를 합성한 말로 인간의 손이 아닌 빛으로 기록된 그림을 뜻한다.

900년 전 서유럽에 알하젠이라는 이름으로 알려진 아라비아의 이븐 알 하이삼(Abu Ali al'Hasan, Ibn al'Haitham)도 〈빛과 눈에 관한 연구〉에서 빛을 차단한 방의 창문에 뚫린 작은 구멍으로 태양의 빛을 들어오게 하면 태양을 직접 보지 않고도 벽에 맺힌 상을 통해 일식을 자세히 관찰할 수 있다고 적었다. 그는 빛의 반사와 굴절하는 성질을 이해하고 있었으며 빛을 여러 색으로 분광하는 스펙트럼 실험도 했다. 그림자가 생기는 원리, 일식 현상, 무지개 등에 대해서도 상세히 연구하여 서유럽 학자들에게 큰 영향을 미쳤기 때문에 '광학의 아버지'라고 불린다.

이러한 빛의 현상을 이용하면 태양의 형태뿐만 아니라 야외의 경치도 비추게 할 수 있다. 이런 현상을 나타내게 하는 방을 라틴어로 '어두운 방' 또는 '암상장치(카메라 옵스큐라, camera obscura)'라고 불렀는데, '카메라'라는 단어도 여기에서 유래한 것이다. 옵스큐라는 빛이 차단된 상자 한쪽 면에 작은 구멍을 뚫으면 상자 안의 반대쪽 벽면에 바깥 풍경의 이미지가 거꾸로 맺히게 만들어진 기구이다.

이탈리아의 과학자 포르타(Giacomo della Porta, 1533~1602)는 그의 저서 《자연의 마법》에서 카메라 옵스큐라의 여러 가지 재미있는 성질을 이용하면 사생화의 윤곽을 쉽고 정확하게 잡을 수 있어 화가들에게 유용할 것이라고 권장했다. 실제로 카메라 옵스큐라는 레오나르도 다 빈치를 비롯한 여러 화가들에 의해 밑그림을 스케치하는 도구로 발전했다.

카메라 옵스큐라

카메라 옵스큐라는 말 그대로 '어두운 방'이었으므로 운반할 수 있는 것이 아니었다. 빛이 들어오는 입구 역시 그저 작은 구멍일 뿐이었다. 구멍이 작으면 벽에 비치는 상이 어두웠고 구멍이 너무 크면 상이 희미해졌다.

우리나라에도 이에 대한 기록이 있는데 세종대왕 때 만들어진 동표(銅表)는 태양의 고도를 측정하기 위한 것으로 카메라 옵스큐라와 비슷했다. 동표의 내부를 암상으로 만들어 놓고 미세한 구멍을 뚫어, 이 구멍을 통과한 태양빛의 상이 맺히도록 하여 태양의 일식, 형태, 빛의 강도 등을 관찰했다. 정약용도 〈칠실관화설(漆室觀畵說)〉이란 글에서 어두운 방 안에 앉아 방문에 뚫어 놓은 바늘구멍을 통해 들어온 빛이 벽면에 비치도록 함으로써 바깥 경치를 감상했다고 적고 있다.

이탈리아의 물리학자 카르다노(Gerolamo Cardano, 1501~1576)는 1550년에 카메라 옵스큐라의 구멍에 볼록 렌즈를 붙이면 밝은 상이 생긴다는 사실을 발견했다. 볼록렌즈가 빛을 모아 초점을 만들어 주기 때문에 밝은 상을 낼 수 있었던 것으로 매우 중요한 발견이었다. 베네치아의 귀족인 바르바로(Danielo Barbaro)는 카르다노의 발명을 더욱 개량하여 렌즈 앞에 조리개를 부착하여 빛의 양을 조절하는 장치를 고안했다. 그러나 단순하게 구멍을 내거나 렌즈를 붙인 경우 벽에 비치는 경치는 항상 거꾸로 보였다. 1573년에 이탈리아의 단티(Egnatio Danti)는 구멍에 오목렌즈를 붙이면 상이 똑바로 보인다는 사실을 알게 되었다.

이후 학자들은 곧바로 크기가 작고 '운반할 수 있는 어두운 방'을 만들려고 시도했는데 처음 개발된 것은 사람도 들어갈 수 있을 정도로 커서 매우 불편했다. 독일의 카스팔 쇼트(Kaspar Schott)는 두 개의 상자를 연결시켜 그것을 마음대로 조절할 수 있게 함으로써 렌즈의 초점을 맞출 수 있도록 하여 카메라 옵스큐라의 크기를 오늘날의 카메라처럼 작은 상자 수준으로 줄이는 데 성공했다. 독일의 슈투름(Johann Christoph Sturm)은 최초의 반사식 카메라를 만들었는데 이 카메라는 렌즈의 축에 직각으로 장치된 거울을 이용하여 카메라 위의 기름종이에 상을 비추도록 했기 때문에 매우 편리했다.

| 카메라를 발전시킨 사람들 |

1725년 독일의 천문학자 슐츠(Johann Heinrich Schultz)는 우연히 은 (silver) 화합물이 든 플라스크 표면에 종이 도형을 붙여놓고 이를 햇볕이 비치는 곳에 두었는데 종이 도형에 가려졌던 부분만 제외하고 나머지 플라스크의 겉면이 검게 변한 것을 발견했다. 사진화학의 기본이 되는 '빛에 대한 은의 반응'을 발견한 것이다.

1800년경 웨지우드(Thomas Wedgwood)는 카메라 옵스큐라와 은 화합물을 연결시켜 상을 만드는 방법을 고안했다. 그는 데이비 (Humphry Davy)와 함께 카메라 옵스큐라를 사용하여 질산은 용액을 바른 종이 위에 상을 입힐 수 있었으나 이때 만들어진 상을 영구히 정착시키지는 못했다.

프랑스의 니엡스(Joseph Nicephore Niepce, 1765~1833)는 프랑스 혁명 때 재산을 몰수당한 귀족의 아들로 나폴레옹 군대에서 복무하다가 제대한 후 샤롱쉬르손(Chalon-sur-Saone)에 있는 그의 저택으로 돌아와 과학에 몰두했다. 1807년 그는 동생 클로드(Claude)와 함께 초기 모형의 피스톤-실린더 내연기관을 개발하는 등 남다른 과학적 자질을 보였다. 1813년 사진기라는 새로운 분야로 연구 방향을 전환한 니엡스는 스스로 사진 제판법 혹은 '태양을 끌어들이는 법'이라고 부르는 실험에 성공했다. 염화은으로 감광된 종이를 오랜 시간 노출시켜 이미지를 입힐 수 있었지만 그 역시 이미지를 고정시키는 데는 실패했다.

　1820년 니엡스는 질산은을 흠뻑 묻힌 종이가 빛에 노출되면 검어지는 현상을 목격하고 사진의 건판으로 사용할 수 있겠다고 생각했으나 빛이 닿지 않은 질산은도 결국에는 검게 변하기 때문에 질산은 대신 아스팔트의 일종인 '비튜멘(bitumen, 역청)'이라는 물질에 눈을 돌렸다. 백색에 가까운 이 물질은 빛이 닿지 않으면 물렁물렁하고 라벤더 기름에 잘 녹지만 빛을 많이 받으면 딱딱해지면서 어떤 종류의 용매에도 잘 녹지 않는 성질을 갖고 있었다. 감광지 대신 금속판에 비튜멘을 발라 빛을 쬔 다음 이것을 라벤더 기름으로 처리하면, 빛이 닿은 부분은 비튜멘이 남아 있어 희게 되고, 빛이 닿지 않은 부분은 비튜멘이 녹아 없어져서 금속판의 검은 바탕이 나타난다. 니엡스는 비튜멘을 칠한 금속판을 카메라 옵스큐라의 벽면에 세워 인류 사상 최초의 사진을 찍는 데 성공했다. 이것이 소위 양화(陽畵, positive)이다. 1826년의 일이었다.

　니엡스는 이것을 '햇빛 그림'이란 뜻의 헬리오그라피(Heliography)로 명명했다. 그러나 비튜멘은 빛에 반응하는 속도가 매우 느려, 사진 한 장을 찍는데 무려 8시간이나 걸렸고 형체도 불분명하여 만족스럽지 못했다. 태양을 찍으면 사진을 찍는 8시간 동안 태양이 동쪽에서 서쪽으

로 이동해 2개의 태양 이미지가 나타났다. 풍경은 그런대로 찍을 수 있었지만 사람을 찍는 것은 매우 어려운 일이어서 몇 시간씩 꼼짝 못 하고 정지 상태를 유지해야 하는 모델들은 카메라만 보면 도망을 쳤다고 한다. 그렇지만 그의 비튜멘 사진 기법은 훗날 발명될 성공적인 인쇄판 방식의 기초가 되었다.

그럼에도 불구하고 그는 자신의 아이디어를 공개하는 것을 꺼렸다. 런던의 학술원에서 자신이 개발한 아이디어에 관한 논문을 발표할 때도 기술적인 면을 모두 생략했기 때문에 회원들은 도대체 그가 무슨 말을 하는지 전혀 알아들을 수가 없었다고 한다.

| 특허권 대신 연금을 주겠소 |

니엡스의 사진 기술 개발이 답보 상태에 있을 무렵, 프랑스의 다게르(Louis J. M. Daguerre)도 사진에 매료되어 있었다. 다게르는 원래 극장 무대를 장식하거나 배경에 풍경화를 그리는 유명한 화가였다. 다게르는 화폭에 담을 풍경을 스케치하기 위해 자주 카메라 옵스큐라를 사용했기 때문에 그 불편한 점을 해결하고 싶었다. 그는 니엡스가 포지티브 촬영에 성공했다는 소식을 듣고 그를 찾아가 함께 공동 연구를 하자고 설득했다.

화가의 길을 던져버리고 과학자의 길로 들어서겠다는 다게르의 설득이 주효했던지, 니엡스는 영국 학술원에서조차 공개하지 않았던 아이디어를 다게르와 공유하기로 계약했다. 그러나 불행히도 니엡스는 얼마 안 있어 사망하고 말았다. 니엡스의 아들이 특허권을 상속받

앉지만 따분하고 전망도 불투명한 연구에 적극적으로 참여하지 않아 다게르 혼자 연구를 진행시켜야 했다.

다게르는 니엡스의 헬리오그라피가 갖고 있는 결정적인 단점이 긴 노출시간이라는 것을 잘 알고 있었다. 그는 우선 빛에 분해되기 쉬운 것으로 알려진 은염(銀鹽)을 연구했다. 은으로 도금한 동판을 닦아내고 요오드의 증기를 씌워 표면에 얇은 요오드화은(AgI)의 층을 만들고 이 판을 햇빛에 노출시키면 희미한 형상이 생겼다. 다게르는 이 형상을 짙게 하기 위해 온갖 방법을 시도했지만 진척이 없었다. 해결의 실마리는 우연한 데서 풀렸다.

어느 날 그는 희미하게 형상이 나타나 있는 판을 씻어서 약품 선반 위에 넣어 두었는데 며칠 후 다시 그 판을 꺼냈을 때 놀랍게도 형상이 뚜렷해져 있었다. 그는 직감적으로 선반 속의 약품 가운데 어떤 것이 형상을 진하게 한 것임을 알아차렸다. 모든 상황을 세밀히 검토한 결과 선반 밑에 있던 깨진 온도계에서 흘러나온 수은 몇 방울이 형상을 짙게 한 원인이라고 추정하고 즉시 실험에 착수했다. 수많은 실험을 거친 끝에 빛을 쬐지 않은 은판에는 수은이 별 영향을 미치지 못하지만, 빛을 쬔 은판에는 기화된 수은의 입자들이 달라붙어 오늘날의 흑백사진과 같은 포지티브 영상이 나타난다는 것이 밝혀졌다. 이것이 바로 1839년 은판사진이 탄생하게 된 계기이다.

다게르

다게르는 곧바로 '다게르오타이프(daguerreotype)'라는 최초의 사진기를 제작했다. 당시의 정황을 다게르는 다음과 같이 말했다.

"내가 이미 수은화합물 실험을 하고 있었으므로 금속 수은의 증기는 바로 가까운 곳에 있었다. 행운은 내가 그것을 잡을 수 있도록 인도했다."

그후 사진사들은 사진을 찍은 후 섭씨 75도 정도의 가열한 수은이 들어 있는 컵 위에 햇볕을 쬔 판을 놓고 '잠상(潛像)'을 현상하기만 하면 되었다. 요오드화은에 빛이 닿으면 그 부분이 광화학적 현상을 일으켜 변질되며, 원소 상의 은과 수은이 결합하게 되면 아말감이 생성된다. 또한 변화되지 않은 요오드화은을 제거하기 위해 처음에는 소금물만 사용됐으나, 곧바로 티오황산나트륨이 보다 좋은 정착액임이 알려졌다.

사진기를 발명한 뒤 다게르는 많은 오해와 비난에 시달려야 했다. 신의 형상과 비슷한 인간의 모습을 포착한다는 것은 불가능할 뿐더러 신에 대한 모욕이라는 비난을 받은 것이다. 그러나 다게르오타이프를 확인한 파리의 몇몇 저명한 과학자들은 새로운 제품이 가져올 놀라운 파급 효과를 예상했다.

그의 발명에 가장 큰 관심을 가진 사람이 바로 당대의 저명 천문학자이자 물리학자이며 당시 프랑스 과학아카데미 사무국장인 아라고(Dominique Francois Jean Arago, 1786~1853)였다. 다게르의 사진기가 갖고 올 파장을 잘 알고 있던 그는 프랑스를 위해 다게르가 희생해야 한다고 생각했다. 특허라는 제도를 이용하여 다게르가 모든 기술을 독점할 경우 관련 기술의 개발은 물론 보급에도 지장을 받을 수 있다고 판단한 것이다.

아라고는 사진의 급속한 보급을 위해 특허를 내지 않고 공표(公表)하는 대신 프랑스 정부가 다게르와 니엡스의 자손에게 연금을 지불할 것을 제안했다. 다게르는 매년 6천 프랑, 니엡스의 상속자는 매년 4천 프랑을 받는다는 조건이었다. 당시로서는 대단한 금액이지만 사진기의 판매로 인한 특허료를 생각하면 적은 금액이었다. 그러나 다게르는 이를 받아들였다. 아무리 좋은 기술을 갖고 있다고 해도 국가를 위해 희생해 달라는 아라고의 제안을 거절할 수는 없었다.

1839년 8월 19일 다게르의 사진 기술 발표회에서 주최자인 아라고는 다음과 같이 연설했다.

"다게르 사진술에 까다로운 이론은 하나도 없습니다. 기계도 간단하여 설명대로 조작하면 누구라도 같은 결과를 얻을 수 있습니다. 그림에 대한 소양, 뛰어난 솜씨, 숙련, 경험 이런 것들이 전혀 필요하지 않습니다."

발표회가 끝나자마자 참석한 사람들은 곧장 카메라 상점으로 몰려갔다. 그리고 1시간 후에는 이미 공원에서 사진 찍는 사람들이 있을 정도로 다게르오타이프는 선풍적인 인기를 끌었다. 바로 이날 1839년 8월 19일이 사진술이 발명된 기념일로 정해진다.

| "사진은 과학과 예술의 하인이다" |

사진은 곧바로 전 분야에서 그 효용성을 인정받고 폭발적으로 보급되기 시작했다. 〈종의 기원〉에서 진화론을 주장하여 유럽을 논쟁 속으로 몰아넣은 찰스 다윈은 과학에서 사진의 중요성을 초기에 인식한 사람으로, 1842년에 찍은 그의 사진이 지금도 남아 있다. 다게르오타이프는 특히 미국에서 인기의 절정을 이뤘다. 1853년 대략 만여 명이 다게르오타이프 사진사로 활동했고 300만 개가 넘는 다게르오타이프가 팔렸다.

사진술이 비약적으로 발전하게 된 이면에는 또다른 요인이 있는데, 바로 전쟁이었다. 사진이 발명된 지 얼마 되지 않아 벌어진 크림전쟁(1854~1856)과 미국의 남북전쟁(1861~1865)은 사진술 발달의 전환기를 마련해 주었다. 크리미아에서는 영국의 로저 펜튼, 미국에서는 매튜 브레디와 알렉산더 가드너가 전쟁의 참상을 사진에 담았다. 특히 조지 버나드는 공식 종군기자 자격으로 남부군의 윌리엄 셔먼 장군을 따라다니며 전쟁의 생생한 장면을 카메라에 담았다. 이들에 의해 '르포르타주'라는 새로운 영역이 생겼고 '리포터'라는 새로운 직업도 생겼다.

사진이 실제 장면을 정확하게 포착할 수 있게 되자 윌리엄 프리스(William Frith)와 같은 영리한 화가들은 사진을 찍은 후 그것을 정밀하게 베껴 그려서 관중들로부터 탄성을 받았다. 반면 사진에 대한 거부감도 적지 않았다. 예술비평가 샤를 보들레르(Charles Baudelaire)는 사진을 다음과 같이 평가절하했다.

'사진은 예술이 아니며 사진의 임무는 과학과 예술의 하인이다. 문학을 창조하지도 않으며 보완하지도 않는 인쇄나 속기처럼 대단히 비천한 하인이다.'

보들레르를 더욱 분노케 한 것은 사진이 포르노 작가들의 애용물로 사용된다는 점이었다.

이처럼 중요한 발명이 대중화되는 초기에는 예측할 수 없는 부작용이 나타나기도 한다. 사진사는 당대 최고의 기술자였는데, 그런데 그들은 수은 증기를 직접 취급해야 했기 때문에 심한 수은중독으로 고통을 받았고 대부분 일찍 사망했다. 지금에야 수은 중독의 위험성이 잘 알려져 있지만, 평균 수명이 길지 않았던 당시에는 사진사들이 수은중독이라는 직업병 때문에 일찍 사망하는 것은 큰 이슈가 되지 못했다.

물론 다게르의 은판 사진술에도 약간의 단점이 있었다. 우선 한 번 노출에 하나의 금속판을 사용해야 했으므로 가격이 비쌌다. 또한 은판 사진술은 실제의 대상물에서만 상이 만들어지므로 각각의 사진이 단 한 장의 유일한 사진이었고 재생이나 복사가 불가능했다. 더욱이 복사된다 해도 거울에 비친 상처럼 반전되어 나타났다.

이 문제점에 도전한 사람이 영국의 탈보트(William Fox Talbot, 1800~1877)이다. 그는 다게르가 은판에 영상을 담는 작업에 성공했다는 말을 듣고 질산은을 바른 종이로 감광지를 만드는 작업에 돌입했다. 은판을 사용한 다게르의 기술은 사진의 선명도가 뛰어났지만 탈보트가 사용한 감광지는 다게르의 문제점을 개선한 것으로, 같은 사진을 여러 장 복제할 수 있다는 장점이 있었다. 이 네거티브 영상은 오늘날의 필름에 해당하는 것으로 1844년, 탈보트는 석판인쇄와 음각을 통해 사진 삽화가 들어 있는 《자연의 연필(Pencil of Nature)》이란 책을 처음으로 인쇄했다. 탈보트의 사진은 네거티브 필름에서 포지티브 프린트를 얻는 일반적인 사진 프로세스를 제시했다는 점에서 큰 의미가 있다.

당시의 특허제도는 기본적으로 현재처럼 한 나라에만 특허를 제출해도 전 세계적으로 인정받을 수 있었다. 그러나 영국만은 예외였다.

당대 최강대국 영국은 여러 가지 면에서 다른 나라와 차별되는 정책과 제도를 고수하고 있었는데, 특허제도도 마찬가지였다. 영국에서 특허권을 인정받으려면 반드시 영국에서 별도의 특허를 받아야 했다.

프랑스의 특허가 영국에서는 인정되지 않아 누군가가 다게르의 기술을 모방하여 영국의 특허를 취득할 수도 있는 상황이었다. 그러나 다게르는 현명하게도 대영 제국에 자신의 기술 특허를 별도로 등록해두었다. 프랑스에서 특허 취득을 포기했던 다게르는 영국에서 마음껏 그의 아이디어를 사용할 수 있었다. 프랑스 정부로부터 받는 종신연금 외에 다게르가 대영제국에서 벌어들인 특허료 수입은 그야말로 엄청난 금액이었다. 당대의 특허 제도를 잘 알고 이를 활용하는 사업적 수완을 갖고 있는 다게르와 같은 사람이 부자가 되지 않는다면 누가 부자가 될 수 있겠는가?

19

전문 지식을
활용하라

에드윈 랜드 Edwin Land, 1909~1991

빨리 빨리의 대명사, 폴라로이드 사진기

초창기 사진기는 전문가들의 영역에 속하는 물건이었다. 당시 사진사들은 사진을 찍기 위해 여간 고생하는 것이 아니었다. 10~15킬로그램에 이르는 카메라에다 무거운 삼각대, 몸에 해로운 현상 정착액, 두꺼운 유리 감광판까지 들고 다녀야 했다. 또 사진사들은 가정집이건 전쟁터이건 현장마다 암실을 설치해야 했다.

사진 모델이 자리를 잡으면 사진사는 암실에 들어가 독한 냄새가 나는 감광유제를 섞어서 유리판 위에 바르는 일부터 시작한다. 그후 사진사는 자신의 머리 위에 검은 천은 덮은 채 약 30초 동안 움직이지 말라고 요구한다. 30초 동안 꼼짝 않고 있는 것도 큰 고역이었다. 노출이 끝나면 사진사가 사진판을 들고 암실로 들어간다. 이것이 1870년대까지 사진 찍는 풍경이었다.

사진의 장점을 간파한 사람들은 전문가들에게 사진을 찍히는 것보다 직접 사진을 찍고자 하는 열망에 사로잡혔다. 사진은 사실성과 현장감이 가장 중요하다. 사진을 찍으려는 순간에 사진사를 부른다거나 찾아간다는 것은 불편하기도 했거니와 비용도 만만치 않았다.

전문 사진사들이 아닌 보통사람들이 사진기로 자신이 원하는 장면을 직접 찍을 수 있게 한다면? 그렇게만 된다면 사진 분야야말로 폭발적인 시장이 열릴 수 있다고 생각한 사람이 있었다. 은행원이었던 코닥의 창시자 조지 이스트먼(George Eastman, 1854~1932)이다.

| "사진만 찍으세요. 나머지는 저희가 해결합니다" |

조지 이스트먼은 로체스터의 부유한 가정에서 태어났다. 그러나 1868년 아버지가 이스트먼 상업대학교를 설립하던 중 갑작스럽게 사망하자 학업을 포기하고 14세 때부터 돈을 벌어야 했다. 이스트먼은 보험회사의 서기로 취직했지만 주당 3달러의 임금으로는 가족의 생계조차 해결할 수 없었다. 그가 독학으로 회계학을 공부하여 로체스터 은행에 취직하자 임금도 15달러로 올랐다. 비로소 가족의 생계를 걱정하지 않아도 될 여유가 생긴 것이다.

이스트먼은 다소 여유가 생기자 사진에 관심을 돌렸다. 24세가 될 때 아마추어 사진사로 많은 곳을 돌아다니던 그는 카리브해로 휴가 겸 출장을 허락 받았다. 아름다운 해변을 사진으로 찍어 온다는 조건이었다.

사진을 찍어 온다는 명분으로 출장을 허가받았지만 막상 사진을 찍을 생각을

조지 이스트먼

하니 끔찍한 일이 아닐 수 없었다. 엄청난 장비를 휴대해야 했기 때문이다. 꿈 같은 휴가를 사진 찍기로 망칠 생각은 없었다. 취미로 사진을 찍기 위해 어느 정도 고통을 감수할 수는 있지만 휴가는 휴가였다.

이스트먼은 과감한 결단을 내린다. 사진을 찍기 위해 무거운 짐을 지고 다니며 고생하느니 차라리 휴가를 취소하겠다는 것이다. 대신 자신이 사진술의 문제점을 파헤치기로 마음먹었다. 은행원에 만족하지 않고 발명과 경영자의 길로 들어선 것이다.

그의 아이디어는 매우 단순했다. 누군가가 인화 서비스를 대신해 준다면 무거운 현상장비를 갖고 다닐 필요가 없지 않겠는가? 즉 인화를 대행해주는 곳이 있다면 모든 사람들이 간편하게 직접 사진을 찍을 수 있게 될 것이었다. 하지만 이스트먼의 아이디어가 실현되기 위해서는 두 가지가 해결되어야 했다. 첫째는 유연한 두루마리 필름의 개발이고 둘째는 카메라가 작아져야 했다.

그는 어머니의 부엌에 작업장을 마련하고 낮에는 은행원으로 밤에는 과학자로 변신했다. 꼼꼼한 은행가 기질을 유감없이 발휘한 그는 3년 후 젤라틴(gelatin)으로 된 사진 용액을 입힌 길다란 종이를 개발했다. 그가 개발한 감광지를 필름 감개(spool)로 감으면 카메라 내부에서 회전되어 연속적으로 사진을 찍을 수 있었다.

코닥 광고

카메라의 부피가 크고 무거운 이유는 사

진용 유리판 때문이었다. 게다가 유리판은 깨지기도 쉬웠다. 무거운 유리판을 다른 것으로 대체하면 가벼울 뿐 아니라 카메라의 크기도 줄일 수 있다. 대체할 수 있는 재료는 가볍고 유연성 있는 물질, 즉 말아 접을 수 있어야 했는데 바로 종이가 그 해답이었다. 그의 카메라는 손에 쥘 수 있을 만큼 작고 버튼 하나로 작동할 수 있으며 한 번에 100장의 두루마리 필름을 내장시킬 수 있었다.

이스트먼의 아이디어는 획기적이었지만 막상 시판에 나서려고 하자 결정적인 문제가 드러났다. 기존 사진사들의 반발에 부딪힌 것이다. 전문 사진사들은 일반인조차 쉽게 사진을 찍는다면 자신들의 수입이 줄어든다고 반대했다. 그들은 일반 사람들에게 사진 찍기가 어렵다는 것을 보여주기 위해 부피가 많이 나가는 기존 카메라 촬영을 고수했다.

이스트먼의 경영 마인드가 여기에서 발휘된다. 그는 곧 전문 사진사가 아닌 아마추어 사진사로 판매 대상을 바꾸었다. 전문 사진사들이 기존 카메라 시스템, 즉 유리판을 고수하는 한 그 분야에서는 시장성이 없다고 생각한 것이다.

이스트먼은 발상을 전환했지만 이 또한 간단한 일이 아니었다. 전문 사진사들은 사업자이므로 고가의 사진기계들을 구입할 능력이 있었지만 일반인들에게 값비싼 사진 기계를 파는 것이 그리 녹록치 않은 일이었다. 그는 사업 성공 여부가 걸린, 일반 사람도 쉽게 구입할 수 있도록 카메라의 가격을 생각했다. 카메라의 가격이 올라갈 수 있는 요소를 모두 제거하고 최소의 경비로 판매할 수 있는 아이디어에 집중했다.

그의 노력은 결실을 보아, 단돈 25달러에 100장의 사진을 찍을 수 있는, 필름이 장착된 카메라를 내놓았다. 당시의 물가로는 비싼 가격이었지만 사진 찍기가 고역이었던 만큼 많은 사람들의 주목을 받을 수 있다고 확신했다.

은행원 출신이라 마케팅의 중요성을 잘 알고 있던 그는 아무리 우수한 개발품이라도 홍보가 되지 않으면 시장에서 사라져버릴 수 있다고 생각했다. 이스트먼은 만반의 준비를 갖춘 후 홍보전에 뛰어들었다. 그가 처음 사용한 광고 카피는 당대의 카메라 작동법을 아는 사람에게는 그야말로 충격적이었다.

'버튼만 누르세요. 나머지는 저희들이 해결합니다(You press the button, we do the rest).'

그의 광고는 간단했다. 카메라에는 100장을 찍을 수 있는 필름이 들어 있었으므로 누구나 마음대로 100장을 모두 찍은 후 카메라와 함께 그대로 이스트먼의 공장으로 보내기만 하면 되었다. 그러면 공장에서는 필름을 꺼내 음화를 현상하고 젤라틴 필름 뒤에 붙은 종이를 벗겨낸 뒤 음화를 다시 투명한 판에 붙인다. 그런 후 다시 100장용 필름을 장착해주어 자신이 구입한 카메라로 계속 사진을 찍을 수 있게 하는 것이었다.

그의 아이디어는 대성공을 거두었다. 첫 번째 작품이 히트하자 이스트먼은 곧바로 신형 필름을 선보였다. 그것은 필름 뒤에 종이 대신 투명한 니트로셀룰로오스를 댄 것으로 젤라틴 음화를 다시 붙일 필요가 없었다. 이제는 누구나 약간의 상식만 가지면 사진을 마음껏 찍을 수 있게 되었다. 작동이 간편해진 사진기의 보급으로 아마추어 사진사가 늘어나면서 그의 사업은 더욱 번창했다. 그는 엄청난 주문을 신속하게 해결하기 위해 첨단 대량생산 체제를 채택했다. 그가 채택한 시스템은 헨리 포드(Henry Ford)가 도입한 컨베이어 벨트 시스템이다.

1892년 이스트먼은 필름과 사진기를 전문적으로 생산하는 이스트먼코닥으로 회사 이름을 바꾸고 어린이들도 사용할 수 있는 획기적인 브라우니(Brownie) 카메라를 개발했다. 사실 사진기의 생활화는 브라우니로부터 시작됐다고 해도 과언이 아니다.

1900년 브라우니 카메라의 값은 1달러, 필름 한 통에 15센트였으므로 어느 가정에서나 쉽게 카메라를 구입할 수 있었다. 브라우니의 재질은 처음에는 두꺼운 마분지였는데 후에는 나무로 만들고 검은 인조가죽으로 커버를 씌웠다.

이스트먼이 카메라에 브라우니라는 이름을 붙인 것은 동료 기술자 프랭크 브라우넬(Frank Brownell)에 대한 감사의 표시였다고 한다. 이스트먼은 꼬마요정 '브라우니'라는 만화를 그린 화가 파머 콕스(Palmer Cox)에게 감사하는 의미로 카메라 본체에 이 그림을 넣고 항상 브라우니 광고에 등장시켰다.

| 즉석 사진기의 등장 |

편해지고자 하는 인간의 속성은 끝이 없다. 사진의 경우에도 그랬다. 코닥으로 인해 사람들은 작은 카메라만 들고 다니면서 사진을 찍은 다음 가까운 현상소로 가져다주면 되었다. 그러나 사진이 일상생활의 한 부분을 차지하고 난 뒤 사람들은 현상과 인화를 위해 현상소 즉 카메라점에 가는 것도 번거롭게 생각하기 시작했다. 게다가 두루

마리 필름은 필요한 사진이 몇 장뿐일 때도 남은 필름을 그대로 현상소에 가져가거나 불필요한 사진을 계속 찍어야 하는 불편이 있었다.

사진을 찍자마자 현상되어 나오는 즉석카메라만 있다면 이런 불편은 해소될 것이었다. 하지만 즉석카메라는 일반 사람들의 반짝이는 아이디어 차원으로는 개발될 수 없는 고도의 전문 지식이 있어야 개발될 성질의 것이었다. 바로 이런 자질을 가진 사람이 등장해야 했는데 그가 바로 즉석사진기를 개발한 에드윈 랜드(Edwin Land)이다.

어려서부터 신동으로 불릴 정도로 특출한 재능을 가진 랜드는 하버드대학교 재학시절부터 편광의 성질에 관심을 가진 물리학자였다. 즉 사진이라는 기술에 대해 누구보다도 많은 지식을 갖고 있는 전문가였다.

일반적으로 광선은 모든 방향으로 진동한다. 하지만 어떤 물질은 하나의 진동면만 흡수하지 못하는 대신 나머지는 모두 흡수하는 '편광'이라는 특징을 보인다. 이때 투과된 광을 편광이라 하는데 대표적인 편광현상이 무지개이다. 무지개는 태양빛이 정지 상태에 있는 물방울의 표면에서 굴절함으로써 생기는 현상이다.

에드윈 랜드

편광은 여러 방면에 응용될 수 있지만 랜드 시대의 편광 프리즘은 작고도 완전한 결정체로 만들어졌으므로 가격이 매우 비쌌다. 랜드는 대학생 때 얇은 플라스틱 판 사이에 미세한 결정체들을 끼워넣어 연속되는 편광 재료를 만들었고 1932년에는 최초의 합성 편광프리즘 판을 제작했다. 자신의 아이디어에 사업성이 있다고 생각한 그는 대학교를 중퇴하고 계속 편광을 응용한 여러 가지 제품을 개발했다.

1937년 그는 매사추세츠의 케임브리지(Cambridge)에서 폴라로이드 주식회사를 설립했다. 그가 취급한 품목은 편광여과장치로, 표면에 반사되는 섬광을 흡수하여 물체를 좀더 선명하게 나타내주는 카메라 필터를 포함한 과학광학기구, 폴라로이드 선글라스렌즈 등에 광범위하게 사용되었다. 특히 폴라로이드 선글라스는 많은 양의 햇빛을 흡수하여 사람들의 눈을 보호해주어 인기가 높았다. 1941년 그는 매우 중요한 편광기를 개발했는데, 영화에서 입체 필름 즉 3D를 영사할 수 있는 방법이다.

제2차 세계대전이 터지자 그는 연구품목을 확장해 광편광기를 거리 측정장치와 총의 조준장치 등에 결합시켰고 야간에도 볼 수 있는 적외선 투시 장치 등 다른 광학 기구들을 생산했다. 바로 이런 광학지식을 집대성한 것이 폴라로이드 즉석카메라이다.

즉석카메라는 사진을 찍자마자 인화되어 노출된 지 1분 이내에 양화가 완성되어 나온다. 필름장치는 감광음화판, 양화 수상판 및 진한 인화 시약이 담긴 밀봉된 통으로 되어 있다. 인화지는 카메라 안의 한 쌍의 롤러 사이를 통과하게 되는데, 이때 롤러는 밀봉

폴라로이드

된 통을 깨트림과 동시에 두 판 사이에 시약이 골고루 퍼지며 시약 판 (양화판) 옆에 놓이게 된다. 흑백의 상을 만들 경우에 시약은 노출된 할로겐화은(Silver Halide) 입자를 현상하고 노출되지 않은 할로겐화은 입자를 동시에 녹이기도 한다. 이때 녹은 할로겐화은은 수상판에 옮겨져서 서서히 현상되어 양화의 그림을 만들어낸다. 끝으로 현상 과정이 끝나면 2개의 필름 성분을 서로 분리시킨다.

폴라로이드 사진법은 사진을 찍는 데만 사용되는 것이 아니라 즉석으로 인화가 필요한 과학과 공업 분야에서 그 위용을 발휘하기 시작해 사용 분야가 무궁무진하게 확장되었다.

1963년에는 즉석 컬러사진 카메라가 등장했다. 여러 층이 있는 즉석 컬러 필름은 천연색에 민감한 감광제, 천연색 현상제 즉 이미지를 착상시키는 염료와 사진 현상액을 동시에 갖춘 재료를 갖고 있으며 단 1분 안에 완벽한 천연색 인화 그림을 만들 수 있다.

천연색 폴라로이드는 보다 업그레이드되어 SX-70장치로 출시되었으며 이 제품은 랜드가 직접 프레젠테이션을 하면서 세상에 소개되었다. SX-70 사진기는 회전하는 롤러 사이를 SX-70 칼라 필름이 자동적으로 배출하므로 필름을 벗기지 않고도 인화가 완성된다.

1977년 랜드는 최초의 즉석 활동사진기인 폴라비전(Polavision)을 직접 소개했는데, 이것은 필름이 밀봉된 카세트를 벗기지 않은 채로 노출시키고 인화하여 볼 수 있도록 제작되었다. 훗날 랜드는 발색 현상을 조사하던 중 색을 감지할 수 있는 이론적인 착상이 갑자기 떠올랐다고 말했다.

| 고의적인 표절은 괘씸죄 |

　랜드는 '빛의 이용'이라는 과학적 지식을 배경으로 엄청난 재산을 축적했다. 그런데 그를 더욱 유명하게 만든 것은 폴라로이드와 코닥 간의 즉석카메라 기술도용 분쟁 사건이었다. 당시 폴라로이드는 코닥의 10분의 1 규모로, 회사 크기로만 보면 다윗과 골리앗의 싸움이었다.

　분쟁의 발단은 이러했다. 폴라로이드사에서 즉석 필름 현상 기술을 개발하자 필름의 대명사인 코닥사에서 이 기술을 구입했고 예상대로 두 회사는 엄청난 수입을 올렸다. 그런데 코닥사에서 일방적으로 폴라로이드사와의 계약을 파기하고 자체 개발한 즉석카메라를 판매하기 시작한 것이다. 이 경우 먼저 출원한 폴라로이드사와의 차별성이 관건인데 문제는 코닥사에서도 폴라로이드의 특허 일부를 침해했다는 것을 알고 있었다는 점이다. 1976년 폴라로이드는 특허침해를 이유로 코닥사를 제소했다.

　미국의 특허법은 고의로 타인의 특허를 침해할 경우 일반적인 보상액의 3배를 지불하도록 규정하고 있다. 15년을 끈 세기의 특허 소송은 폴라로이드의 승리로 끝이 났다. 1991년 미 연방법원은 코닥이 폴라로이드의 특허를 침해했다고 판단하고 8억 7,300만 달러의 손해배상 판결을 내렸다. 이는 특허분쟁 사상 최대의 액수였다.

　이 특허 소송의 패소로 코닥사는 큰 타격을 입었다. 15억 달러를 투자한 공장을 폐쇄하고 700명을 해고하는 데 그치지 않고 이미 판매한 1600만개의 즉석카메라 회수에만 5억 달러를 지출해야 했다.

　랜드의 성공은 전형적인 과학기술자도 자신의 지식을 100퍼센트 활용하여 경영자로도 성공할 수 있다는 것을 보여준다. 랜드는 원래 하버드 대학교에 입학한 과학도였다. 그런데 자신의 아이디어가 남다른 것은 물론 사업성이 있다고 판단하여 대학을 중퇴하고 자신의 연구에만 투신하여 당대에 광학 분야 전문가가 된 사람이다.

그의 성공이 간단치만은 않았겠지만 어쨌든 과학 전공을 살려 사업적으로 큰 부(富)를 이룸으로써 많은 과학자들의 사기를 올려주었다. 자신이 가장 잘 아는 분야에 성공의 길이 있다는 것을 증명해주었기 때문이다. 특히 코닥사와의 특허기술 침해 소송에서 이겼다는 사실은 많은 사람들에게 독자적인 기술 개발의 중요성을 다시 한번 인식시켜주었다. 그가 엄청난 배상금을 받을 수 있었던 것 자체로도 수많은 발명가들의 권익을 보호하는 데 크게 기여했다. 전문 지식은 언제라도 보호될 수 있다는 사실을 증명한 셈이기 때문이다.

| 코닥의 몰락 |

폴라로이드사와의 특허 소송에서 패소하고 막대한 배상금을 물어준 코닥은 내리막길을 걷다가 설상가상으로 디지털 카메라의 등장으로 치명타를 입는다.

그런데 아이러니컬하게도 디지털카메라를 최초로 개발한 것이 다름아닌 코닥이었다. 1975년 코닥은 디지털 카메라로 특허까지 냈지만, 잘 나가는 필름카메라 시장에 장애가 될 것으로 판단해 개발투자와 연구를 소홀히 했다.

그러나 2000년대 들어 등장한 새로운 디지털카메라가 기존 필름

카메라의 영역을 완전히 잠식했다. 독일 아그파, 일본 코니카 등이 잇따라 필름 제조를 중단했는데 '컬러필름의 원조격'인 코닥사의 코다크롬도 예외가 아니었다.

코닥이 몰락한 이유는 간단하다. 전성기 때 현실에 안주하고 변화의 대세(大勢)를 읽지 못한 탓이다. 전성기였던 1984년 직원 수가 무려 14만5천 명으로 GE와 함께 미국을 대표하는 미국의 30대 기업이었다. 그러나 1980년대 정보기술(IT) 붐이 일었을 때 코닥은 디지털 시대가 되면 플라스틱 필름이 필요 없어진다는 사실을 깨닫지 못했다.

1990년대 중반에 뒤늦게 디지털 사업에 뛰어들면서도 전성기의 영광에 집착해 오히려 기존의 필름 카메라 사업에 투자를 확대했다. 다른 경쟁자들이 빈사상태에 있었으므로 독점적 기회를 만났다고 생각한 것이다. 그러나 그 대가는 혹독했다. 디지털 카메라는 필름을 원천적으로 사용하지 않음으로써 시장 자체도 성립하지 않았다. 필름의 사용량이 급격하게 줄자 철저한 구조조정을 거쳤는데 단 몇 년 만에 직원의 숫자는 2만 여 명으로 줄었다. 세계적인 대기업에서 평범한 중견기업으로 추락한 것이다.

2009년 코닥은 74년 만에 코다크롬의 생산을 중단한다고 선언한 후 역사의 뒤안길로 퇴장했다. 시대의 변화에 적응하지 못한 참담한 결과였다.

메치니코프가 노화와 질병 문제에 관심을 갖게 된 데에는 우연히 읽은 한 보고서 때문이었다. 그것은 너무 나이가 많아 더 이상 살고 싶은 욕망이 없다는 두 할머니에 대한 보고서였다. 할머니들은 하루 종일 고된 일을 마친 뒤 잠자리에 드는 것처럼 편안하게 생을 마감하기를 원했다. 메치니코프의 직감은 또 다시 발휘된다. '인간에게는 자고 싶은 본능이 있는 것처럼 죽고 싶은 본능이 있다. 내가 해야 할 일은 우리가 진짜로 죽고 싶어질 때까지 건강하게 오래 사는 방법을 찾는 것이다.'

20

직감도
재능이다

일리야 메치니코프 Elie Metchnikoff, 1845~1916

면역이론을 밝혀내다

역사를 살펴보면 억세게 운이 나쁜 사람과 행운이 따라다니는 사람이 있다. 재수 없는 사람은 뒤로 넘어져도 코가 깨진다고 하지만 운이 좋은 사람은 사막에서도 싱싱한 생선을 먹을 수 있다고 한다. 이는 실제적인 상황이다. 사막의 하늘에서 생선들이 쏟아졌는데 그 이유는 강에서 생긴 회오리바람에 생선이 날아온 것이다.

학계에서는 역사상 가장 운이 좋은 사람으로 파스퇴르(Louis Pasteur, 1822~1895)를 꼽지만, 1908년 폴 에를리히와 함께 노벨 생리·의학상을 받은 메치니코프(Elie Metchnikoff)를 거론하는 사람들도 있다.

그가 역사상 가장 운이 좋은 과학자라는 평을 듣는 것은 그만큼 그의 일생이 탁월하다는 것을 의미한다. 사실 그는 침착함과는 거리가 멀고 항상 들떠 있어 진정한 과학자의 모습은 아니었다. 그런데도 그는 직감적으로 제시한 아이디어가 번번히 적중하여 노벨상도 받고 명예와 재산도 얻었다. 현재까지 과학 분야에서 노벨상을 받은 사람이 500여 명이 되는데 그 중에서 메치니코프처럼 일상에서 자주 거론되는 이름도 없을 것이다. "장수하려면 요구르트를 먹으세요"라는 광고에서 종종 만나볼 수 있는데, 그 대명사가 바로 메치니코프이다. 메치니코프야말로 행운이 따라다녔다고 말하는데, 뒤집어 말하면 행운을 잡을 수 있는 탁월한 재능을 그가 갖고 있었다는 것을 의미한다.

| 가끔 옳은 소리를 하는 메치니코프 |

1845년 러시아의 남부지방인 하리코프에서 태어난 메치니코프는 러시아 제국의 근위대 장교였던 아버지를 둔 덕에 명문 학교 중의 하나인 하리코프 대학에 입학했다. 하지만 공부는 뒷전이고 당시 유럽을 휩쓴 공산주의 이론에 심취해 지냈다. 무신론에 대해 열변을 토하는 그에게 친구들은 '신은 존재하지 않는다'라는 별명을 붙여주었다. 그런데도 그는 자신이 다른 학생들과 다르다고 누누이 친구들에게 강조해 핀잔을 듣곤 했다.

한번은 그가 현미경으로 여러 벌레들을 관찰하는 법을 배운 지 몇 시간 만에 미친 듯이 논문을 써서 과학 잡지에 투고했다. 다음날 그는 자신의 논문에 많은 오류가 있음을 발견하고 서둘러 편집자에게 자신의 실수를 발견했으니 논문을 돌려달라고 부탁했다.

그러나 그의 논문은 곧바로 반송되지 않았고 얼마 후 논문에 오류가 많아 게재할 수 없다는 통지를 받았다. 그 일로 낙담하여 그는 자살까지 생각했었다고 한다. 과학 전문 저술가 폴 드 크루이프는 그가 자살하지 않은 이유를 살아 있는 모든 것에 대한 끊임없는 호기심 때문에, 그리고 교수들과 논쟁을 벌여야 하므로 자살할 시간을 갖지 못했기 때문이라고 설명한다.

그가 뛰어난 두뇌를 가진 것만은 틀림없다. 수업 태도가 불량한 학생이었지만 학기가 끝나기 며칠 전부터 그동안 도외시하던 시험공부를 하더니 1등으로 금메달을 받았고 4년제 대학을 2년 만에 졸업했다. 메치니코프가 기고만장하지 않을 리 없었다.

1864년 졸업 후 독일로 가서 기센 및 뮌헨에서 공부했는데 독일에 유학 온 러시아 학생들조차 건방진 그를 따돌렸다. 주위 사람이 모두 적이라고 느낀 그는 인생에 싫증이 나서 더 이상 살 이유가 없다며 또다시 자살을 생각하며 집으로 돌아왔다. 그런데 그가 다시 자살을 포기한 이유가 재미있다. 마침 찰스 다윈의 《종의 기원》을 읽었는데 자신이 진화론의 문제점을 증명할 수 있다고 생각했기 때문이었다.

다윈의 진화론에서 그가 흥미를 가진 것은 "가장 강한 자가 다른 것에 비해 생존할 확률이 높다"라는 설명이었다. 그는 다윈의 이론을 증명하려고 골몰하다가 "인류가 어떻게 세균의 공격에 저항했는가"라는 환상적인 의문을 떠올렸다. 그는 호롱불 주위로 몰려드는 곤충들을 보면서 대담한 가설을 세운다. 가장 강한 자가 살아남는다는 이론을 겨우 몇 시간밖에 살 수 없는 곤충들에게 적용하려면 다윈의 진화이론에서 설명된 것과는 다소 다른 명제도 있어야 한다는 것이다. 그는 직감적으로 간단한 진화론을 만들었는데 현대의 학자들도 그의 비범한 사고에 놀라는 대목이다. 그가 제창한 신 진화론은 그야말로 대단한 설득력을 갖고 있었기 때문이다.

"생존 경쟁에서 승리한 자가 가장 강한 자들이 아니라 가장 영리한 자들이다."

메치니코프는 러시아에 귀국 후 1867년 오데사 대학 강사, 1868년에 상트페테르부르크 대학 교수, 1873년에는 오데사 대학 교수가 되었다. 그 사이 1867년 루드밀라 페오도로비치와 결혼했는데 병약했던 그녀는 1873년 폐병으로 세상을 떠났다. 세상을 비관한 그는 이번에도 자살을 기도했으나 약의 양이 너무 많아 토하는 바람에 살아났다고 한다. 약 2년 후 자산가의 딸 올가와 결혼했다.

| 미생물 사냥꾼 |

1883년 메치니코프는 자연주의자에서 갑자기 미생물 사냥꾼으로 돌변했다. 1881년 오데사 대학 당국자들과 싸우고 가족들과 시칠리아 섬의 메시나로 이주해 아마추어 실험실을 차린 메치니코프는 자신이 투신해야 할 연구 소재로 미생물이야말로 적격이라고 생각했다. 그가 갑자기 미생물 연구로 방향을 전환한 것은 파스퇴르와 코흐가 미생물 사냥으로 성공했다는 소식을 들었기 때문이다. 메치니코프는 그들처럼 미생물을 연구하면 위대한 과학자로 성공할 수 있다고 생각했다. 문제는 정작 어떻게 미생물을 사냥하는지도 몰랐고 세균을 본 적도 없다는 점이다. 그래도 자신이 손대는 것은 모두 성공한다는 자신감을 갖고 미생물 연구에 도전했다.

그러던 어느 날 바닷가에서 해면동물과 불가사리가 먹이를 먹는 것을 보고 곧

메치니코프

바로 연구를 시작하여 그들의 체내에서 이상한 세포를 발견했다. 그 세포들은 몸의 한 부분이었지만 자유롭게 체내 이곳저곳을 옮겨 다녔다. 그리고 세포의 한 부분이 돌출되었다가 돌출 부위를 따라서 나머지 부위를 끌어당기기도 했다. 그것들은 흐르는 대로 움직이는 '방랑세포들(wandering cells)'로, 아메바처럼 작은 생물과 흡사해 보였다.

아마추어 생물학자 메치니코프는 현미경 관찰을 계속해 불가사리 유충 안에서 떠다니거나 기어 다니는 자유로운 세포들이 그가 투여한 카민 입자를 향해 움직이면서 먹는 모습을 발견했다. 메치니코프는 자신이 불가사리의 소화 작용을 연구하고 있다고 생각했다. 그 순간 번개처럼 그의 머리에 스치는 생각이 있었다.

'불가사리의 몸 안에 있는 방랑세포들이 먹이를 먹는다면 틀림없이 독성을 갖고 있는 미생물도 먹을 것이다. 방랑세포들이 불가사리를 미생물로부터 보호하는 것이다. 그렇다면 우리 몸의 백혈구도 틀림없이 우리 몸을 침입한 세균들로부터 인간을 보호할 것이다.'

메치니코프는 그때까지 단 한 편의 관련 논문을 읽지도 않았지만 불가사리의 소화 작용에서 인간의 질병을 전개해낼 정도로 탁월한 직감력과 순발력을 갖고 있었다. 그가 전혀 세균을 모른다는 것도 문제가 되지 않았다. 그는 나무가시에 찔렸을 때 그것을 제거하지 않고 그냥 놔두면 가시가 박힌 피부 주위에 대부분 백혈구로 되어 있는 농이 생긴다는 것을 기억했고 이를 미생물과 연계시킨 것이다.

곧바로 메치니코프는 자신의 아이디어를 증명해 줄 실험에 들어갔다. 장미 가시를 불가사리 유충의 몸에 꽂아둔 다음날 자신의 추측이 옳았음을 확인했다. 불가사리 몸에 꽂아둔 장미 가시 주위로 방랑세포들이 떼를 지어 느리게 기어 다니고 있었다!

메치니코프는 질병의 예방효과를 포함한 대부분의 면역 현상은 세포들이 이물질이나 세균에 반응하기 때문에 생긴다는 '세포 면역설'을 확정한 후, 마침 시칠리아에 와 있던 대학교수들에게 동물이 미생물의 공격에 견딜 수 있는 이유를 설명했다.

"모든 세포는 내재된 감수성으로 인해 기능을 바꿈으로써 주위 조건의 변화에 자신을 적응시킬 수 있다. 그러므로 모든 살아 있는 요소들은 일정 정도의 면역을 획득할 수 있다. 그러나 동물의 신체에 있는 많은 세포 중에서도 가장 독립적인 식세포가 가장 먼저 그리고 가장 쉽게 감염성 질환에 대한 면역력을 얻는다. 식세포는 미생물과 그 독소들이 나타나는 곳으로 달려가 그것을 물리치는 세포이다."

교수들은 그의 설명과 증거를 보고 감탄했다. 그의 설명을 들은 교수들 중에는 당대의 유명한 생리학자 피르호(Rudolf Virchow, 1821~1902)도 있었다. 이때 설명한 '세포 면역설'이 나중에 메치니코프로 하여금 노벨상을 받게 만드는 논거가 된다.

메치니코프는 자신의 위대한 발견을 알리기 위해 당장 오스트리아 빈으로 돌아왔다. 친구인 클라우스 교수는 그의 설명을 듣고 크게 감명을 받아 자신이 발간하는 잡지에 메치니코프의 이론을 발표할 것을 제의했다.

클라우스 교수의 반응에 감복한 메치니코프도 클라우스에게 큰 선물을 안겨준다. 그가 발견한, 미생물을 게걸스럽게 먹어대는 세포들에게 과학적인 이름을 붙여줄 것을 요청한 것이다. 클라우스는 사전에서 포식세포(phagocyte, 게걸스럽게 먹는 세포)라는 단어를 찾아주어 메치니코프를 기쁘게 해주었다.

메치니코프의 포식세포 연구는 "인간이 어떻게 면역을 갖는가?"를 알아내는 결정적인 계기가 되었다. 아마추어 과학자(엄밀하게 말한다면 비전공 분야 교수)인 메치니코프가 세계적인 과학자의 반열에 올라서게 된 것은 직감에서 얻은 아이디어를 이론화했기 때문이다.

| 물벼룩이 가져다준 행운 |

메치니코프의 연구는 다른 과학자들과 사뭇 달랐다. 그것은 포식세포 이론을 먼저 정립한 후 이를 증명하는 데 집중했다는 점이다. 연구에서 그와 같은 방법은 매우 특이한 것이다. 일반적으로 연구를 하기 전에 어떤 기본 가설을 세운 후 이를 확정적으로 전개하기 위해 수많은 연구와 증빙자료를 수집한다. 그러나 가설이 잘못되거나 연구 방법이 적절치 않을 경우, 많은 과학자들이 길을 잘못 접어들어 몇십 년 연구가 수포로 돌아가기도 한다.

메치니코프도 다른 과학자들과 마찬가지로 자신의 가설을 증명하기 위해 본격적인 연구에 들어갔다. 하지만 그는 자신의 가설이 옳은지 아닌지 분석하여 이를 확정하는 것이 아니라 자신이 도출한 직관이 옳다는 것을 증명하기만 하면 되었다. 반면에 다른 많은 과학자들은 그처럼 직관으로 움직였다가 낭패를 보는 것이 대부분이다.

그는 자신의 이론적 증거를 찾는 방법에서도 남다른 행운이 따랐다. 생물에 대해 거의 지식이 없었음에도 불구하고 그는 직감적으로 물벼룩을 통해 자신의 이론을 증빙할 수 있다고 생각했다. 그가 물벼룩을 선택한 것은 불가사리 유충과 마찬가지로 몸이 투명해 체내에서 일어나는 변화를 현미경으로 관찰할 수 있기 때문이었다.

그런데 수많은 생물 중에서 그가 물벼룩을 선택했을 때 그의 입맛에 딱 맞는 물벼룩이 등장했다. 쉽게 말해 그가 원하는 연구 결론을 위해 물벼룩이 그가 원하는 병에 걸려야 하는데, 놀랍게도 그가 임의대로 선택한 물벼룩을 관찰하기 시작하자마자 그 물벼룩이 그가 원하는 대로 움직여준 것이다.

갑자기 물벼룩 한 마리가 위험한 효모의 바늘처럼 뾰족한 포자를 삼키는 것이 그의 눈에 보였다. 그 포자는 좁은 식도를 통과한 다음 물벼룩의 위벽을 뚫고 몸 안으로 미끄러져 들어갔다. 그때 물벼룩의 포식세포가 포자를 향해 몰려와 그것을 에워싸고 녹이면서 먹었다. 반면에 포식세포가 치명적인 효모 바늘과 맞서 싸우는 데 실패하면 침입자들은 재빨리 수많은 효모로 발아해서 물벼룩을 먹어치웠다. 물벼룩이 죽는 것이다. 약육강식의 세계였다.

그야말로 그가 하늘이 내려준 행운을 갖고 있다는 것을 이번에도 보여주었다. 사실 수많은 물벼룩이 그가 원하는 병에 걸리는 것은 아닌 만큼 이번에도 행운의 물벼룩이 그를 찾아온 것이다.

메치니코프는 살아 있는 생물체가 자기를 죽일 수도 있는 암살자에 대항하는 신비한 방법을 찾아냈다고 생각했고 그의 관찰은 정확했다. 더 이상 관찰을 계속할 필요가 없다고 생각한 그는 논문에 다음과 같이 적었다.

'물벼룩의 면역은 포식세포 때문이며 자연면역의 한 예이다. 효모의 포자가 몸속으로 뚫고 들어오는 순간, 포식세포가 그것을 잡아먹지 않는다면 효모는 자라기 시작해서 포식세포를 완전히 녹여서 죽여 버리는 독소를 분비한다.'

이제 남은 것은 개구리와 토끼 같은 큰 동물에서도 같은 현상이 일어나는가를 확인하는 일이었다. 메치니코프는 토끼와 개, 원숭이의 포식세포가 결핵과 재귀열, 단독(丹毒, erysiplelas)의 원인균을 잡아먹는지를 관찰하면서 연구에 몰두했다. 그의 실험실에서는 곧바로 논문들이 쏟아져 나왔고 유럽의 학자들은 메치니코프가 발견한 것들에 열광했다. 메치니코프를 시기하는 연구원들은 의사 면허증도 없는 메치니코프가 병을 예방하는 방법을 알겠느냐고 비아냥거렸다.

| 에를리히와 공동으로 노벨 생리의학상 수상 |

메치니코프는 자신의 이론을 증명하기 위해 1886년 프랑스 파리에 있는 파스퇴르 연구소로 가서 파스퇴르(Louis Pasteur, 1822~1895)에게 자신의 이론을 발전시키는 연구가 필요하다고 말했다. 파스퇴르는 메치니코프에게 짧게 말했다.

"나도 몇몇 미생물들이 싸우는 것을 본 적이 있고 자네가 올바른 길로 들어섰다고 믿네."

메치니코프는 가족과 함께 파스퇴르 연구소로 자리를 옮긴 후 노벨상을 받는 1908년 직전까지 20년 동안 포식세포를 연구했다. "미생물이 침입하면 포식세포와 일종의 전쟁을 벌이는데 그 전쟁에서 이긴 결과 면역이 생긴다"는 것이 그의 이론의 핵심이었다.

메치니코프의 '세포면역설'은 학계를 뜨겁게 달구었고 당대의 최고 학자들이 그의 이론을 지지했다. 그러나 그의 이론에 반대하는 학자들은 벌떼같이 일어났다. 그들은 아마추어 과학자가 제기한 세포설을 변덕스런 시나리오 작가나 배우들이 만들어내는 코미디라고 맹 비난하면서 '체액면역설'을 들고 나왔다.

'체액면역설'의 대표 주자는 에를리히(Paul Ehrlich, 1854~1915)였다. 그는 면역 반응을 유기체와 외래 생명체 사이의 역동적인 관계로 파악한 메치니코프와는 달리 면역이란 물질들의 삼차원적 구조와 구성 원소들의 친화성에 따라 자연적으로 일어나는 수동적 화학반응의 일종이며 이들 화학반응의 주인공이 바로 항원과 항체라고 주장했다.

에를리히는 항원과 항체에게는 어떠한 즉흥성도 허용되지 않는다고 생각했는데 메치니코프의 세포면역설은 일정 정도의 자유가 허용된 포식세포와 외래 세균 또는 그 세균에 의해 파괴된 숙주 자신의 세포가 주인공이다. 자연법칙은 큰 테두리에서만 주인공들의 행동을 지시하고 각 세포들은 각자의 역할을 소화하며 필요할 경우 즉흥적으로 반응한다.

메치니코프의 포식세포는 숙주의 의지와 관계없이 침입자에 접근하고 반응하며 임기응변에 능한 반(半)주체적 존재이지만 에를리히의 항원과 항체는 마치 자물쇠와 열쇠처럼 기계적 또는 화학적 친화성에만 의존하여 행동한다.

유럽의 학계는 양분되었다. 독일과 오스트리아 학자들은 대부분 메치니코프의 이론을 신뢰하지 않았다. 심지어 포식세포는 방어자가 아니라 죽은 미생물만 먹는 청소부라고 공격했다.

그러나 메치니코프는 파스퇴르의 백신으로 면역이 생긴 양(羊)의 혈액에서 탄저균이 왕성하게 자라는 것을 보여주는 독창적인 실험을 발표하여 기선을 제압했다.

복잡한 면역 이론을 단순하게 설명할 수는 없다. 어떤 사람은 폐렴균의 공격을 받아 사망하지만, 또 어떤 사람은 약간 땀이 나다가 회복되기도 한다. 이런 사실이 학자들을 곤혹스럽게 만들었으며 현재도 이 문제는 계속 의학계의 화두로 남아 있다.

어쨌든 당대 최고 수준의 파스퇴르 연구소의 연구원들은 메치니코 프의 이론을 옹호하기 위해 어떤 위험도 마다하지 않았다. 심지어는 혈액이 콜레라에 대한 인간 몸의 면역과 아무 상관도 없다는 것을 증명하기 위해 병독성이 있는 콜레라균을 먹기도 했다. 메치니코프도 어느 누구보다 많은 양의 콜레라균을 먹었지만 결코 콜레라에 걸리지 않았다.

열정으로 뭉친 연구원들이 메치니코프의 괴팍한 불합리성, 편협성, 그리고 고집스러운 성격에도 불구하고 그를 지지한 것은 인류의 고통을 줄이고 삶을 더 편안하게 만드는 일에 개인의 성격은 문제가 되지 않는다고 여겼기 때문이다. 지금도 파스퇴르 연구소 입구에 메치니코프의 동상이 있는 것도 우연이 아니다.

과학계에서 두 가지 가설이 공존할 때 둘 중 하나가 옳고 나머지 하나는 틀리다고 보는 것이 기본 입장이었다. 그러나 1908년 노벨위원회는 예상을 깨고 이들 두 사람에게 노벨 생리의학상을 공동 수여했다. 이는 세포설과 체액설이 서로 대립하기보다는 상호보완의 관계를 갖는다는 주장에 손을 들어준 것이다. 그만큼 인간이 질병을 치료하는 데는 그 방법이 오묘하다는 것을 의미한다. 메치니코프는 이번에도 남다른 직감을 활용하여 궁극적인 결과를 얻었고 또한 성공에 이르렀다.

| 노화에 대한 연구 |

메치니코프가 노화와 질병 문제에 관심을 갖게 된 데에는 우연히 읽은 한 보고서 때문이었다. 그것은 너무 나이가 많아 더 이상 살고 싶은 욕망이 없다는 두 할머니에 대한 보고서였다. 할머니들은 하루 종일 고된 일을 마친 뒤 잠자리에 드는 것처럼 편안하게 생을 마감하기를 원했다. 메치니코프의 직감은 또 다시 발휘된다.

'인간에게는 자고 싶은 본능이 있는 것처럼 죽고 싶은 본능이 있다. 내가 해야 할 일은 우리가 진짜로 죽고 싶어질 때까지 건강하게 오래 사는 방법을 찾는 것이다.'

메치니코프는 "인간은 왜 늙고, 왜 죽어야만 하는가?" 라는 의문을 가졌다. 그리고 인간이 왜 면역을 갖는지에 대한 연구를 정리하기 시작했다. 그는 질병으로 죽는 사람도 있고 치유되는 사람도 있지만 '질병이란 단지 지나가는 한 사건이다'라고 적었다.

인간에겐 죽을 때까지 건강하게 오래 살고자 하는 욕망이 있다. 메치니코프는 드디어 자신이 궁극적으로 매달려야 할 연구 소재를 찾았다고 생각했다. 곧 노화의 원인을 연구하기 시작한 그는 스칸디나비아의 과학자 에지렌의 논문에서 동맥경화가 노화의 원인이며 알코올, 매독, 그리고 다른 병들이 동맥경화의 원인이라는 것을 알아냈다.

메치니코프는 당장 인간을 괴롭히는 병들이 어떻게 동맥을 딱딱하게 만드는지에 대한 연구 주제로 택한 것이 특이하게도 '매독'이었다. 그는 매독이 어떻게 동맥경화를 일으키지 알아내기 위해, 매독 환자에게서 얻은 균을 원숭이들에게 접종하고 4년 동안 매독균을 약화시킬 수 있는 방법을 찾아내는 데 몰두했다.

이번에도 행운은 그의 편이었다. 매독을 일으키는 균을 원숭이의 귀에 문지른 뒤 24시간 후에 그 귀를 잘랐는데 원숭이의 신체 다른 어떤 부분도 매독 증상을 보이지 않았다. 매독균이 몸에 들어가자마자 전신으로 퍼지는 것이 아니라 침입한 곳에서 몇 시간 머물러 있다고 추정했다. 균의 침입 경로를 정확히 알면 온몸으로 퍼지기 전에 균을 퇴치할 수 있다는 점에서 볼 때 그의 결론은 놀라운 발견이었다.

메치니코프는 미생물 사냥에 있어서 가장 실용적인 물질, 즉 유명한 염화제1수은 연고를 개발해 파스퇴르처럼 공개적인 실험을 했다. 그는 젊은 의대생 메종뇌브를 부추겨 자원해서 매독균을 접종 받게 만들었다. 프랑스의 가장 유명한 의료계 인사들로 구성된 위원회 앞에서 메종뇌브는 용감하게 엄청난 양의 매독균을 자신의 상처 속으로 집어넣었다.

메종뇌브는 매독균을 접종받은 지 한 시간 후에 메치니코프가 개발한 염화제1수은 연고를 발랐다. 그리고 메종뇌브와 함께 접종했던 원숭이에게는 연고를 발라주지 않았다. 메치니코프가 메종뇌브에게 걱정하지 말라고 안심시킨 것은 사실로 나타났다. 그는 매독에 걸리지 않았지만 원숭이는 30일 후에 병에 걸렸다.

메치니코프는 매독 치료 연고를 개발하여 수많은 상을 받고 엄청난 재산을 모았다. 당시 매독은 인간이 걸릴 수 있는 최악의 질병이었고 환자들은 어떠한 대가를 치르더라도 그의 치료 연고를 구입해야 했다. 일부 도덕주의자들은 메치니코프의 매독 치료 연고처럼 쉽고 완벽한 치료법이 알려진다면 도덕성이 문란해진다고 항의했다. 메치니코프는 예의 탁월한 웅변으로 맞받아쳤다.

"매독의 확산을 막는 것이 부도덕하다는 주장이 있지만 모든 도덕적인 방법을 동원해도 매독의 창궐을 막지 못했으며 결백한 사람들이 병에 걸리기도 했다. 전염병을 물리칠 수 있는 방법을 알면서 그것을 사용하지 않는다면 그것이야말로 부도덕한 일이다."

⏐ 유산균이 효자 ⏐

노화에 대한 메치니코프의 연구는 계속되었다. 그는 인간의 장(腸) 속에 있는 나쁜 부패균이 만들어내는 독소에 자가 중독되면 그것이 동맥을 딱딱하게 만들고 인간을 빠르게 노화시킨다고 생각했다. 실제로 대장을 절제하고도 오래 살았다는 두 사람의 사례를 찾아내고 대장이 없다면 훨씬 오래 살 수 있다고 믿었다. 그렇지만 평소의 그답지 않게 사람들에게 장 절제 수술을 받으면 장수할 수 있다고 주장하지는 않았다.

학자들은 이번에도 그의 번뜩이는 아이디어를 조롱했다. 어떤 사람은 코끼리가 엄청나게 큰 대장을 가지고 있지만 100년을 산다는 것을 상기시켰다. 그리고 인간도 긴 장을 가졌지만 지구상에서는 장수 동물에 속한다는 사실을 지적했다.

다른 사람의 의견을 듣지 않고도 늘 성공했던 메치니코프는 이번에도 다른 사람의 비난을 감수하면서 자신만의 탁월한 예지력으로 방법론을 찾기 시작했다. 그는 동물들이 진화하는 동안 왜 길다란 장을 갖게 되었는가에 관한 논쟁에 휘말리면서도 자가 중독의 해법을 찾기 시작했다.

이번에도 그는 남다른 직관력으로 그럴듯한 아이디어를 이끌어냈다. 불가리아와 코카서스 지방에는 많은 노인들이 100세가 넘도록 장수하며 그 장수 요인은 유산균을 먹기 때문이라는 것을 발견했다. 유산균이란 당을 먹고 살며 대사 산물로 유산(젖산)을 생성하는 발효세균을 말하는데, 부패시키는 능력은 없는 유익한 세균이다. 유산균은 적당히 따뜻한 온도와 먹을 것만 있으면 잘 번식해서 유제품을 발효시켜 치즈와 유산균 음료로 만든다. 간장과 된장에도 들어 있으며 김치가 시큼한 맛을 내는 것도 유산균이 들어 있기 때문이다.

유산균에는 장을 깨끗이 해주는 정장효과가 있는데, 즉 우리 몸에 이로운 균의 생성을 돕고 유해균의 생육을 억제하는 것이다. 장에 있는 유산균은 젖산을 분비해 장내의 산도를 높임으로써 유산균보다 산에 더 약한 다른 유해균을 죽인다. 이를 다른 말로 장내의 pH를 유지시킨다고 한다.

메치니코프는 자신의 실험실에서 곧바로 유산균 연구를 시작했다.

코카서스의 126세 어머니와 101세 아들

유명한 불가리아균(Lactobacillus bulgaricus)을 통한 치료약이 등장하는 순간이다. 그는 불가리아균이 젖산을 만들어 장 속에 있는 독성이 있는 나쁜 균들을 쫓아버린다고 설명했다. 즉 유산균이 장내의 유해균의 활동을 억제하고 독소의 발생을 방지한다는 것으로, 이를 섭취하면 병에 걸리지 않는 체질로 바뀌며 이것이 바로 불로장생의 비결이라는 것이다. '메치

300

니코프의 유산균 요법'이라고 이름지어진 그의 새로운 이론은 엄청난 반향을 불러일으켰다.

영국 신문들은 그가 다윈의 《종의 기원》에 필적하는 논문을 작성했다고 갈채를 보냈고 세계 각지에서 불가리아균을 생산하는 공장들이 세워졌다. 더욱이 메치니코프는 노벨상 수상자라는 명예로운 그의 이름을 상표로 사용하도록 허락하여 업자들을 기쁘게 했다. 지금 세계에서 판매되는 수많은 요구르트는 전적으로 메치니코프의 공이라고 해도 과언이 아니다.

메치니코프처럼 손대는 연구마다 성공하기란 정말 어려운 일이다. 메치니코프 스스로도 남다른 행운이 따른다고 생각하기도 했지만, 그가 손대는 연구마다 성공했다는 것은 행운이 아니라 탁월한 재능과 직감을 갖고 있었음을 의미한다.

더구나 그는 자신의 재능을 단 한 순간도 헛되이 낭비하지 않았다. 그는 실패를 두려워해서 주어진 재능을 포기하는 것을 가장 싫어했다. 어느 면에서 그처럼 연구를 즐겼고 또 그것을 활용하는데 앞장 선 사람도 없다. 단지 다른 사람보다 성공의 횟수가 많았는데 그것을 단순한 행운으로만 볼 수 없는 이유이다.

젊었을 때는 트러블 메이커로 살던 메치니코프였지만 인생의 후반 거의 20년 동안은 자신의 이론을 엄격히 지키며 살았다. 술을 마시지도 않았고 담배를 피우지도 않았다. 유산균 음료를 마시면 누구나 150세까지 수명을 늘릴 수 있다고 믿었기 때문에 매일 유산균 음료 즉 불가리아균을 먹었다. 1929년에 발간된 메치니코프 자서전에서 그의 아내는 이렇게 이야기했다.

'남편은 살균하지 않은 음식은 절대로 먹지 말 것을 평소에 늘 주장해왔는데, 매일 미생물이 살아 있는 발효유를 먹는 것을 보고 나는 의아하게 생각했습니다(당시에는 식중독으로 인한 사망이 많았기 때문에 대부분의 생물학자는 모든 음식에 가열할 것을 권장했다). 남편은 선천적으로 콩팥이 좋지 않았는데, 매일 유산균 발효유를 직접 만들어 먹은 후로 병이 호전되는 것을 보았습니다.'

유산균 업자들이 가장 원하던 바로 그 말이었다!

1916년 동맥경화증으로 사망할 때 그의 나이는 71세로, 당시 평균 수명으로는 적지 않은 나이였다. 그가 사망하자 일부 사람들은 지구상에서 가장 행복한 사람 즉 "직감으로 세상을 섭렵한 사람이 이 세상을 떠났다"고 말했다.

누구든지 메치니코프와 같이 직감으로 승부하여 성공하는 것은 아니겠지만, 누구에게든 그런 기회가 찾아올 수는 있다. 논리적 사고를 필요로 하는 과학 분야에서 메치니코프의 경우처럼 직감이 큰 성공을 하는 사례가 있음을 보면, 직감이란 결코 비과학적인 것만은 아닌 듯하다. 그런 직감이 신념과 재능과 결합되었을 때 비로소 빛을 볼 수 있는 것이다. 메치니코프를 세계에서 가장 행운이 따르는 사람이 아니라 가장 재능이 있는 사람이라고 평가하는 이유이다.

21
유명인사의
명성을
이용하라

앨버트 아인슈타인 Albert Einstein, 1879~1955
이름 자체가 상표가 될 수 있다

미국의 격주간 경제전문지 〈포브스〉는 정례적으로 이미 고인이 된 사람들 가운데 한 해 동안 가장 많은 돈을 벌어들인 명사들을 발표한다. 그것도 최소 연간 500만 달러 이상 돈을 버는 고인(故人)들이 조사 대상이다.

대부분은 유명인 리스트 1위에 오른 사람은 '로큰롤의 황제' 엘비스 프레슬리(1935~1977)이다. 그는 죽은 지 30년이 넘도록 다큐멘터리 〈멤피스 플래시〉 등으로 연간 4~5천만 달러의 수익을 올린다. 2009년 마이클 잭슨이 사망하여 그 순위가 바뀔지 모르지만 살아 있는 가수 마돈나보다 수입이 높다. 〈스누피〉와 〈피너츠〉로 유명한 만화가 찰스 슐츠, 호주 출신 영화배우 히스 레저, 비틀즈 멤버 존 레논, 팝아트의 창시자 앤디 워홀, 영화배우 스티브 맥퀸과 폴 뉴먼, 마릴린 먼로, 제임스 딘 등이 리스트에 등장하는 이름들이다. 이들이 죽어서도 엄청난 수입을 올리는 것은 지금도 그들을 찾는 사람들이 많기 때문이다.

살아서는 별로 돈과 인연이 없던 아인슈타인은 놀랍게도 이 명단에 단골로 등장하는 이름이다.

1932년 미국의 프린스턴 대학교가 아인슈타인을 초빙할 때 제시한 연봉은 3만6천 달러였다. 노벨상 수상자인 아인슈타인에게 제시된 이 연봉은 당시의 기준으로 적지 않은 것이었다. 그러나 아인슈타인은 '완전히 독립적인 연구 환경'이 보장되면 하루 세끼 먹는 것으로 충분하다며 파격적인 특별대우를 거절했다. 대학 측은 결국 일반 교수보다 높은 연봉 1만6천달러로 그를 설득했다. 아인슈타인과 같은 대 과학자에게 적은 연봉을 준다면 외부로부터 받는 각종 기부금이나 지원금 모금에 지장을 받을 수 있다고 생각했기 때문이다. 여하튼 대학교 당국에서 제시한 연봉보다 무려 60퍼센트 정도를 낮춘 정말 세상에 보기 드문 흥정이다.

이처럼 재물에 초연했던 아인슈타인은 〈포브스〉가 발표하는 죽어서 가장 돈을 많이 버는 사람의 순위에서 5~6위를 차지한다. 2007년에는 무려 2천만 달러나 벌었다. 그가 죽은 뒤에 이토록 많은 돈을 벌어들이는 주 수입원은 바로 아인슈타인이라는 이름값이다.

| 사후에 비로소 돈을 버는 아인슈타인 |

생전에 많은 돈을 벌지 못했던 아인슈타인이 사망 이후 비로소 많은 돈을 벌게 된 것은 한 주부의 사업적 재능 때문이다.

1997년 1월, 미국의 줄리 클라크(Julie Clark, 1948~)는 알파레타(Alpharetta)에 있는 그녀의 지하실에서 남편인 빌(Bill)과 함께 베이비 아인슈타인(Baby Einstein) 로고가 든 유아용 비디오테이프를 제작하여 출시했다. 그들의 비디오는 미국 전역을 강타하여 순식간에 수많은 지점이 전국에 개설되었다. 베이비 아인슈타인의 성공에 힘을 얻은 그들은 베이비 모차르트, 베이비 셰익스피어, 베이비 반 고흐 등을 계속 출시했다.

세계 엔터테인먼트 시장을 석권하고 있는 헐리웃의 월트디즈니사는 줄리에게 합병을 제안했다. 월트디즈니사의 자본력과 상품 제작 능력으로 더욱 커진 베이비 아인슈타인은 비디오, 책, 인형, 장난감 등을 포함한 미국의 유아용품 시장을 석권하고 있다. 현재 미국 전체 시장의 거의 90퍼센트를 장악했다고 알려지는데 그 매출액 가운데 일정 부분을 아인슈타인이라는 이름을 사용하는 저작권료로 아인슈타인 측에 제공한다. 살아서 역사상 가장 창조적인 지식인의 한 사람으로 인정받았던 아인슈타인이란 이름 자체가 그 무엇보다도 큰 상품가치를 지니고 있기 때문이다.

아인슈타인이 놀라운 업적을 이루는 데 필요했던 유일한 도구는 연필과 종이였으며 그의 유일한 연구실은 자신의 두뇌였다. 그는 완전히 독자적으로 연구하면서 과학의 가장 기초적인 토대를 흔들어놓은 '상대성이론'과 '광전자이론' 등을 도출하여 새로운 현대 과학을 대표하는 사람이 되었다.

줄리 클라크는 바로 천재와 동의어로 통하는 아인슈타인이라는 이름에서 상업적 가능성을 보았던 것이다. 인류 역사상 최고의 천재가 아인슈타인이라는 것은 〈디스커버리 채널〉이 세계의 각 전문가들을 대상으로 인류사를 바

베이비 아인슈타인 로고

꾼 위대한 발견 100가지를 선정했던 프로젝트로도 알 수 있다. 〈디스커버리 채널〉은 종교와 인문 분야를 제외한 과학 분야에서 선정한 100가지를 엄선하여 상위 10가지를 뽑았다. 인류사를 통틀어 가장 중요한 이론을 제공하여 각 시대의 패러다임을 획기적으로 바꾼, 즉 인간의 사고를 전향적으로 전환시킨 가장 중요한 이론을 10개로 압축하자는 의도였다.

인류 역사상 가장 중요한 10가지의 결정적 이론으로 선정된 첫 번째는 다윈의 진화론이고, 아인슈타인이 구상한 '상대성이론'과 'E = mc²'이 각각 두 번째와 세 번째 순위에 꼽혔다. 그가 인류사에 있어 최고로 손꼽히는 천재라는 것이 여실히 증명된 것이다.

줄리 클라크는 아인슈타인이라는 이름 자체만으로도 어린아이들을 교육시키는 자료를 판매하는데 큰 자산이 될 수 있다고 믿었고 이를 자신이 구상하는 사업의 브랜드로 사용하겠다고 결정했다. 그녀는 우선 아인슈타인의 이름을 사용할 수 있는지 조사하여 아인슈타인이 사후에 자신의 모든 것을 히브리 대학교에 기증하도록 유언했다는 것을 알았다. 아인슈타인이라는 이름을 상표로 사용하려면 아인슈타인의 상속자들이 아니라 이스라엘의 히브리 대학교(Hebrew University)와 계약해야 했다.

줄리 클라크가 히브리 대학교에 문의했을 때 아인슈타인의 저작권 관리 담당은 아인슈타인의 명예를 훼손시키지 않는 용도라면 허락할 수 있다고 회신했다. 즉 베이비 아인슈타인이라는 교육적 용도로는 허락이 가능하다는 설명이었다.

줄리 클라크는 손 크게 베팅했고 그녀의 장담대로 대 성공을 거두었다. 그녀가 개발한 어린아이 교육 자료가 충실한 것이기도 했지만 아인슈타인의 로고가 들어간 각종 제품, 인형, DVD, 책, 스푼, 포스터 등이 많은 사람들로부터 큰 호응을 얻었기 때문이다. 이에 힘입은 리틀 아이슈타인 역시 큰 성공을 거두었다.

아인슈타인이라는 로고를 사용하는 대가로 연간 2천만 달러 이상을 지불한다는 것은 그만큼 아인슈타인의 이름값이 크다는 것을 뜻한다.

줄리 클라크를 더욱 기세등등하게 만든 것은 아인슈타인의 성공에 힘입어 베이비 모차르트, 베이비 셰익스피어, 베이비 반고흐 등도 덩달아 성공했는데 이들에게는 저작권료를 지불할 필요가 없다는 점이다. 미국의 저작권법에 의하면 사후 70년까지만 초상권료를 지불한다.

줄리 클라크의 사례는 독창적인 아이디어가 탁월하면 성공할 수 있다는 것을 넘어 그 어느 유명인사라도 끌어들일 수 있는 단초를 만들었다는데 중요성이 있다. 사실 인류사상 최고의 천재라고 알려진 아인슈타인을 상업적인 목적에 활용할 수 있다고 생각하는 사람은 거의 없을 것이다. 살아 생전에 세계인의 아이콘이 된 것은 물론 돈에 대해 큰 집착을 보이지 않은 아인슈타인이라면 더욱 그렇다.

줄리 클라크의 성공은 바로 그런 일반인들의 생각을 뒤집었기 때문에 가능했다고 볼 수 있다. 아인슈타인이 생존해 있었다면 줄리도 아인슈타인에게 접근하여 출판에 사용하겠다고 시도조차 하지 못했을 것이다.

엄밀히 말한다면 줄리보다 히브리 대학교가 고마워했을 것이다. 일반적으로 사망한 사람의 경우 그가 갖고 있는 회사나 부동산의 상속으로 큰 자산이 될 수 있으나 아인슈타인의 경우 생존할 때 유명하기는 했지만 자산가는 아니었다. 그 틈새를 줄리가 메워주겠다는 것에 싫어할 사람이 어디 있겠는가.

여하튼 줄리 클라크의 아이디어는 대성공하여 현재 어린이 시장에서 아인슈타인을 이용한 각종 제품이 세계를 석권하고 있다. 클라크가 우리들에게 보여주는 것은 자신이 유명한 사람이 아니더라도 저명한 인사들을 활용할 기회를 찾으면 성공할 수 있는 영역이 넓어졌다는 것을 알게 해준다.

보통 사람이 노력을 한다고 해서 아인슈타인과 같은 유명한 과학자가 될 수 있는 것은 아니다. 그러나 세계적인 사람은 아인슈타인뿐만 아니다. 아인슈타인이 과학자로서 세계의 선두주자임이 틀림없지만 모든 유명인사가 과학자는 아니다. 이를 뒤집어 생각한다면 아인슈타인과 같은 위대한 과학자가 아니라도 나름대로 각 분야에서 성공한 사람들의 명성을 적절히 활용한다면 엄청난 수익을 올릴 수 있는 가능성을 열어준다는 사실이다.

| 대어를 놓친 로렌츠 |

아인슈타인이 사후에 엄청난 초상권 저작료를 받을 수 있게 된 것은 그의 탁월한 과학적 업적 때문이다. 그러나 여기에서 아인슈타인이 왜 인류사상 최고의 과학자가 되었는지 그의 과학적 업적에 대해 일일이 설명한다는 것은 진부한 일이 아닐 수 없다. 그러므로 아인슈타인을 따라다니는 가장 큰 논쟁의 대상이 되었던 한 가지 이슈에 대해서만 설명한다. 아인슈타인의 가장 중요한 상대성이론이 로렌츠(Hendrik Antoon Lorentz, 1853~1928)의 아이디어를 차용했다는 것이다. 말도 안 되는 이야기 같지만 이 이야기는 매우 중요한 과학적 논리를 배경으로 갖고 있다는 것을 이해할 필요가 있다.

이 책은 원래 어떤 과학적 원리를 설명하는 것이 아니라 기본적으로 신념, 집념, 재능 등으로 당대는 물론 죽은 뒤에도 남부럽지 않은 명예와 재산을 획득한 사람을 주제로 하고 있다. 아인슈타인의 경우 그가 세계 최고의 과학자로 우뚝 솟을 수 있었던 것은 어떤 중요한 계기가 있었기 때문이다.

다소 어렵게 느껴지는 부분이 있더라도 아인슈타인이라는 세계적인 천재를 보다 이해하는 차원에서 정리해본다.

19세기 과학계의 화두는 에테르(ether)였다. 에테르는 아인슈타인의 상대성이론을 탄생케 만든 것으로, 당시 사람들에게는 그야말로 미스터리한 존재였다. 에테르는 눈에 보이지도 않으면서 질량과 마찰도 없고 안정되어 있는 신비의 물질로 데카르트가 처음 제안하고 뉴턴이 이를 인정했다고 알려져 더욱 신뢰성을 인정받고 있었다.

소리가 공기(혹은 음파를 전달하는 다른 물질)을 진동시킴으로써 전달된다는 것은 잘 알려진 사실이다. 특히 소리는 진공 속에서는 전달되지 않기 때문에 소리의 전달에는 반드시 어떠한 실체의 물질이 필요하므로 광파 역시 그것을 전진시키는 운반물, 다시 말해 무엇인가 실체가 있는 물질이 있기 때문에 전해진다고 생각되었다.

문제는 혹성과 별 사이의 광대한 공간은 공기는 물론 다른 매개체도 없는 진공이라는 점이다. 그런데도 빛은 여하간 이런 진공 속을 태양에서 지구까지 약 1억 4900만 킬로미터를 달려온다. 빛이 아무것도 없는 공간을 진행한다는 사실 즉 빛의 전달에는 어떠한 매개체도 필요하지 않다는 것을 인정하지 않으려면 해답은 간단했다. 우주 공간이 비어 있는 것처럼 보이지만 빛이 지나가는 것으로 미뤄 볼 때 빛을 전달하는 매개 물질이 우주 공간에 충만해 있다는 것으로 이것을 '빛 에테르' 또는 간단히 '에테르'라 부른다. 다시 말해서 먼 별로부터 빛이 우주공간을 가로질러 지구까지 오려면, 이 광대한 우주공간은 모조리 에테르로 충만해 있어야 한다는 것이다. 지구는 광대한 에테르의 바다 속에 잠겨 있는 잠수함처럼 에테르를 가로질러서 태양 주위의 공전운동을 하고 있는 셈이다.

빛의 성질이 어느 정도 규명되자 에테르의 성격도 규정되었는데 에테르가 가져야 할 성질은 학자들을 깜짝 놀라게 했다. 우선 에테르는 빛이 통과할 때 진동하는 고체여야 하며 매우 단단할 뿐만 아니라 미세하고 모든 곳, 즉 진공에도 존재해야 했다. 한 마디로 에테르가 존재한다면 그것은 이제까지 알려진 적이 없는 새로운 종류의 물질이어야 했다.

더욱 놀라운 것은 에테르가 존재한다면 그것은 모든 공간에 퍼져 있어야 하기 때문에 우주에 고정되어 있고 움직이지 않는 유일한 물질이어야 했다. 이 말은 에테르가 움직이면서 회전하고 있는 천체의 배경 속에서 분명히 정지해 있어야 한다는 것을 의미했다. 그것은 어항 속의 금붕어가 헤엄쳐 돌아다닌다고 해도 안에 있는 물이 움직이지 않는 것과 마찬가지다. 지구나

아인슈타인과 로렌츠

다른 행성이 태양 주위를 선회하고 있다는 것을 생각하면 그야말로 믿기지 않는 결론이다.

이러한 모순점이 있음에도 불구하고 에테르는 존재해야 하므로 과학자들은 에테르의 발견에 노력을 집중했다. 우선 어떻게 하면 에테르가 있다는 것을 검증할 수 있느냐이다. 방법은 매우 간단하다. 낮과 밤, 계절별 빛의 속도를 재고 일정한 변화 정도를 파악하면 에테르를 발견할 수 있다는 것이다.

에테르를 측정한다는 것이 단순한 일이 아님을 누구나 직감할 수 있을 것이다. 그러나 세상에는 이렇게 어렵고 고난에 찬 업무를 자청하는 사람이 꼭 나타나게 마련이다. 빛의 속도를 측정한 마이클슨(Albert Michelson, 1852~1931)과 몰리(E. W. Morley, 1838~1923)가 그런 사람들이다.

마이클슨은 자신이 개발한 간섭계를 사용해 빛의 속도를 측정했다. 그가 측정한 광속은 299,776.25킬로미터로 실제보다 0.006퍼센트가 적은 값이다.

마이클슨은 빛의 속도를 측정한 데 이어서 에테르의 존재를 확인하는 실험에 착수했다. 빛의 속도가 너무나 빠르기 때문에 에테르에 의해 발생되는 속도 차이를 확인하려면 실험의 정밀도를 높이는 것이 관건이지만 이미 빛의 속도를 정밀하게 측정한 그들로서는 어려운 일이 아니었다.

그는 모든 색깔의 빛이 진공에서 같은 속도를 갖는다는 것을 발견했다. 또한 그들은 에테르가 존재한다는 어떠한 증거도 찾을 수 없었다. 간섭계를 어느 방향으로 돌려놓아도, 아무리 다시 실험을 해도 결론은 항상 똑같았다. 에테르라는 매개 물질이 있다면 꼭 있어야 할 중요한 간섭 줄무늬의 변환은 발견되지 않았다. 이것은 에테르가 존재하지 않는다는 것을 의미했다. 그는 1886년 에테르의 존재를 부정하는, 즉 빛의 매개 물질이 존재하지 않는다는 결과를 발표했다.

| 로렌츠 – 피츠제럴드 방정식 |

마이클슨-몰리의 실험이라고 불리는 이 유명한 측정 결과는 많은 물리학자들로부터 비난을 받았고 심지어는 결과를 부정당하기도 했다. 그들의 에테르 검출 실패를 설명하기 위해 아일랜드의 물리학자 피츠제럴드(George Francis Fitzgerald, 1851~1901)는 운동하는 물체는 그것의 절대 운동의 방향으로 길이가 줄어든다고 제안했다. 그는 지구 운동과 같은 방향으로 광속을 측정하면, 측정치는 측정 기구의 수축으로 상쇄되어 지구 운동의 수직 방향으로 측정된 광속의 측정치와 같아진다는 것이다. 그에 따르면 초속 11,265킬로미터로 달리는 물체는 그 운동 방향으로 10억 분의 2만큼 수축한다. 초속 11,265킬로미터면 오늘날 가장 빠른 로켓이 낼 수 있는 속도이다. 다시 말해 에테르가 존재해도 마이클슨-몰리의 측정 방법으로는 에테르를 검출할 수 없다는 것이다.

피츠제럴드의 가설은 곧바로 격렬한 반대에 부딪혔다. 이러한 수축을 실증하는 근거도 없고 피츠제럴드 또한 왜 물체가 에테르 속에서 운동하면 수축되는지에 대한 이유도 설명하지 못했다. 이 가설에 의하면 모든 물체는 에테르에 대해서 같은 속도로 운동할 때 같은 비율로 수축된다. 그런데 쇠는 나무보다 훨씬 무겁고 단단하므로 목재와 쇠의 수축률이 달라야 한다는 의문도 제기된다. 피츠제럴드는 이런 의문에 대해 아무런 대답도 하지 못했다. 그러므로 그의 수축 가설, 즉 수축이 만약 일어난다면 마이클슨과 몰리의 실험 결과를 설명할 수 있다는 이유로만 제기된, 이른바 '반대를 위한 반대'로 치부되었다. 한마디로 타인의 실험을 부정하기 위해 억지로 도출한 생각에 지나지 않는다는 것이다.

그런데 〈방사에 대한 자장의 영향의 연구〉로 제2회 노벨물리학상을 수상하는 네덜란드의 헨드릭 안톤 로렌츠가 놀라운 논문을 발표했다. 큰 틀에서 피츠제럴드와 같은 결론을 도출했는데 그는 피츠제럴드와는 달리 물체가 절대 운동의 방향으로 수축할 뿐만 아니라 그 질량도 증가해야 한다고 수학적으로 밝혔다. 즉 1킬로그램의 물체가 광속의 반으로 움직이면 질량이 1.15킬로그램으로 늘어나고, 광속의 3/4 속력으로 운동하면 1.5킬로그램, 광속으로 달린다면 질량은 무한대가 된다는 것이다. 그는 무한대의 질량은 존재할 수 없으므로 물체의 속도는 광속보다 더 빨라질 수 없다고 생각했다.

피츠제럴드의 길이 수축과 로렌츠의 질량 증가 효과는 서로 밀접하게 관련되어 있으므로 '로렌츠−피츠제럴드 방정식'이라고 한다. 여기서 질량과 속력 사이의 관계는 $m = m_0/(1-v^2/c^2)^{1/2}$ 로 주어진다. m_0는 물체의 정지질량, m은 물체가 관찰자의 기준계에 대하여 속력 V로 움직이고 있을 때 관찰자가 측정하는 질량이다.

수학 공식이 등장하여 다소 혼란스럽겠지만 앞의 변환식은 아인슈타인이 상대성이론을 도출할 때 사용된 수학과 완전하게 동일하다는 선에서만 이해하면 된다. 즉 아인슈타인의 상대성이론에 나오는 방정식은 로렌츠−피츠제럴드 방정식과 똑같다.

이와 같이 상대성이론에 사용된 수학 공식이 로렌츠−피츠제럴드 방정식과 같은 것은 이들 이론이 기본적으로 같은 내용을 전제로 유도된 것이기 때문이다. 이 점이 아인슈타인의 상대성이론이 로렌츠의 식을 차용했다고 꾸준히 제기되는 이유인데 같은 공식을 로렌츠가 아인슈타인보다 먼저 발표했으므로 어느 정도 납득이 가는 일이다.

그런데 두 사람이 방정식을 도출하면서 전개한 내용은 원천적으로 다르다. 한마디로 로렌츠−피츠제럴드는 자신들이 유도한 공식의 중요성과 그 공식이 갖고 있는 함축된 내용을 이해하지 못한 반면 아인슈타인은 로렌츠−피츠제럴드의 식을 자신이 구상하는 우주의 기본 틀에 적용하는 데 성공했다는 점이다.

이런 결과는 사실 로렌츠로서는 불가피한 일이었다. 마이클슨의 엄밀한 측정에 의해 에테르가 존재하지 않는다는 사실이 증명되었음에도 불구하고 로렌츠는 에테르가 존재해야 하므로 에테르 불검출 이유를 이론적으로 분석했고 아인슈타인은 아예 에테르가 존재하지 않는다는 것을 전제로 자신의 상대성이론을 구상했기 때문이다. 한마디로 로렌츠나 아인슈타인이나 동일한 수학공식을 유도했지만 로렌츠는 에테르가 존재한다는 것을 바탕으로 정지한 관측자의 입장에서 보는, 운동하는 대전입자(帶電粒子)에 한해서 기술한 것임에 반해 아인슈타인은 에테르가 존재하지 않는다는 것을 전제로 운동하는 관측자가 보는 모든 물체에 대해 설명했다.

결론을 말한다면 로렌츠는 세계를 놀라게 할 이론을 아인슈타인보다 먼저 만들었지만 그것을 보다 한 차원 높은 경지로 발전시키는 데 실패했다. 그것은 그가 가정한 전제의 출발이 오류였기 때문이다. 아인슈타인의 중요성은 로렌츠의 방정식이 갖고 있는 핵심을 알아차리고 이를 자신의 가정에 맞게 명쾌하게 설명했다는 데 있다. 당대의 일부 학자들은 아인슈타인이 로렌츠가 모두 건설해 놓은 교량에서 마지막 못만 박은 것에 지나지 않은 것이라고 혹평했다. 그러나 아인슈타인이 사용한 못은 일반 못이 아니라 에테르로 칠해지지 않은 못이었다. 그 차이는 분명한 것이다.

| 상대성이론의 탄생 |

아인슈타인보다 먼저 수축설을 제시한 로렌츠의 설명은 일반인들에게 커다란 충격을 주지 않았지만 아인슈타인의 이론은 충격적으로 받아들여졌다. 아인슈타인과 로렌츠가 설명하는 주제에 현격한 차이가 있기 때문이다.

다시 한번 간단히 설명하면, 아인슈타인은 운동하는 모든 물체의 속력이 증가하면 길이가 수축하고 질량이 늘어날 뿐만 아니라 시간의 흐름도 느려진다고 주장했다. 아인슈타인의 우주 개념은 시간과 공간을 뒤섞은 것으로 시간과 공간이 그 자체만으로는 무의미하며, 시간은 한 차원을 차지하는 4차원이라는 것이다.

움직이는 물체는 정지해 있을 때보다 길이가 짧아지고 질량이 늘어난다. 설명이 다소 어렵게 느껴지겠지만 논리적인 사고를 하면 이해할 수 있다. 갈릴레이의 상대성 원리는 서로 등속도로 운동하는 두 관측자 사이에서 역학 법칙이 똑같다는 뜻으로 운동이 곧 상대적이라는 것을 전제로 한다. 움직이는 나와 앉아 있는 사람과 차이가 없다는 것이다. 이는 앉아 있는 사람이 볼 때 내가 움직이지만 내가 볼 때는 앉아 있는 사람이 움직이는 것처럼 보이는데 이는 운동이 상대적이라는 것을 의미한다. 그런데 이때 시간이 절대적이라는 것을 전제로 한다. 즉 나나 앉아 있는 사람의 시간은 똑같다.

반면에 아인슈타인은 운동뿐만 아니라 시간의 절대성도 상대적이라고 설명했다. 기차의 길이를 재는 방법을 생각하자. 가장 간단한 방법은 자로 계속하여 재는 것이다. 하지만 기차가 너무 길기 때문에 작은 자로 재는 것보다 철도 침목을 자의 눈금으로 생각하면 보다 편리하다. 그런데 기차가 정지해 있을 때는 문제가 없지만 달리는 기차를 재려면 어떻게 할까. 갑돌이와 갑순이가 기차 양 끝에 타고 있다면 기차가 정지하고 있을 때 두 사람이 각각 눈금을 읽으면 그 차이가 바로 기차의 길이가 된다. 기차가 달릴 때도 두 사람이 각각 자기의 눈금을 읽으면 된다.

그런데 이때 조심할 것은 아무 때나 읽으면 안 되고 동시에 읽어야 한다. 문제는 어떻게 동시에 읽을 수 있느냐이다. 그 방법은 기차의 한 가운데에 전등을 설치해 놓고 어느 순간에 불을 켜는 것이다. 그러면 양쪽에 있는 갑돌이와 갑순이가 동시에 불빛을 볼 수 있다. 두 사람이 보는 빛의 빠르기는 같기 때문이다.

그런데 이것도 지면에서 바라보는 사람이 볼 때는 다소 문제가 있음을 알 수 있다. 기차가 움직이고 있으므로 전등을 켠 순간에 불빛이 양쪽으로 가지만 그동안 기차가 가만히 있지 않고 왼

아인슈타인

쪽으로 움직인다면 빛이 오른쪽 끝에 있는 갑순이에게는 도착했지만 왼쪽 끝에 있는 갑돌이에게는 도착하지 못한다. 갑순이는 눈금을 읽었지만 갑돌이는 아직 읽지 못한 것이다. 물론 조금 더 기다리면 기차는 조금 더 왼쪽으로 갔으므로 불빛이 비로소 갑돌이에게 도착하여 눈금을 읽었지만 이는 길이 측정의 대 전제인 같은 시간에 읽지 않았으므로 문제가 생긴다. 이를 감안하면 지면에서 볼 때 두 사람은 기차의 길이를 잘못 잰 것이 된다. 즉 갑돌이에 의해 기차의 길이는 보다 길게 측정된 것이다. 반면에 지면에서 바라보는 길이는 움직이는 기차의 길이이고 이는 정지해 있는 기차의 길이보다 짧다는 말이 된다. 이것이 바로 상대성이론의 결과로 알려진 '길이 짧아짐'이다.

결국 아인슈타인은 로렌츠-피츠제럴드의 식을 자신이 구상하는 우주의 기본 틀에 적용하는 데 성공했다. 로렌츠와 피츠제럴드가 자신들이 유도한 공식의 중요성조차 전혀 이해하지 못한 반면 아인슈타인은 로렌츠의 방정식이 갖고 있는 핵심을 알아차리고 이를 자신의 이론으로 발전시켰다. 이것이 아인슈타인이 일반 과학자들에 비해 돋보이는 점이다. 물론 아인슈타인 스스로도 로렌츠가 없었다면 자신의 상대성이론은 탄생하지 못했을 것이라며 다음과 같이 말했다.

"상대성이론은 맥스웰과 로렌츠의 전기역학을 체계적으로 발전시킨 것에 불과하며 그들의 위대한 지적 체계에 마지막 손질을 가한 것이다."

유사한 결론을 도출한 두 사람의 미래는 극명하게 갈렸다. 아인슈타인은 인류 사상 최고의 과학자로 부각된 반면 로렌츠는 저명한 과학자 수준에 머물렀다. 물론 로렌츠도 아인슈타인보다 훨씬 전에 노벨상을 받았으므로(로렌츠는 제자인 피터 제만(Pieter Zeeman)과 함께

1902년 제2회 노벨 물리학상을 수상했다) 당대에 크게 섭섭하지는 않았
겠지만 과학자들은 자신이 발견한 것의 의미와 중요성을 꿰뚫고 있
어야 한다는 것을 다시금 확인시켜준다.

거의 같은 원리임에도 불구하고 아인슈타인은 사후에도 세계적인
천재라는 명예를 계속 유지하는 반면 로렌츠는 당대에 유명한 과학
자로만 기억된다. 아인슈타인 만만세!

대서양 횡단 해저케이블 설치에서 이제 남은 문제는 케이블이었다. 두 대륙을 잇는 어마어마한 탯줄을 만들기 위해서는 강철 쇠줄처럼 케이블이 끊어지지 않아야 하고, 설치하기 쉽도록 유연성이 있어야 했다. 또한 모든 압력을 견디면서도 비단실처럼 매끈하게 쭉쭉 뻗어야 했고, 무엇보다 가장 중요한 것은 가장 미세한 전파라도 3천 킬로미터 이상 전달되도록 정밀해야 했다. 케이블의 어느 한 군데에라도 눈에 보이지 않을 만큼의 작은 틈만 생겨도 전파 전달에 차질이 생긴다.

22
연구에
승부를
건다

윌리엄 톰슨 William Thompson, 1824~1907
대서양을 잇는 해저 케이블

인류의 역사에는 때때로 믿을 수 없을 만한 슈퍼맨이 등장한다. 그 대표적인 사람이 레오나르도 다 빈치(Leonardo da Vinci, 1452~1519)이다. 다 빈치는 어려서부터 여러 방면에서 천재성을 보였다.

다 빈치의 부친은 같은 마을에 사는 농부로부터 나무 방패에 그림을 그려달라는 부탁을 받고 그림에 재주가 있는 아들에게 그려보도록 했다. 다 빈치는 곧바로 그림을 그리지 않고 도마뱀, 구더기, 뱀, 개구리, 쥐, 박쥐 등을 모아 놓고 이들을 자세히 관찰한 다음 그리스 신화에 나오는 괴물 메두사(많은 뱀의 머리를 갖고 있으며 보기만 하면 죽는다는 전설이 있음)의 목을 그렸다.

다 빈치의 그림을 본 부친은 아들의 재능에 감탄한 후 농부에게는 다른 방패를 내주고 다 빈치가 그림을 그려넣은 방패를 피렌체 상인에게 100두카트에 팔았다. 상인은 이 방패를 밀라노 공작에게 300두카트를 받고 팔았다. 후에 다 빈치는 《상상의 동물을 진짜처럼 그리는 방법》이라는 안내서를 쓰기도 했다.

아들의 비상한 재주를 알아본 아버지는 친구인 베로키오(1435~1488)의 제자가 되도록 주선했다. 베로키오는 회화, 금속공예, 조각 외에도 건축공학, 산수, 음악에까지 조예가 깊은 만능 천재로 다 빈치에게 있어서 더 없이 이상적인 스승이었다.

그는 베로키오 밑에서 회화의 원근법을 배웠고 빛의 전파나 음영에 흥미를 가지게 되었다. 베로키오의 집 옆에는 폴라이우올로(Antonio del Pollaiuollo, 1429~1498) 형제의 공방이 있었는데, 다 빈치는 이곳에서 해부학을 공부했다. 운하공사 중에 나온 화석에 대한 연구를 한 것도 이 무렵이다. 이후 다 빈치는 역사상 가장 위대한 천재로 부각되며 비교적 행복한 삶을 살았다.

| 열 살에 대학생이 된 천재 |

본명이 윌리엄 톰슨(William Thompson)인 켈빈 경은 다 빈치에 못지 않은 만능 천재로 알려진 인물이다. 그는 절대온도(-273도) 체계를 밝혀낸 물리학자로 교사, 공학자, 발명가이기도 했으며 영국 최고의 명예인 작위(Sir)를 비롯해 수많은 영예를 안았다. 죽어서는 유명한 위인들만 들어갈 수 있는 웨스트민스터 사원에 안장되었다.

그는 80여 년의 생애 동안 661편의 논문을 발표했고 69개의 특허를 취득해 대부분 실용화에 성공했다. 《과학전기(科學傳記) 사전》은 그의 업적을 다음과 같이 적었다.

'독일의 헬름홀츠와 함께 그 당시의 물리학을 1900년대의 물리학으로 변화시키는 데 가장 크게 기여한 인물.'

독일의 헤르만 폰 헬름홀츠(Hermann von Helmholtz, 1821~1894)가 "내가 만난 사람들 중에서 켈빈 경이 가장 훌륭하고 명석하며 유연한 사고력을 가진 사람으로 그와 함께 있으면 멍해질 때도 있다"고 극찬할 정도로 각계각층으로부터 존경과 학식을 인정을 받았다.

그런 켈빈 경을 보다 돋보이게 하는 것은 역사상 가장 유명한 만능천재로서 평생 글래스고 대학에서 봉직했음에도 불구하고 사업가로서도 큰 성공을 거두었다는 점이다. 일반적으로 톰슨과 같은 경력의 소유자는 이재(理財)에 어둡게 마련인데, 그는 자신의 특허를 실용화해 당대 영국 최고의 부자 대열에 합류했다. 그가 평생 연구에 몰두하면서도 대 부호가 되었다는 것은 그만큼 한 분야의 최고의 전문가가되었기 때문이다.

북아일랜드의 벨파스트(Belfast)에서 태어난 톰슨은 뛰어난 수학자이자 여러 권의 교과서를 저술한 아버지 밑에서 교육을 받고 자랐다. 톰슨은 아버지의 지적 재능을 이어받아 곧바로 수학의 천재가 되었는데 그 능력이 어찌나 대단했던지 열 살 되던 해 유명한 글래스고(Glasgow) 대학의 입학을 허락받았다.

6년 후 그는 중요한 과학 분야의 첫 논문을 발표했으며 최연소 나이에 대학을 우등으로 졸업했다. 글래스고 대학 졸업 후 케임브리지 대학을 거쳐 프랑스 대학원에서 연구했고 1846년 22세 젊은 나이에 자연철학교수(수학교수)로 임명된 이래 평생을 글래스고 대학에 재직했다.

당시의 대학에는 오늘날 같은 실험실을 두지 않았는데, 톰슨은 대학 내에 실험실을 만들어 직접 실험하는 혁신을 일으켰다. 유명한 케임브리지 대학에도 실험실이 없었다. 그는 과학적 이론은 측정 가능하고 실제로 구현되어야 한다고 주장하며 다음과 같이 말했다.

"당신은 그것을 측정할 수 있는가? 그리고 그것을 숫자로 나타낼 수 있는가? 그것의 모형을 만들 수 있는가? 이것들을 할 수 없다면 당신의 이론은 지식보다는 상상에 기초하고 있을 가능성이 높다."

톰슨은 열역학의 선구자로 불리는 제임스 줄(James Joule, 1818~1889)과 함께 연구하며, 압축한 기체를 단열된 좁은 구멍으로 분출시키면 온도가 변하는 현상을 발견했다. 이것을 '줄-톰슨 효과(Joule-Thomson effect)'라고 부르는데, 수소나 헬륨 같은 기체를 액화시킬 때나 냉매의 냉각에 응용되었고 현대 저온 물리학을 태동시켰다.

| 울트라 슈퍼 천재, 윌리엄 톰슨 |

톰슨에게 엄청난 부(富)를 가져다준 것은 그의 수많은 발명품 외에도 결정적으로 미국과 영국의 대륙 간 해저 케이블 공사 때문이었다.

섬나라인 영국은 유럽 대륙과의 전신(電信)에 있어서 바다라는 핸디캡이 가로막고 있었다. 전신기에서 발생하는 전류는 전도체인 물에 흡수되는데 완벽한 절연 물질이 없었기 때문에 바다를 사이에 둔 나라들 간의 정보 전달에는 한계가 있었다. 이때 물속에서도 절연되는 물질이 밝혀졌는데 고무 비슷한 구타페르카(guttapercha)라는 물질이었다.

1851년 영국의 J. 브렛(Brett) 형제가 도버해협을 횡단하여 영국과 프랑스를 잇는 해저 케이블을 부설함으로써 해저 전신케이블의 시대가 개막되었다. 곧바로 영국과 아일랜드, 덴마크와 스웨덴을 비롯해 코르시카 섬까지 유럽 전역과 전신망으로 연결되었다.

1854년 영국의 기술자 기즈번(Frederick N. Gisborne, 1824~1892)은 영국 식민지였던 북미 뉴펀들랜드 섬에서 미국 뉴욕까지 케이블을 설치하여 전신망을 연결하면 큰 사업성이 있다고 판단했다. 그때까지는 대륙과의 연락을 하려면 바다를 천천히 항해하여 건너오는 배에 전적으로 의존했었다. 그러나 기즈번에게는 자금이 없었고 원대한 계획이 중단될 위기에 처했을 때 극적으로 만난 사람이 미국의 젊은 사업가 필드(Cyrus W. Field, 1819~1892)였다. 성공한 젊은 재산가로 잠시 휴식에 들어가 있던 필드는 기즈번의 사업 설명을 듣고 규모를 더 키워 대서양을 횡단하는 해저 케이블을 구상했다.

필드는 매우 신중한 사람이어서 우선 무선전신의 창시자 모스와 유명한 해양 전문가 모리 박사에게 편지를 썼다. 미국과 영국 간의 대서양 해저 케이블 공사의 기술적 가능성을 묻는 내용이었다. 두 사람 모두 필드의 질문에 열렬한 반응을 보내왔다. 모스는 그에게 대서양을 잇는 케이블 설치가 성공할 경우 그것은 '세기의 가장 위대한 업적'이 될 것이라고 격려했다. 모리 박사는 특히 최근에 북대서양을 탐

사한 결과 다행스럽게도 뉴펀들랜드와 아일랜드 사이에 '마치 해저 전신케이블의 부설을 위해 마련된 것처럼' 보이는 해저 고원이 있다는 답장을 보내왔다.

놀랍게도 필드는 대륙 간 해저케이블을 건설한다는 아이디어 하나로 영국에서 거금의 건설자금을 확보할 수 있었다. 그가 단지 리버풀, 맨체스터, 런던 등에 사는 부유한

월리엄 톰슨

상인들에게 '전신망 건설 및 관리회사(Telegraph Construction and Maintenance Company)'를 세울 수 있도록 협조해 달라고 호소했을 뿐인데 곧바로 자본금 5만 3천 파운드가 모아졌다. 유명 작가인 새커리(Thackeray)와 레이디 바이런(Lady Byron)도 서명자 명단에 들어 있었다.

자금은 확보했지만 막상 케이블을 설치하려면 두 가지 문제가 해결되어야 했다. 첫째는 해저케이블 작업을 할 선박이고 둘째는 어떤 상황에서도 사용에 지장이 없는 해저케이블의 공급이다. 다행히도 영국 정부가 당시 가장 큰 전함의 하나인 아가멤논 호를 빌려주었고 미국 정부도 5천톤급 나이아가라 호를 내주었다.

이제 남은 문제는 케이블이었다. 두 대륙을 잇는 어마어마한 탯줄을 만들기 위해서는 강철 쇠줄처럼 케이블이 끊어지지 않아야 하고, 설치하기 쉽도록 유연성이 있어야 했다. 또한 모든 압력을 견디면서도 비단실처럼 매끈하게 쭉쭉 뻗어야 했고, 무엇보다 가장 중요한 것은 가장 미세한 전파라도 3천 킬로미터 이상 전달되도록 정밀해야 했다. 케이블의 어느 한 군데에라도 눈에 보이지 않을 만큼의 작은 틈만 생겨도 전파 전달에 차질이 생긴다.

이 작업은 22만 8천 킬로미터짜리 전선을 단 한 줄의 케이블로 연결해야 하는 엄청난 규모의 일로, 그 길이는 지구와 달을 연결할 만한 길이였다. 기술적인 측면에서 인류가 바벨탑을 건설한 이후 이보다 더 장대한 일을 시도한 적이 없었다는 말을 들을 정도였다.

1857년 8월 1주일의 작업으로 540킬로미터쯤 전선이 설치되었을 때 갑자기 케이블이 끊어졌다. 1858년 6월에 시작된 두 번째 케이블 설치도 실패로 돌아갔다. 사고의 책임은 필드에게 있었다. 경비 절감을 위해 그가 선택한 가늘고 약한 절연 케이블이 강력한 전류에 쉽게 녹고 절연재가 산화되어 부식되는 단점이 문제였다.

이것이 윌리엄 톰슨에게는 기회가 되었다.

| 대서양 횡단 해저케이블을 설치하다 |

해저케이블 공사는 1861년 발발한 남북전쟁으로 1865년까지 중단되어 새로운 케이블을 개발하는 데 충분한 시간을 벌 수 있었다. 케이블의 심(Core)은 4겹의 페르시아 고무로 둘러싼 구리선(銅線) 7가닥을 합쳐 타르를 칠한 대마(大麻)로 싸고 다시 10개의 강선을 나선 모양으로 감았다. 이 강선 하나하나에도 산화방지제를 바른 대마가 감겨 있었다.

새로운 케이블이 개발되었다 해도 바다 속에서는 언제든 끊어질 가능성이 있었다. 오랜 시행착오 끝에 톰슨은 이 문제를 단번에 해결할 수 있었다.

해저케이블

그는 조그만 자석과 거울을 철사 코일 속에 장치하여 가느다란 명주실로 만든 검류계(檢流計)를 개발했다. 케이블을 풀어내는 장치에 연결된 검류계는 매우 민감해서 조류의 가장 미묘한 변화에도 자석을 진동시키고, 그러면 자석에 달려 있는 거울이 눈금판에 빛을 반사한다. 거의 감지할 수 없을 만큼의 미미한 진동에도 눈금판 위로 빛이 뚜렷하게 반사되어 케이블 손상을 즉시 알려주어 해당 부분의 케이블을 끌어올려 수리하면 되었다.

두꺼운 절연체를 전선에 사용하는 것과 검류계를 설치하는 것 모두 톰슨의 특허였다. 톰슨은 대서양 횡단 해저케이블 설치 작업의 과학 분야를 총지휘하는 책임자로서 1866년 역사적인 대공사를 성공적으로 완수할 수 있었다. 케이블의 직경은 2.54센티미터, 총 길이는 3680킬로미터에 달했다.

톰슨은 해저케이블 설치를 위해 해저 전신 수화기 등도 개발했는데, 거울 검류계와 볼록거울 뒤에 작은 자석이 부착되어 있고 가느다란 줄이 코일의 안쪽에 걸려 있는 방식이었다. 거울에 비추어진 빛은 눈금판에 있는 작은 점으로 된 빛을 반사하며 전류가 자석을 빗길 때 왼쪽에서 오른쪽으로 움직인다. 이렇게 해서 모스 기호로 전신 내용이 기록된다. 이것이 후에 사이폰 기록기(siphon telegraph)로 대체되는데 이 기록기는 전선이 직접 메시지를 기록하도록 되어 있다.

톰슨의 재능은 이뿐만이 아니었다. 파스퇴르가 식품의 저온 살균법을 개발하여 인간의 식음료 부분에서 획기적인 발전을 이룬 것처럼 톰슨은 고체 식품의 냉장 및 냉동처리법을 발견하여 실생활에 적용될 수 있는 발판을 마련했다. 이밖에도 특수 나침반, 밀물썰물 예보 장치, 여러 도량형 기기들도 모두 그의 발명품들이다.

톰슨은 과학자로서 불후의 업적을 쌓아 역사상 가장 유명한 과학자 중의 한 명으로 꼽힌다. 그런데 그가 특출난 점은 발명에 그치지 않고 족족 실용화에 성공하여 사업가로서의 재능도 발휘했다는 점이다.

톰슨이 대학교 연구소에만 재직하면서도 거부의 대열에 합류할 수 있었던 것은 연구자들도 얼마든지 부자가 될 수 있다는 가능성을 열어놓았다는 것을 의미한다. 예나 지금이나 학자들은 자기 연구 업무에는 해박한 지식을 갖고 있지만 사업에는 젬병이라는 데 많은 사람이 동의한다. 그런데 울트라 슈퍼 천재 톰슨은 다방면에서 두각을 나타냈다. 한 분야에서 두각을 나타내는 것도 어려운데 톰슨의 경우는 그야말로 예외적인 인물이었다.

톰슨이 수많은 발명에 성공한 방법은 간단하다. 그는 모든 것을 처음부터 시작한 것이 아니라 기존에 성공한 것을 토대로 문제점이나 불편한 점을 계속 개량하는 재능을 발휘했다. 바로 이것이 그가 후배들에게 전하는 메시지이다. 그리고 이런 재능을 발휘하려면 모두 톰슨과 같은 슈퍼 천재일 필요는 없다. 작은 실패라도 소홀히 하지 않고 거기서 문제점을 찾아내고 개량해나가는 집념이 필요하다.

| 찰스 다윈과의 혈투 |

과학자로서도 사업가로서도 승승장구한 켈빈 경 톰슨에게도 씻을 수 없는 과오가 있다. 진화론을 제창한 찰스 다윈(Charles Darwin, 1809~1882)과의 혈투이다. 빅토리아 시대의 슈퍼맨 켈빈 경은 다윈의 《진화론》을 읽고 다윈에게 한수 가르쳐주어야 한다고 생각했다. 다윈은 자연선택에 의한 점진적 변화로 인해 생명체가 달라질 만큼 시간이 충분하다고 설명했는데 톰슨은 다윈의 이론이 성립할 시간이 절대적으로 모자란다고 생각했다.

톰슨은 비교적 합리적인 사람이었다. 독실한 신자였던 그는 지구가 수천 년밖에 되지 않는다는 주장을 받아들일 수 없어 직접 지구의 나이를 계산하겠다고 나섰다. 그는 광산에서 땅을 파내려갈수록 더워진다는 것을 알고 있었다. 땅속으로 갈수록 온도가 올라가는 이유를 다음과 같이 생각했다. 지구는 소행성들의 충돌로 생겨났고 충돌 때의 에너지로 녹은 바위들이 한 덩어리로 되었다. 일단 충돌이 끝나자 새로 열을 얻을 수 없으므로 지구는 서서히 식어갔다. 표면은 빨리 식었지만 지각이 열을 차단해 내부는 뜨거운 상태로 남아 있다고 생각했다. 그러니까 훗날 언젠가는 지구의 중심도 표면처럼 차가워진다는 의미였다.

1862년 톰슨은 자신의 이론을 토대로 냉각을 설명하는 정확한 방정식을 만들어냈다. 지구의 나이가 2천만~4억 년 사이일 것이라고 조심스럽게 예측하면서도 아마도 9800만 년일 가능성이 높다고 결론지었다. 또한 태양이 빛을 발할 수 있는 기간인 동시에 지구상에 생명체가 살 수 있는 시간은 최대한 2500만 년이라고 제시했다.

톰슨이 당대의 워낙 유명한 과학자였기 때문에 그의 주장은 다윈에게 치명상을 안겨주었다. 더욱이 톰슨은 지구의 온도에 관한 자료를 계속 수집하여 자신의 이론을 계속 보완, 수정해나갔다. 처음에 4억 년까지 추산했던 숫자는 1억 년으로 줄었고, 다시 5천만 년으로 줄더니 1897년에는 2400만 년이라고 확정지었다. 톰슨의 설명은 진화론 반대자들에게는 큰 무기가 되어 다윈을 궁지로 몰아넣었다.

현재는 톰슨의 이론에서 오류가 있음이 정확히 밝혀졌다. 그의 실수는 지구 자체에 열원(熱源)이 없

찰스 다윈

다고 정의했기 때문이다. 나중에 밝혀졌지만 그가 몰랐던 열원이 지구 속에 숨어 있었다. 다윈의 사망 14년 후인 1896년 앙리 베크렐(Henri Becquerel)이 우라늄에서 열을 낸다는 사실을, 그로부터 7년 후 마리 퀴리가 라듐이 열을 낸다는 사실을 발견함으로써 톰슨의 지구 나이 계산에 오류가 있음이 드러났다.

톰슨은 추후에 자신의 계산이 틀렸다는 것을 인식했음에도 결코 자신의 실수를 인정하지 않았다. 그는 실수를 인정할 수 없을 만큼 거물이 되었기 때문이다. 학자들은 켈빈 경과 같은 대학자가 자신의 실수를 인정하지 않았다는 것은 과학이 항상 옳은 길로만 찾아가는 것은 아니라는 증거로써 이 사례를 자주 인용한다.

23

인간의
욕망에
주목하라

칼 제라시 Carl Djerassi, 1923~
성 해방을 가져온 먹는 피임약

1990년대 초 세계보건기구(WHO)는 통계 사상 가장 흥미로운 수치를 발표했다. 지구 곳곳에서 인간이 매일 1억 번 이상의 성교를 하며 그 결과 백만 명의 여자가 임신을 하게 된다는 것이다. 문제는 섹스를 즐기기 위해 원치 않는 임신을 피할 수 없다는 점인데 게다가 인간은 이 문제를 마음대로 조절할 수도 없다. 인간에게 성욕은 식욕과 함께 기본적 욕구로 인식된다. 섹스를 하되 원치 않는 임신을 피할 수는 없을까?

세계적으로 가장 오래된 피임법은 4천년 전 고대 이집트인들이 사용한 방법으로 석류씨를 이용한 방법이다. 실제로 천연 에스트로겐을 가지고 있는 석류씨는 피임약처럼 배란을 억제한다. 오늘날의 약처럼 효과적이지는 않았겠지만 임신 억제에 큰 효과를 보았을 것으로 학자들은 생각한다.

독일의 게오르그 에베르스는 피임법이 적힌 파피루스를 발견했는데 그 방법은 악어의 똥과 끈적끈적한 모양의 아위트(auyt, 정확한 성분은 미상)를 뒤섞어 가느다란 실 모양으로 만들어 여성의 질 안에 넣는 것이다. 아라비아 사람들은 13세기 전까지 코끼리 똥을 사용하면 정자를 죽일 수 있다고 믿어 널리 사용했다. 학자들은 이집트의 악어 똥은 효과가 없지만 코끼리 똥은 다소 효과가 있었을 것으로 추정한다. 악어 똥은 알칼리성이므로 오히려 정자의 생존에 이롭지만 코끼리 똥은 산성이므로 피임에 효과를 볼 수 있다는 설명이다.

2세기경 고대 그리스의 의사 소라누스(Soranus)는 정자의 활동을 억제할 수 있다고 생각되는 끈적끈적한 물질을 양털에 뒤섞어 자궁의 입구를 막으면 양털로 하여금 더욱 바짝 빗장을 걸어 피임이 가능하다고 주장했다. 이와 같은 '기구'와 '화학' 두 가지 방식을 동시에 진행한 피임 방법의 효과는 정확히 알려지지 않았지만 방법에 있어서는 근대의 피임법과 유사한 것만은 틀림없다. 특히 소라누스는 좀더 효과적인 방법을 다음과 같이 추천했다.

"성교 도중 남자가 자신의 정액을 사정하려고 할 때 여성은 마땅히 숨을 죽이고 몸을 조금씩 뒤로 빼는데, 이렇게 하면 정자는 자궁을 뚫고 들어갈 수 없다. 이후에 갑자기 일어나 무릎을 꿇고 앉아 재채기를 한다(정자가 흘러나오도록 내버려둔다는 뜻)."

여하튼 피임은 동서고금을 막론하고 그 필요성이 크게 요구되었는데, 이러한 중대한 과제를 해결한다면 그야말로 대박이 되리라는 것은 자명한 일인 것이다.

| 인류 문명을 바꾼 최고의 발명품, 피임약 |

인간의 생활사를 획기적으로 변화시킨 것 중에서 가장 유명한 것이 경구용 피임약, 즉 먹는 피임약이다. 피임약은 1960년대부터 널리 보급되기 시작하여 지난 2천년 동안 인류 문명을 바꾼 최고의 발명품의 하나로 알려진다.

먼저 피임의 역사를 살펴본다.

가장 오래된 피임법의 하나는 질외사정이다. 성교 도중에 남자가 여자의 질로부터 페니스를 빼내어 질 밖에 사정하는 것인데 성경에 따르면 질외사정을 최초로 시도한 사람은 오난이다. 고대 유대인들은 형이 자식을 남기지 않고 죽으면 시동생이 형수와 결혼하는 것이 관습이었다. 그런데 오난은 형수와 잠자리를 할 때마다 정액을 바닥에 배설하여 신의 뜻을 어겼고 결국 죽임을 당한다.

질외사정법은 간단한 것 같지만 생각보다 효율이 높지 않다. 남자가 오르가슴 직전에 페니스를 퇴각시켜야 하는데 소위 운동신경이 좋지 않아 굼뜨게 움직일 경우 정액이 한 방울이라도 질 속에 남으면 임신될 수 있다.

보다 효율적인 방법은 콘돔을 사용하는 것이다. 가장 보편화된 남성 피임법으로, 간단히 말해 고무 제품으로 발기된 페니스 전체를 뒤집어씌우는 것이다.

일반적으로 콘돔은 16세기에 이탈리아에서 발명되었고 콘돔이란 말은 17세기 영국 왕의 주치의였던 콘돔 백작의 이름에서 비롯되었다. 그는 매독의 감염을 위해 왕에게 페니스 덮개를 사용하도록 권고했는데 그것이 콘돔이란 이름으로 굳어진 것이다.

콘돔이 피임기구로 사용되기 시작한 것은 18세기부터로 그 당시 콘돔은 양의 창자나 물고기의 가죽으로 만들었다. 유명한 이탈리아의 카사노바가 수많은 여자들로부터 인기를 끈 이유는 그와 섹스를 해도 원치 않는 임신을 피할 수 있다는 믿음 때문인데 그 비결이 바로 콘돔이었다.

1837년 고무의 유황처리법이 개발된 후 콘돔이 대량 생산됨에 따라 1870년부터 널리 보급되었다. 그러나 콘돔 역시 실패율이 생각보다 높았다. 남성이 섹스의 쾌감을 위해 사정 직전까지 콘돔을 끼지 않거나 사정 직후 갑자기 작아지는 페니스를 빼내면서 콘돔을 질 안에 빠트리는 경우에 정액을 흘릴 가능성이 있기 때문이다.

콘돔이 절대적인 피임법이 되지 못해 강구된 완전한 남성 피임법이 정관수술(vasectomy)이다. 정관은 정자가 고환에서 페니스로 운반되는 통로인데 음낭에서 정관을 꺼내 절단하면 정자는 계속 생산되지만 배출구가 없기 때문에 정액에 혼입되지 못하고 용해되어 혈류로 흡수된다.

정자는 정액의 극히 일부분이기 때문에 정관을 제거해 정액 속에 정자가 없더라도 사정할 때 오르가슴에 도달하는 데는 아무런 지장이 없다. 1970년대 우리나라가 경제개발을 우선으로 하며 강력한 산아제한 정책을 추진할 때, 남성이 정관수술을 받으면 일정기간 예비군 훈련을 면제시켜주기도 했다. 예비군 훈련장에서 정관수술을 받기 위해 줄을 서는 장면은 지금 생각하면 웃지 못할 광경이다.

그렇다면 여성 피임법은 어떤 것들이 개발되었을까?

과거에 아랍 유목민들은 먼 여행을 떠날 때면 낙타가 임신하지 못하도록 자궁 안에 자갈을 넣었다고 적었다. 이런 형태의 여성용 피임 도구인 자궁 내 장치(IUD)는 오랜 뿌리를 갖고 있는데 그 종류는 수백 종에 달한다.

주로 사용되는 것은 구리와 같은 금속 또는 플라스틱으로 만든 T

자 모양이거나 고리(루프)처럼 생긴 제품이다. 자궁 내 장치가 임신을 막는 정확한 이유는 아직까지 완전히 밝혀지지 않았지만 자궁 내부에 변화를 일으켜 정자의 진입을 차단하거나 수정란이 착상되지 못하도록 하는 것으로 추정될 뿐이다.

그밖에도 고대 이집트인들은 질 안에 스펀지나 천 따위를 넣었고 일명 페서리(pessary)라 불리는 경부 캡이 많이 사용되어 원치 않는 임신을 막는 데 일익을 담당했다. 물론 여성이 선택할 수 있는 영구피임법으로 자궁을 제거하는 자궁적출(hysterectomy)과 나팔관을 묶어 배란된 난자가 통과하지 못하게 하는 난관 결찰법이 있다.

| 먹는 피임약의 등장 |

현대 여성들이 원치 않는 임신의 공포로부터 해방된 것은 먹는 피임약이 개발되면서부터이다. 먹는 피임약은 미국의 괴짜 천재 러셀 E. 마커로부터 시작된다.

그는 1930년경 물과 혼합되어 거품을 만드는 사포게닌 디오스게닌 (spogenin diosgenin)이라는 아주 흔한 스테로이드류 여성 호르몬으로부터 생리불순이나 유산 예방에 효과가 있는 프로게스테론을 합성하는 데 성공했다. 게다가 프로게스테론이 임신 중에는 배란을 억제하는 작

칼 제라시

용을 한다는 것도 발견했다. 이 성질을 이용하면 피임약으로도 이용이 가능할 것이었다.

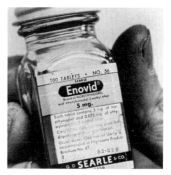

에노비드

마커는 프로게스테론의 대량 생산에 몰두했는데 마침 사포게닌이 멕시코에서 야생하는 참마에 많이 함유되어 있다는 것을 알아냈다. 그는 참마로부터 프로게스테론을 합성했고 남성 호르몬인 테스토스테론을 만드는 데도 성공했다.

테스토스테론은 남자와 여자의 차이를 구분짓는 근본적인 호르몬이다. 실제로 남녀가 생물학적으로 다른 이유는 남자의 테스토스테론 분비량이 여자보다 10배나 많고 이 화학물질이 체구, 행동, 기질에 큰 영향을 미치기 때문이다.

마커의 프로게스테론은 한 가지 단점이 있었는데, 피임 효과를 보기 위해서는 많은 양을 먹어야 한다는 점이었다. 먹는 피임약을 개발한 사람은 마커였지만 정작 그것으로 성공을 거둔 사람은 칼 제라시(Carl Djerassi)였다.

1923년 오스트리아에서 유태계 부모에게서 태어난 제라시는 부모가 이혼하자 어머니를 따라 15세때 미국으로 건너갔다. 그들의 손에는 단 20달러뿐이었다. 케니언 대학에 입학한 제라시는 교수의 영향으로 자연스럽게 화학에 관심을 기울여, 1945년 위스콘신 대학에서 화학 박사학위를 취득했다. 27세 때 식물성분에서 관절염 특효약 '코티손'을 합성해냈고, 이듬해인 1951년 경구 피임약을 개발해냈다. 그 밖에도 항히스타민을 개발하기도 했다.

제라시는 처음에 프로게스테론보다 효과가 강한 스테로이드를 개발했는데, 그러나 혈관에 직접 주사해야 하는 주사제여서 실용성에 문제가 있었다. 그후 1951년 제라시의 제자 루이스 미라몬테스가 보다 안전한 노르에신드론(norethindrone, 노르에시스테론이라고도 함)을 만들었는데, 즉 이것은 복용했을 때의 효과가 인간의 프로게스테론보다 훨씬 컸다. 1년 뒤 프랭크 콜턴은 비슷한 화합물인 노르에시노드렐을 개발했다.

1956년, 그레고리 핀커스와 그의 동료들은 푸에르토리코와 해안지역의 여성 6만 명을 대상으로 처음으로 장기적인 임상실험을 했는데, 에스트로겐과 프로게스테론 두 종류의 성호르몬을 작은 알약으로 만들었더니 피임 효과가 있었다.

드디어 1960년, 원치 않는 임신을 완벽하게 막아준다는 '에노비드(Enovid)'라는 이름의 경구 피임약이 처음으로 세상에 소개되었다. 1970년에 에노비드는 의약품 설명서를 넣은 최초의 약이 되었다. 이 설명서에는 약 복용시 있을 수 있는 부작용에 대해 명시하고 있다. 당시 많은 보건 전문가들이 약품의 부작용 명시에 대해 반발했지만 오늘날에는 의약품의 부작용에 대해 명기하는 것은 기본적 의무사항이 되어 있다.

제라시는 경구 피임약을 개발, 산아제한에 기여한 공로로 73년 닉슨 대통령으로부터 과학훈장을 수여받기도 했고, '피임약의 아버지'로 불리며 명성과 부를 얻었다. 그러나 피임약이 개발된 지 50여년이 지난 지금 세계적으로 출산 기피 현상이 일어나자 제라시의 관심은 인구 증가라는 주제로 옮겨갔다. 그는 여러 권의 과학책을 낸 베스트셀러 작가이기도 하다.

| 여성해방 운동가 마거릿 생어 |

경구 피임약이 임신을 억제하는 원리는 다음과 같다.

여성호르몬의 분비는 시상하부, 뇌하수체, 성선에 의해 조절된다. 시상하부로부터 뇌하수체에 신호를 보내면 뇌하수체로부터 성선자극호르몬(gonadotropin)이 나와 성선(난소) 쪽으로 향한다. 성선자극호르몬의 작용을 받은 난소에서는 여성호르몬이 분비된다. 호르몬의 자극을 받아 난포가 성숙되면 배란이 일어나고 난포로부터 에스트로겐이 분비된다.

그런데 여성호르몬이 과도하게 혈액 속으로 분비되면 이들 호르몬이 거꾸로 시상하부에 작용하여 성선자극호르몬의 분비를 감소시켜 여성호르몬의 분비를 조절한다. 그래서 여성의 월경 직후 에스트로겐의 혈중 농도가 매우 낮아지고, 따라서 난포자극호르몬의 분비가 촉진되며 배란이 일어난다.

그러나 여성호르몬이 배합된 피임제를 투여하면 에스트로겐의 혈중 농도가 높아지기 때문에 난포자극호르몬의 분비가 억제되고 배란이 되지 않아 임신을 막을 수 있는 것이다.

경구피임약은 출시되자마자 여성들로부터 폭발적인 지지를 받았다.

그러나 기독교를 비롯한 종교 단체에서 산아제한에 대해 강력히 반대하기 시작했다. 인간이 생명 탄생을 의도적으로 막는 것은 신의 영역에 대

마거릿 생어

한 모독이자 도전으로 받아들였기 때문이다.

1873년 미국 의회에서 통과된 '풍속교란 방지법'은 모든 피임 정보를 '음란물'로 규정하고 있었다. 그 결과 피임에 대한 정보는 출판 금지되었고, 의사들이 피임에 대한 자문에 응하는 것만으로도 고발당할 수 있어 산아제한에 대해 거론하는 것조차 꺼려하는 실정이었다.

이때 용감한 한 여성의 등장으로 상황이 전환된다. 미국의 여성 운동가 마거릿 생어(Margaret Sanger, 1879~1966)는 빈민가에서 간호사로 근무하면서 다산과 빈곤이 아이와 산모의 사망률을 높인다고 생각해 산아제한 운동을 시작했다. 1916년 브루클린에 산아제한진료소를 열고, 모든 여성은 스스로 가족의 규모를 계획할 권리가 있다고 강력하게 믿으며 공개적으로 피임 정보를 유통시켰다. 그녀는 '풍속교란 방지법'을 위반한 죄로 7회나 기소되었지만, 이에 굴하지 않고 원치 않는 임신을 피할 수 있는 피임법에 대해 홍보를 계속했다. 그녀의 열성적 활동에 미국 법원도 마침내 그녀의 손을 들어주었다. 피임이 아닌 '질병의 예방과 치료'를 위해 의사들이 여성에게 피임 방법을 제공할 수 있다고 판결을 내린 것이다. 그후 경구 피임약이 개발되자 생어는 1966년 사망할 때까지 열성적으로 '획기적인 발명품'을 옹호하고 다녔다.

경구 피임약은 이러한 여성운동가들의 열정적 활동으로 일부 종교단체들의 극심한 반대를 물리치고 '20세기를 대표하는 발명품'의 하나로 선정될 만큼 전 세계에 보급될 수 있었다.

경구 피임약은 오늘날 가장 큰 문제인 인구 증가를 억제할 수 있는 도구였다는 데 중요성이 있다. 다소 과장된 숫자이기는 하나 프린스턴 대학의 앤슬리 코울 박사는 1970년대의 인구성장률이 지속되면서기 2700년에는 지구표면에 사방 30센티미터의 면적 위에 한 사람씩 있게 되며, 서기 3200년에는 사람의 무게가 지구의 무게를 능가하게 될 것이라고 발표하기도 했다.

그러나 지구의 인구가 기하급수적으로 급격히 증가하리라는 예측은 현재 다소 수정되고 있다. 오스트리아의 볼프강 루츠 박사는 지금까지의 예측과는 달리 전 세계 인구는 2070년에 절정을 이룬 후에 감소하기 시작할 것으로 발표했다.

그의 발표 중에서 이목을 끄는 것은 전 세계 인구가 현재의 60억 명에서 2070년까지 90억 명으로 증가한 후에 2100년까지 84억으로 감소한다는 것이다. 이는 UN의 예상치보다 10억 명이 적은 수치이다. 그는 폭발적인 인구 증가의 주범으로 꼽혔던 중국조차 2030년쯤에는 인구가 줄어들기 시작할 것으로 전망했다.

이와 같은 인구 감소의 요인에는 여러 가지 있지만 피임약의 기여도 만만치 않다. 더욱이 피임약의 등장은 여성의 사회적, 경제적 지위를 높이는 데도 결정적인 역할을 했다. 자녀수가 감소하고, 자녀 간 터울이 길어짐에 따라 여성들이 육아와 가사노동에서 해방되어 직업과 여가시간을 가질 수 있게 되었기 때문이다.

피임약은 공중보건 측면에서도 원하지 않은 출산을 예방할 수 있게 되어, 다산으로 인한 산모의 사망을 줄여 여성의 사회적 참여도를 높임으로써 20세기 여성해방운동이 더욱 활발하게 이루어지는 데 결정적인 기여를 했다. 경구 피임약의 개발은 호르몬 연구의 중요성을 알려주는 사례로 자주 인용된다.

| 피임약의 아버지 |

엄밀한 의미에서 먹는 피임약의 실용화에 결정적인 기여를 한 사람은 그레고리 핀커스(Gregory Pincus, 1903~1967)라고 볼 수 있다. 그는 마가렛 생어로부터 "인체에 무해하고 효과적이며 간편하고 누구나 사용할 수 있고 남편이나 아내 모두 만족할 수 있는 이상적인 피임법"의 개발을 의뢰받아 먹는 피임약 '에노비드'를 개발했다. 그런데도 칼 제라시를 '피임약의 아버지'로 인식하는 것은 그가 먹는 피임약을 인간에게 직접 적용시킬 수 있는 기본 틀을 만들었기 때문이다. 여러 가지 경구 피임약이 개발되었지만 피임약의 주요 유효성분은 노르에신드론이기 때문이다. 이 말은 거의 모든 피임약이 그에게 천문학적인 특허료를 지불해야 한다는 의미이기도 하다.

제라시가 피임약의 기본을 개발하게 된 이유는 아주 단순하다. 당시의 핫이슈가 피임약이기 때문이다. 제2차 세계대전이 끝나고 베이비붐이 일어나자, 그 반대 작용으로 피임의 중요성이 부각되었다. 인간의 욕구 중의 하나인 섹스는 피임과 임신이라는 양면성을 갖고 있기 때문이다. 제라시의 예를 보아도 인간의 기본 욕구를 가장 잘 채워주는 아이디어 속에 성공의 지름길이 있다는 것을 의미한다.

그후 피임약은 다양한 형태로 개발된다. 2000년대 초 한국을 들끓게 한 이슈는 사후피임약을 시판하느냐 마느냐 하는 것이었다. 이 약은 성관계를 맺은 여성이 72시간 안에 한 알을 먹고 다시 12~24시간 내에 한 알을 먹으면 임신을 최대 95퍼센트까지 막을 수 있는 것으로 알려져 기적의 피임약으로 불리기도 했다. 특별한 수술이 필요한 것도 아니고 일반 피임약처럼 매일매일 먹어야 하는 것도 아니어서 그

지없이 편리하다.

사후피임약의 원리는 수정란의 자궁내막 착상을 방해하는 것이다. 성분은 앞에 설명한 프로게스테론의 일종인 레보노르게스테론으로 일반 피임약과 다름이 없지만 응급효과가 있는 것은 일반 피임약보다 고농도이기 때문이다.

우리 인체는 아주 오묘하여, 필요 이상 고농도의 프로게스테론이 들어오면 자궁내막의 밸런스를 일순간에 무너뜨린다. 즉 고농도의 프로게스테론이 들어오면 인체는 자신의 몸을 마치 임신된 상태처럼 인식하고 더 이상의 착상이 일어나지 못하도록 자궁내막을 변화시킨다. 즉 고농도의 프로게스테론이 자궁내막의 상태를 임신한 것처럼 변화시켜 더 이상의 임신을 가로막는 것이다.

먹는 피임약이 인류사에 얼마나 큰 기여를 했는가는 역사학자 존 스완이 정한 '세상을 바꾼 의약품 7가지'에 포함되는 것으로도 알 수 있다. 그 일곱 가지는 아편, 천연두 백신, 살바르산, 인슐린, 페니실린, 에노비드, 탈리도마이드 등이다.

과학의 역사를 보면 많은 사람들이 성공을 눈앞에 두고 포기한 사례가 많이 등장한다. 오랜 동안의 실패를 반복하다보면 지칠 대로 지쳐 판단력이 흐려질 수 있기 때문이다. 칼슨은 다른 사람들이 실패라고 생각한 것도 '절반의 성공' 으로 보았다. 한마디로 성공은 성공하는 사람의 덕목에 의한다. 더욱 놀라운 것은 칼슨과 가까운 사람조차 그의 능력을 알아보지 못했다는 점이다. 칼슨과 함께 10년이나 살았던 그의 아내는 끝내 이혼 서류에 서명하고 그를 떠났다.

24

실패냐
성공이냐는
관점의
차이다

체스터 F. 칼슨 Chester F. Carlson, 1906~1968
건식 복사기가 가져온 혁명

현대의 일상 업무와 학문 연구를 위해서는 참고자료용이나 배부용으로 신속하고 다양한 서류 복사가 기본이다. 과거에도 복사기 자체는 있었는데 주로 복사 전에 등사 원판이나 원판과 같은 특수한 판을 특수 종이에 먼저 만드는 확산전환 방식을 사용했다. 또 다른 방식은 특수한 복사지를 가열하거나 적외선을 쪼여 감광시키는 것이다. 이 방법을 가열복사식(thermography)이라고 하는데 복사할 서류를 복사지에 직접 대어 함께 기계에 넣어 통과시키면 원본의 검은 부분이나 표시에 열이나 자외선이 흡수되어 복사지에 복사된다.

근래 사용되는 복사는 거의 모두 건식으로, 복사 용지의 형태나 종류에 상관없이 필요한 부분을 복사할 수 있다. 종종 성능 좋은 복사기로 위조지폐를 복사하다가 붙잡히는 것도 이처럼 다양한 종이에 복사할 수 있는 데다 원본과 거의 흡사하게 복사되기 때문이다. 거의 모든 발명들처럼 건식복사기도 인간의 불편함을 해결하는 용도로 등장했다.

성공한 많은 사람들은 "타인의 의견을 존중하라"는 말을 자주한다.

자신이 생각하지 못한 그 무엇을 다른 사람에게서 얻을 수 있다는 것이다. 사실 인간이 모든 일에 해박한 지식을 가질 수 있는 것은 아니며 지식을 많이 갖고 있다 해서 모두 성공하는 것은 아니다.

세계 3대 제국을 건설한 사람은 칭기스칸, 알렉산더, 아틸라를 꼽는다. 알렉산더는 아리스토텔레스로부터 개인지도를 받았고, 아틸라(Attila, 395~453)도 로마에서 어릴 적에 생활을 했으므로 어느 정도 지식인의 수준에 있었다고 볼 수 있지만 칭기스칸은 문맹으로 추정한다.

아이러니컬한 것은 문맹인 칭기스칸이 역사상 가장 큰 세계 제국을 건설했다는 점이다. 학자들은 그가 대제국을 건설할 수 있었던 것은 지식이 많았기 때문이 아니라 지혜가 있었기 때문으로 생각한다. 그런데 지혜는 다른 사람들의 얘기를 경청할 때 얻을 수 있다고 일반적으로 생각하는데 오히려 그 반대의 경우 더 좋은 결과를 얻기도 한다. 이는 타인의 조언을 받아들이느냐 아니냐를 판단하는 것은 당사자의 몫이기 때문이다.

| 짜증나는 작업을 면하는 방법 |

체스터 F. 칼슨(Chester F. Carlson)은 1928년 캘리포니아 공과대학을 졸업할 때 남다른 야망이 있었다. 다방면에 재주를 갖고 있어서 시인, 작가, 예술가 등 어느 직업도 그에게는 기회가 활짝 열려 있는 것처럼 보였다. 그러나 그는 최종적으로 과학을 배경으로 하는 발명가가 되기로 했다.

그러나 그의 원대한 계획은 처음부터 틀어지기 시작했다. 1929년

닥친 대공황으로 어느 곳에서도 그를 채용해주지 않아 실업자가 된 것이다. 그의 재능을 일찌감치 알아차린 벨 연구소에서 그를 고용했지만 그것도 단기간에 그쳤다. 그는 하는 수 없이 원하지 않았던 직업, 즉 뉴욕의 전자회사인 맬로리사(P.R. Mallory & Co.)에 들어가 특허부에서 특허권 분석 업무를 시작했다.

그야말로 지루하기 짝이 없는 일이었다. 오랜 시간 동안 특허 관련 서류와 도안들을 검토해야 하는 것은 물론 특허에 필요한 서류와 도안들을 여러 장 직접 베껴쓰거나 복사해서 그려야 했다. 더구나 복사가 완벽해야 하므로 짜증이 나지 않을 수 없었다. 문서와 손에 검댕이 묻어 망쳐버리는 것도 한두 번이 아니었다. 그런 환경에서 그에게 절대적으로 필요한 것은 서류를 집어넣으면 곧바로 복사본이 나오는 그런 기계였다. 짜증나는 작업을 면하기 위해서라도 그는 무언가를 만들어야겠다고 생각했다.

복사기는 현대인의 삶을 획기적으로 바꿔준 발명품 중 하나이다. 1970년대 초반까지만 해도 서류 몇 장을 만들려면 여간 고생이 아니었다. 타자기라도 있다면 백지를 여러 장 넣고 그 사이 사이에 먹지를 대고 칠 수 있지만 타자기 가격이 만만치 않아 아무나 구입할 수 있는 것도 아니다. 그러므로 보통 사무실에서는 깨끗한 기안용지 밑에 필요한 만큼 종이와 먹지를 대고 볼펜 등으로 힘들여 꾹꾹 눌러 써야 했다. 관공서에서 민원 서류를 10장 정도 신청하면 담당 직원의 인상이 결코 부드럽지 않던 것도 이해가 된다.

좀더 많은 복사에는 잉크를 묻힌 등사기를 사용했다. 등사기 자체는 1880년대 말부터 등장했지만 1970년대까지도 사용되었다. 등사가 많이 필요한 곳에서는 전담 직원이나 필경사를 두기도 했는데 초·중·고등학교 선생님들이 가장 고역스럽게 생각한 것이 바로 등사이다. 시험문제를 선생님이 직접 등사해야 했는데 일부 초등학교의 경우 한 반이 거의 100여 명이나 되고 시험을 거의 매일 보았으므로 보통 고역이 아니었다.

칼슨은 좀더 편하게 복사할 수 있는 방법을 찾기 시작했다. 뉴욕 자신의 아파트 부엌을 작업장으로 삼아 이스트먼 코닥에서 발간되는 기술 자료를 읽어가면서 사진 복제의 비밀을 찾기 시작했다. 그러나 사진 기술을 사무용으로 변환하는 것은 실용적이지 않았다. 사진을 만들기 위해서는 인화·정착·건조 과정을 거쳐야 되는데 독한 화학약품이 첨가되는 것은 물론 최소한 몇 시간이 걸렸다. 방향을 잘못 짚은 것이다.

| 건식복사에 눈을 돌리다 |

칼슨은 대학에서 배운 지식으로 광전도성 원리에 기초한 건식복제 기법에 주목했다. 건식복사는 사진과는 전혀 다른 원리를 사용한다. 어떤 물질은 빛을 쪼이면 전기적인 성질이 변하는데, 헝가리의 물리학자 폴 셀레니(Paul Selenyi)가 정전기를 띤 입자가 반대극 표면에 달라붙는다는 것을 입증한 바 있었다. 셀레니의 논문은 복사의 가능성을 열어준 것으로 실질적으로 복사기의 원리는 셀레니가 이미 확립했다고 볼 수 있다.

칼슨은 셀레니의 논문을 면밀히 검토한 후, 판 위에 비치는 이미지와 똑같은 모양으로 건조한(dry) 입자를 붙게 만든다면 건식복사가 가능하다고 생각했다. 물리 용어가 섞여 약간 복잡하지만 그 원리를 간단히 설명하면 이렇다.

정전하(靜電荷, 머물러 있는 전기)를 광전도성(빛을 쪼이면 전기가 통하는 성질) 금속판으로 보낸 후 그 위에 이미지를 투사하면 이미지에서 나오는 빛이 판에 부딪히게 된다. 이때 빛의 강도에 따라 정전기의 양이 사라지거나 약해진다. 그럼 반대극으로 하전(荷電, 정전기의 양)된 판에 뿌리면 반대극에 분말이 달라붙게 되는 것이다. 즉 분말이 판 위에 이미지를 기록하는데 그 이미지를 시트지 위에다 굽기만 하면 건식 복사가 완성되는 것이다. 그는 이 아이디어를 전자사진술(electro photography)이라고 불렀다.

더할 나위 없이 과학적인 아이디어이지만 막상 실용화에 들어가자 모든 것이 그의 생각대로 움직여주지 않았다. 무엇보다 괴로운 것은 수많은 약품을 사용해야 하는데 냄새가 많이 난다는 것이었다. 이웃들은 계란 썩는 냄새가 난다고 불평했다. 하도 냄새가 지독해 집 주인의 딸이 냄새의 진원지를 확인하러 왔는데 그건 그에게 행운을 주었다. 유황 냄새가 계기가 되어 1934년 그녀와 결혼한 것이다.

1930년대 내내 칼슨은 복사기 제조에 매달렸다. 휴식도 없었다. 연구는 실패를 거듭하고 있었음에도 그는 남다른 판단을 했다. 자신의 연구가 성공하면 반드시 스폰서가 나타나거나 경쟁자들이 자신의 아이디어를 도용할 것이 분명하므로 그들과 현명하게 대처하기 위해서는 법을 알아야 한다는 것이다.

수임료가 비싼 변호사를 고용하는 것도 간단한 일은 아니었다. 그러므로 자신이 그 문제들을 직접 해결해야 한다고 생각한 후 1936년에 뉴욕 로스쿨에 들어갔다. 그는 낮에는 법률사무소에서 지루한 특

352

허 업무를 마친 후, 밤과 휴일 동안 악착같이 공부했다. 그의 집념은 결실을 보아 1939년 로스쿨을 졸업한 다음 해에 변호사 자격을 딸 수 있었다. 그 와중에 자신의 아이디어인 전자사진술로 1937년 특허를 받았다.

| 실패했으니 손을 뗍시다 |

다소 여건이 나아지자 칼슨은 독일 이민자 출신 물리학자 오토 코르네이(Otto Kornei)를 조수로 고용했다. 1938년 10월, 그에게 기회가 왔다. 칼슨과 코르네이 두 사람은 유황 코팅된 아연판을 면섬유로 문질러 정전기를 일으킨 다음, 잉크 글자가 씌어진 얇은 유리 슬라이드를 그 아연판에 댔다. 잠시 동안 전기 스탠드 불빛에 노출시킨 후 슬라이드를 제거하고 판에 가루를 뿌렸다. 칼슨은 그 가루 위에 파라핀 종이를 대고 누르면서 녹을 때까지 가열한 후 껍질을 벗겨냈다. 칼슨이 남아 있는 가루를 불어내자 무언가가 선명하게 나타났다. 나중에 그를 가장 유명하게 만든 글자, 즉 그가 슬라이드 위에 쓴 '10-22-38 Astoria'라는 단어가 명확하게 복사되었다. 그 의미는 1938년 10월 22일에 실험했다는 뜻이었다.

복사 자체는 성공했지만 단어는 크게 번져 있었다. 조수인 코르네이는 작업이 실패했다고 생각하고, 그 동안의 연구가 실패로 돌아갔으므로 복사기 개발을 포기하자고 했다. 하지만 칼슨은 일단 복사 자체는 되었으니까 실패는 아니라며 좀더 개선하면 성공할 수 있다고 다독였다.

그러나 코르네이는 복사기에 집착하는 칼슨에게 더 이상 희망이 없다고 판단하고 그를 떠나 IBM사로 들어갔다. 사실 충분히 이해가 되는 일이었다. 앞날이 불안한 칼슨보다는 당시 IBM은 탄탄하고 안정적인 직장이기 때문이다.

코르네이가 떠나버린 뒤에도 칼슨은 자신의 기술이 반드시 성공할 수 있다고 확신하고 스폰서를 찾아 나섰다. 문제는 어느 누구도 그의 아이디어에 투자할 생각을 하지 않는다는 점이다. 방법은 하나뿐이었다. 직접 샘플을 제작하여 투자자에게 보여준 뒤 투자자들을 모으는 것인데 그의 제품을 본 투자자들은 한결같이 고개를 저었다.

1944년 파산 직전의 그에게 기회가 찾아왔다. 연구 활동에 집중적으로 투자하는 비영리조직인 바텔(Battelle)연구소가 그의 직장 맬로리사에 직원을 파견하여 특허 문제를 상의하고자 했다. 칼슨은 유망한 특허를 찾고 있던 바텔사 직원을 설득하는 데 성공했다. 1944년 바텔은 3천 달러를 투자하고 수익의 40퍼센트를 받기로 했다. 나중의 일이지만 바텔은 로열티로 3억 5천만 달러나 벌었다.

그러나 곧 투자받은 자금도 바닥이 났고 바텔사로부터 더 이상 연구비를 지원할 수 없다는 통보를 받았을 때, 1947년 기적같이 수호천사가 나타났다. 할로이드(Haloid)사의 연구소장인 데사우어(John H. Dessauer, 1905~1993)였다.

할로이드사는 1906년부터 미국 뉴욕주 로체스터에서 사진 관련 부품과 인화지를 제조하는 작은 회사로, 제2차 세계대전 때 미 공군이 정찰사진을 사용하면서 반짝 호황을 누렸다. 하지만 전쟁이 끝나고 매출이 떨어지자 새로운 사업을 찾던 중이었다. 이때 데사우어는 칼슨이라는 사람이 건식복사 기술을 발명했다는 글을 읽은 것을 떠올렸다. 그는 자신의 모든 것을 칼슨에게 투자하기로 결정하고 칼슨의 건식복사기 개발권을 갖고 있는 바텔연구소에 매년 2만5천 달러의 연구비를 지급하고 또 전기사진술로 인해 생기는 수입의 8퍼센트를 로열티로 내놓겠다는 조건으로 칼슨의 기술 개발권을 사들였다.

사실 투자 시기에 있어서 데사우어처럼 절묘하게 타이밍을 맞춘 사람도 흔치 않다. 할로이드사가 현재 복사기 분야에서 세계를 석권하는 제록스사가 되었기 때문이다. 데사우어는 칼슨의 기술을 인수한 뒤 칼슨이 명명한 '전자사진술'이란 이름이 다소 진부하다고 판단하고, 고전언어 전공 교수들에게 자문을 받아 제품의 이름을 제로그라피(xerography)로 바꾸었다. 건식이라는 뜻의 그리스어 'xeros'와 '쓰다'라는 뜻의 'graphos'를 결합한 것이다.

데사우어의 기대와는 달리 초기 상황은 좋지 않았지만 할로이드-바텔의 연합팀은 건식복사기의 개발에 총력을 기울였다. 마침내 종이에 이미지를 착상시키는 방법이 개선되었고 할로이드사는 고객이 매력을 느낄 디자인에 주력했다. 1948년 드디어 회심의 건식복사기를 선보였다.

그러나 대중의 반응은 싸늘했다. 비평가들은 흥미로운 기계이긴 하지만 "장래성이 없다"고 혹평했다. 그래도 할로이드사는 포기하지 않고 1949년 제로그라피를 사용하는 기계를 시장에 출시했다. '제록스(Xerox) 모델 A'이다. 그러나 이 역시 참패였다. 가격이 비싸다는 것은 둘째치고 복사기를 사용하기 위해서는 최소한 14번 동안이나 수동 조작을 해야 했으니 외면당할 만도 했다. 초기 시장 분석가들은 고작해야 1천 대 정도는 팔릴 수 있을 것으로 예측했지만 이 역시 달성되기 어려운 숫자였다.

그럼에도 불구하고 할로이드는 복사기 개발에 총력을 기울였다. 연구개발비를 마련하기 위해 회사 간부들의 집까지도 모두 저당 잡혔을 정도였다.

그런데 1950년대로 들어서자 상황이 급변했다. 1955년 할로이드는 마이크로필름을 인쇄할 수 있는 자동복사기를 출시했는데 그야말로 대박이 터진 것이다. 이 성공으로 탄생된 회사가 할로이드제록스(Haloid Xerox)이다. 이후 개발이 계속되어 세계인들의 사용 어휘에 분말 잉크를 뜻하는 '토너(toner)'라는 새로운 단어가 추가되었다. 1959년 훨씬 더 실용적인 복사기 '제록스 914'를 출시했고 이때부터 복사기는 대중화의 길을 걷는다. 〈포천〉지는 복사기를 '미국에서 시판된 제품 중 가장 성공적인 작품'이라고 극찬했다.

결론은 당연히 해피엔딩이다. 할로이드제록스는 투자한 6천만 달러를 회수하고도 수억 달러를 더 벌었으며 1961년 회사이름을 제록스사로 바꾸고 뉴욕증권거래소에 주식을 상장하여 기세를 올렸다. 제록스는 계속 연구를 거듭하여 확대 및 축소는 물론 지금은 컬러 복사도 가능해졌다.

제록스사의 성공은 곧 체스터 칼슨의 성공을 의미한다. 그는 복사기 개발의 아버지라는 명성과 함께 엄청난 부(富)를 얻었고, 그의 조언에 따라 자금을 투자한 투자자들에게도 부를 안겨주었다.

| 실패와 성공의 판단 기준은? |

저명 인사가 된 칼슨은 노블레스 오블리주를 실천한 사람이었다. 젊은 시절 직장을 못 구해 고생한 탓인지 어려운 사람들을 돕는데 주저하지 않고 1억 달러 이상을 자선단체에 기부했다. 그런데 놀라운 것은 그가 거액의 돈을 거의 익명으로 기부했다는 점이다.

체스터 칼슨은 엄청난 부를 쌓았지만 그의 이름은 벨이나 에디슨처럼 일상에서 오르내리는 단어가 되지는 못했다. 그렇지만 전화기 다음으로 가장 널리 사용되는 사무용 기기는 그가 만든 건식복사기이다. 복사기의 발전은 계속되어 오늘날 어떤 종류의 원문이나 도면이라도 복사할 수 있다. 확대 · 축소와 컬러, 양면복사는 기본이고 분당 100매 이상의 속도를 자랑한다.

천재적인 발명가에게는 사람과의 '인연'도 매우 중요하다. 사실 세계적인 발명이나 개발이 그렇게 간단하게 만들어진다면 누구나 성공할 수 있어야 하지만 실상은 그렇지 않다. 더구나 사람마다 개성과 특성화된 자질이 있는 것처럼 모두 발명가나 과학자가 될 수 있는 것은 아니다. 이런 경우 사람의 능력을 알아보는 안목이 중요하다.

전화기를 발명한 벨의 장인인 허버드는 당초에 빈털터리인 벨이 딸과 교제한다고 하자 만나는 것조차 반대했다. 그도 그럴

제록스914

것이 허버드는 당대의 자산가 중의 자산가였다. 그러나 벨을 만나본 뒤 그의 능력을 알아보고 딸과 곧바로 결혼시킨 것은 물론 그를 재촉하여 특허를 출원하게 했다. 허버드의 극성이 아니었다면 벨이 과연 성공했을지 의문이 가는 부분이다. 어쨌든 벨은 장인과 함께 당대에 최고의 명사로 이름을 날릴 수 있었다.

칼슨이 궁극적으로 성공할 수 있었던 것은 그의 복사기 제조 기술이 옳은 방향으로 들어섰기 때문이기도 하지만 복사기 개발에 함께 참여한 조수 코르네이의 조언, 즉 복사기 개발을 중지하자는 말을 참고만 할 뿐 자신의 의지대로 밀고 나갔기 때문이기도 하다. 엄밀한 의미에서 코르네이는 복사기에 관한 한 전문가 중의 전문가라고 할 수 있다. 그런 코르네이가 복사기 개발을 포기하자고 한 것은 그만큼 전문가로서의 충정어린 충고라고 볼 수 있다.

그런데 칼슨과 코르네이는 자신들이 이룬 업적에 대해 다른 평가를 내렸다. 처음 칼슨의 기계가 초보적인 복사에 성공했을 때, 같은 결과를 놓고 칼슨은 성공했다고 생각한 반면 코르네이는 실패했다고 판단한 것이다. 결국 코르네이가 떠났음에도 꿋꿋하게 복사기 제조에 전념하여 지금과 같은 복사기 시대를 열었다. 만약 칼슨이 조수의 이야기를 곧이곧대로 들었다면 복사기 개발 자체를 포기했을 것이고 현재와 같은 복사기 시대가 오지 않았거나 상당히 지체되었을

체스터 칼슨

358

것이 틀림없다.

 과학의 역사를 보면 많은 사람들이 성공을 눈앞에 두고 포기한 사례가 많이 등장한다. 오랜 동안의 실패를 반복하다보면 지칠 대로 지쳐 판단력이 흐려질 수 있기 때문이다. 칼슨의 예는 다른 사람들과 의견이 다를 때 어떻게 대처해야 함을 잘 보여준다. 한마디로 성공은 성공하는 사람의 덕목에 의한다는 뜻이다.

 더욱 놀라운 것은 칼슨과 가까운 사람조차 그의 능력을 알아보지 못했다는 점이다. 칼슨과 함께 10년이나 살았던 그의 아내는 10여 년 동안 실적도 없이 냄새나는 연구에만 정진한 칼슨의 연구에 환멸을 느끼고 1945년 이혼 서류에 서명하고 그를 떠났다. 결과적으로 성공했지만 성공하기 전까지 칼슨이 느꼈던 고통을 엿볼 수 있는 대목이다.

 흥미있는 것은 칼슨의 조수인 코르네이가 그를 떠나 입사한 곳이 IBM인데, 그런데 칼슨이 자신의 기술을 팔려고 IBM의 왓슨 회장을 접촉한 적이 있었다. 그때 왓슨은 단칼에 칼슨의 복사기를 거절했는데 훗날 자신의 최대 실수는 칼슨의 제안을 거절한 것이라고 회고했다.

 칼슨은 대성공으로 부와 명예를 한껏 받았지만 그 공을 함께 공유했어야 할 두 사람, 그의 아내와 코르네이에게는 그야말로 후회스럽지 않을 수 없는 일이었다. 이미 기차는 떠난 후였기 때문이다. 칼슨은 1968년 뉴욕시에서 심장병으로 사망했다.

열역학 법칙에서 보면 '들어간 것은 밖으로 나오게 마련' 이다. 헨리 8세의 시종 가운데 변기 담당관은 매우 선망받는 자리였는데, 가장 사적인 순간에 왕과 단둘이 있을 수 있는 특권을 가졌기 때문이다. 그는 왕의 방 열쇠꾸러미를 지녔으며 왕이 옷 입는 것을 거들었다. 한마디로 변기 담당관은 고위직에 오르는 디딤돌이었다. 변기 담당관이 반드시 챙겨야 하는 것은 클로즈 스툴(close stool)인데, 용변을 보는 의자 아래로 양동이나 대야가 숨겨져 있는 도구였다.

25

삶의
질을
높여라

조지프 브라마 Joseph Bramah, 1748~1814

삶의 질을 변화시킨 수세식 변기

1900년대에 중국을 방문했던 사람들이 최근에 다시 중국을 방문하게 되면 화장실 시설의 변화에 가장 놀란다고 한다. 20~30년 전만 해도 중국의 공항이나 관광지의 화장실은 수세식 변기는 물론 칸막이도 없는 곳이 많았다.

20여년 전 간쑤성 둔황(敦煌) 석굴에 답사를 갔을 때이다. 장기간 버스를 타고 이동했기 때문에 차에서 내리자마자 많은 사람들이 화장실을 찾았는데 여자들이 새파랗게 질려 돌아왔다. 이유는 남녀 구별이 없는 것은 고사하고 칸막이도 없다는 것이다. 결국 안내원이 남자의 출입을 막은 채 보초를 서고 여자 한 명씩 들어가도록 했다. 당시 중국을 여행하다보면 상당히 많은 도시의 공용 화장실도 거의 같은 형태였다. 중국에서의 화장실 이야기는 귀국후 중국 여행객들의 무용담으로 회자되곤 했다.

그랬던 중국의 화장실이 단 몇 년 만에 획기적으로 바뀐 것은 2008년 치러진 북경 올림픽의 영향 때문이다. 세계 각국에서 찾아온 선진국 손님들이 칸막이도 없는 화장실에 들어갔을 때 아연실색하고 뛰쳐나오는 모습을 상상하면 웃음이 나오기도 한다.

| 올림픽이 만든 화장실 |

우리나라도 중국과 비슷한 과정을 겪었다. 1988년 서울 올림픽 유치가 확정되었을 때 올림픽 개최 준비 과정에서 가장 시급히 해결해야 될 문제의 하나가 화장실의 개선이었다. 당시만 해도 수세식 화장실이 완전히 보급되지 못해 여전히 재래식 화장실이 많이 남아 있었다. 그리하여 수세식 화장실 보급 정책이 계획되었는데 문제는 추운 겨울에 동파를 막아야 하는 점이었다. 그 중 가장 치명적인 곳이 학교였다. 겨울방학 동안 동파를 예방하려면 사용하지 않더라도 수세식 변기에 일정하게 물을 흘러내리게 하거나 난방을 해야 하는데 관리도 어렵고 에너지 손실이 너무 커서 적당한 해결책이 되지 못했다.

당시 문교부(현 교육과학부)는 이 문제의 해결을 위해 각 분야의 전문가들로 구성된 '수세식변소위원회'를 만들었다. 목표는 단 하나, 겨울에 동파되지 않는 수세식 변소를 보급하기 위한 것이었다.

수세식변소위원회가 가장 시급히 할 일은 전국의 화장실 실태를 파악하는 일이었다. 비록 땅덩이가 좁은 나라이긴 하지만 남부지방과 중부지방 간에도 기후의 차이가 있으므로 전국에 일괄적으로 수세식 화장실을 도입하는 일이 쉽지 않았다. 당시 필자는 수세식변소위원회의 위원으로서 전국의 화장실 실태를 조사했는데 그 실태가 그야말로 천차만별이었다.

가장 먼저 지적된 문제는 에너지 면에서 가장 열악한 장소에 설치되어 있다는 점이었다. "처갓집과 화장실은 멀수록 좋다"라는 우리 속담을 실천이나 하듯이 전국 대부분 지역에서 화장실은 주거시설과 멀찍이 떨어져 있었다.

위원회의 결론은 간단했다. 학교 화장실을 겨울에도 에너지를 받을 수 있는 곳에 배치하는 방법이었다. 겨울 방학이 길다고 하지만 적어도 교무실에는 근무자가 항상 있으므로 난방을 하게 마련이다. 그렇게 해서 대부분 학교에서 화장실이 교무실이나 교장실 옆에 배치된 것도 그 때문이다. 건물 중앙에 배치된 화장실의 악취를 우려하는 사람들의 반대가 있었지만 기본적으로 수세식 화장실은 재래식 변소와 달리 냄새가 심하지 않고 청소도 수월하기 때문에 별 문제가 되지 않았다.

이처럼 국제적 행사를 개최할 때 화장실 설비 상태를 보는 이유는 그 나라의 문화 수준을 파악할 수 있는 척도가 되기 때문이다. 올림픽을 개최할 정도의 국력을 가진 국가가 낙후된 화장실을 갖고 있다면 격에 맞지도 않거니와 위생적인 면에서도 좋은 평가를 받기 어렵다.

인간은 생존을 위해 먹어야 하지만 그에 못지않게 배설도 중요하다. 쾌적한 배설을 위한 아이디어를 실용화하여 인간의 삶의 질을 높이는 데 기여한 사람이 명예를 얻는 것은 당연한 일이다.

| 건강과 복지의 은인 |

중세 유럽의 도시에서 살던 사람들은 소위 개방식 배수 방식을 감수해야 했다. 말이 개방식 배수 방식이지 실제로는 오물을 아무데나 '함부로 버린다'는 의미이다. 하수구가 갖추어진 비교적 위생적인 도시라 할지라도 걸핏하면 하수구가 오물로 막히는 것을 감수해야 했다. 위생을 생각하는 사람들이 할 수 있는 일이란 고작해야 집 밖에 쓰레기 구덩이를 마련하는 정도였다.

영국의 헨리 8세는 키가 188센티, 허리둘레가 137센티, 체중은 무려 152킬로그램이나 되는 거구였다. 그가 이런 거구가 된 것은 하루 두 번 총 20여 개의 접시에 담긴 요리를 마음껏 먹는 대식가였기 때문이다.

열역학 법칙에서 보면 '들어간 것은 밖으로 나오게 마련'이다. 헨리 8세의 시종 가운데 가장 중요한 일을 하는 사람은 변기 담당관이었다. 변기 담당관은 매우 선망받는 자리였는데 가장 사적인 순간에 왕과 단둘이 있을 수 있는 특권을 가졌기 때문이다. 그는 왕의 방 열쇠꾸러미를 지녔으며 왕이 옷 입는 것을 거들었다. 한마디로 변기 담당관은 고위직에 오르는 디딤돌이었다.

변기 담당관이 반드시 챙겨야 하는 것은 클로즈 스툴(close stool)인데, 용변을 보는 의자 아래로 양동이나 대야가 숨겨져 있는 도구였다. 조선의 왕들이 사용한 매화틀과 같은 용도였지만 의자의 형태를 갖추고 있다는 점에서 약간 다르다. 왕족이나 귀족이 아닌 사람이 변기 담당관을 둔

클로즈 스툴

다는 것은 그야말로 왕권에 대한 도전으로 간주했다.

산업혁명으로 도시 인구가 급격하게 늘면서 오물 처리 문제가 시급히 해결해야 할 과제로 떠올랐는데 16~17세기까지 1세기 동안 영국 런던의 인구는 거의 4배나 증가했다. 런던이 직면한 가장 큰 골칫거리 중 하나는 용변을 비롯한 오물 처리였다. 복잡하고 좁은 거리를 지나던 행인들은 건물 위에서 창 밖으로 쏟아버리는 인분이나 쓰레기더미에 봉변을 당하기 일쑤였다.

프랑스 남부 지중해의 휴양지 니스(Nice)의 구시가지는 오물세례가 가장 심했던 지역으로 악명이 높았다. 현재까지 과거의 원형을 그대로 보존하고 있는 건물들에는 고층건물임에도 불구하고 배수관이 없다. 거주자들이 집 밖의 통행인에게 큰 소리로 경고한 후 모든 오물을 거리에 버릴 수밖에 없었던 것도 그런 이유 때문이다.

당시의 사람들은 고대 로마제국의 배수관(De Aquae urbis Romae)에서 힌트를 얻어 문제를 해결하고자 했다. 고대 로마인들은 식수나 관개수를 운반하기 위해 수로 위에 아치형 다리를 놓은, 이른바 수도

풍뒤가르

교(水道橋)를 건설했다. 로마의 토목공학을 대표하는 수도교는 기원전 312년부터 건설되기 시작하여 기원 후 5세기까지 로마가 진출한 곳에 건설되었다. 여름에 무덥고 건조

한 지중해성 기후를 갖고 있는 로마의 전 지역에서 물의 공급은 더욱 중요했다.

중력에 의해 물이 흘러내리도록 설계된 수도교는 농업용으로 사용되기도 했지만 대부분은 로마 시민들의 공중목욕탕에 제공되었으며 사용료를 지불하면 개인 주택에도 공급되었다. 고지대에 건설된 도시의 수로는 매우 높게 건설되었는데, 중앙 집수정(集水井)으로 물이 흘러들어오면 도시 외곽의 카스텔룸(castellum)이라고 불리는 거대한 저수조에서 공공용, 일반용, 황제용 등으로 분류되어 도시 곳곳으로 보내어졌다.

전성기 때의 로마 인구가 200만 명이 넘었음에도 몇 가지 유행병을 제외하고는 별다른 전염병의 창궐이 없었다는 것은 로마의 위생 상태가 상당히 높았다는 것을 의미한다. 이는 대규모 토목 사업을 통해 수도교와 같은 상수도 시설을 완벽하게 건설했기 때문이다.

로마를 위해 건설된 수도교는 모두 11개로 총 길이는 무려 450킬로미터나 되었는데 현재 가장 완벽한 상태로 남아 있는 것은 프랑스의 퐁뒤가르(Pont du Gard) 대수교로, 프랑스의 식민도시 네마우수스(현재의 님nimes)까지 물을 공급하기 위해 1세기 초에 건설된 것이다.

생활하수 처리에 골치를 썩이던 유럽의 여러 도시들은 로마식을 본뜬 하수관을 설치하여 각 건물에서 나오는 오물들을 처리하려 했다. 영국 런던은 오물 처리를 위해 우선 20가구당 최소 한 개 이상의 공중 화장실을 설치하도록 권장했다. 공중 화장실의 오물은 런던을 관통해 템스 강으로 흘러들어갔다. 하지만 오물을 그대로 버리는 바람에 배수처리가 원활하지 않아 하수관이 자주 막혔다. 오수 처리를 근본적으로 해결하기 위해서는 오물이 잘 흘러야 하며 집안에서 악취가 나지 않도록 해야 하는데 그 방법이 관건이었다.

| 밸브로 냄새를 해결하다 |

조지프 브라마(Joseph Bramah)는 영국의 공학자이자 발명가로, 그가 운영한 자물쇠 제작소는 영국 공작기계산업의 발상지가 되었다. 그는 여러 가지 발명을 했는데 그중에서도 '밸브식 브라마' 수세식 변기는 최초의 실용적인 화장실로 기록된다. 학자들은 인간의 주거 공간을 보다 쾌적하게 만들어 진정한 의미의 건강과 복지를 가져다준 사람으로 브라마를 꼽는 데 주저하지 않는다.

다른 많은 발명품의 경우처럼 브라마 역시 맨 처음 밸브식 변기의 아이디어를 낸 사람은 아니었다. 일찍이 16세기경 발명가로 유명한 존 해링턴 경(Sir John Harrington)이 최초로 아이디어를 내어 당시 엘리자베스 여왕에게 헌정했으나 너무 시대를 앞서간 발명품이라 실용화되지 못하고 묻혀버리고 말았다. 그러다가 200년 후인 1775년경

조지프 브라마

런턴의 시계공인 알렉산더 커밍(Alexander Cumming)이 수세식 변기 아이디어로 특허를 획득했다.

커밍의 밸브식 변기 아이디어는 그야말로 획기적이었다. 변기 손잡이를 위로 올리면 물통에서 물이 흘러나와 오물이 배수관으로 씻겨 내려감과 동시에 변기 밑에 있는 밸브가 다시 닫힌다. 하수관

과 집 안의 배관에는 S자형 트랩이 설치되어 악취를 차단하는 효과가 있었다. 커밍의 수세식 변기는 획기적인 아이디어로 보급되기 시작했다.

가난한 농부의 아들로 태어나 농사일을 돕던 브라마는 16세가 되던 해 점프 경기에서 복사뼈를 다치는 바람에 가구 제작자 겸 판매상으로 직업을 정했다. 그런데 집집마다 다니며 커밍의 변기를 설치하면서 불만족스런 점을 알게 되었다. 직접 해결책을 찾아나선 브라마는 경첩으로 작동되는 수세식 변기를 개발하여 1778년 특허를 획득했다. 그의 수세식 변기는 당시로서는 최첨단 위생 배관 시스템으로 폭발적인 인기를 끌어 1797년까지 6천 개가 팔릴 정도로 대단한 성공을 거두었다. 이후에도 수세식 변기는 호황을 누리며 브라마는 상상할 수 없을 만큼의 엄청난 부를 축적했다. 당시 도시의 모든 가정에 그의 변기가 한 대씩 보급되었다고 하니 그 규모를 짐작할 수 있다.

실내에 화장실을 설치할 때는 냄새가 문제였다. 그래서 가능하면 실내 주 공간에서 먼 곳에 화장실을 설치했다. 우리나라에서도 예전에 화장실(그때는 변소라고 불렀다)을 집 밖에 설치했기 때문에 밤에 화장실 가는 것을 무서워했던 어린 시절의 기억이 있을 것이다. 브라마의 아이디어는 단순했다. 화장실 하부에 밸브를 두어 냄새가 역류하지 못하게 한 것이다. 단순한 이 아이디어가 인류의 건강과 복지에 결정적인 기여를 했다.

물론 '브라마 변기'도 하수도 시설이 취약한 곳에서는 불결한

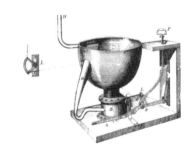

브라마의 변기

가스와 분뇨의 적체를 해소할 수는 없었다. 이는 당시의 도시 기반시설로서는 위생적인 배관 시스템을 갖추지 못했기 때문이다. 유럽 각국이 위생 배관 시스템에 관심을 기울이기 시작한 것은 19세기 중엽 성행한 콜레라 때문이었다. 이때 개발된 것이 현재와 같은 모양으로, 물탱크와 S자 모양의 굽은 관을 연결해 만든 수세식 변기이다.

브라마는 수세식 변기로 유명해졌지만 정작 그의 재능이 빛을 발한 것은 '브라마 자물쇠'였다. 그의 자물쇠는 견고하고 복잡하기 이를 데 없어 열쇠가 없이는 절대로 열리지 않는 자물쇠로 알려졌다. 자신의 자물쇠에 큰 자부심을 갖고 있던 브라마는 실제로 열쇠 없이 브라마 자물쇠를 여는 사람에게 200기니를 주겠다는 광고를 내기도 했다. 그러나 그가 살아 있는 동안 현상금을 탄 사람은 없었다. 마침내 현상금을 내건 지 67년이 흐른 1851년, 런던 만국박람회에 참석했던 한 미국의 자물쇠 제조공이 도전하여 성공했는데 그것도 무려 51시간이 걸렸다고 한다.

브라마 자물쇠는 안전하기는 해도 제작 기간이 매우 길다는 단점이 있었는데 그의 조수인 헨리 모즐리가 이를 해결했다. 모즐리는 자물쇠의 부품들을 정확한 표준 치수로 신속하게 자를 수 있는 기계를 제작했는데 이 기계는 19~20세기에 개발된 모든 기계 가운데 진정한 표준형이라는 찬사를 받았다.

브라마는 잇달아 금속 선반을 발명하여 '기계 공구의 선구자'라는 별명을 얻었는데 이에 그치지 않고 획기적인 사무용품도 개발했다. 깃촉 날개의 길이를 4개로 잘라서 펜촉으로 사용하는 필기도구였다. 펜촉은 특별히 설계한 펜대에 꽂아 쓸 수 있으므로 대부분의 깃촉 날개를 수입해야 했던 당시로서는 매우 경제적이었다. 또한 그는 당대 최첨단 선박에 사용되던 외륜(外輪) 대신에 사용할 수 있는 프로펠러를 고안하기도 했다. 그의 아이디어는 그가 죽은 지 60년 후에 영국의 선박 엔지니어인 킹덤 브루넬(Kingdom Brunel)이 설계한 그레이트 브리타니아 호(Great Britanian)에 처음으로 장착되었다.

1956년 영국의 한 왕실 천문학자는 "우주 비행이란 순 엉터리다"라고 주장했지만, 채 1년도 지나지 않은 1957년 최초의 인공위성이 우주로 발사되었고, 1969년 7월 20일에는 닐 암스트롱(Neil Armstrong)을 태운 아폴로 11호가 인류 최초로 달에 착륙했다. 믿기지 않는 사실은, 원자폭탄이 개발되고 대형 여객기가 등장한 뒤에도 우주비행이 불가능하다고 말한 전문가들이 많이 있었다는 점이다. 어쨌든 "불가능하다"는 일부 지식인들의 단언에도 불구하고 인간은 우주여행에 성공했고, 그 이상 태양계 너머를 파악하려고 노력중이다.

26

상상력을
확장하라

아이작 아시모프 Isaac Asimov, 1920~1992
과학의 미래를 보여준다

　　SF 작가들의 상상력은 보통 사람들의 상상력을 초월하는데, 그들이 소설 속에 등장시킨 로봇의 예를 보아도 알 수 있다. 대부분의 학자들은 1920년 구 체코슬로바키아의 극작가 카렐 차펙(Karel Capek)이 쓴 희곡 《로섬의 유니버설 로봇》을 로봇 개념의 원조로 인정한다. 그것은 차펙이 로봇을 의미하는 '로보타'라는 단어를 처음 사용했기 때문이다.

　　로봇의 어원은 '일하다' 혹은 '강제노동'의 뜻을 가진 체코어 '로보타(Robota)'에서 유래한 말이다. 카렐 차펙은 인조인간에게 'robot'이란 신조어로 된 이름을 붙여주었다.

　　차펙의 소설에 등장하는 '로섬의 로봇'은 기계장치가 아니라 화학자 로섬이 화학물질로 만든 인공 생명체이다. '로보타'는 인간과 같아 보이지만 로섬은 이들이 인공적으로 만들어진 것임을 강조하기 위해 폐, 심장, 감정, 정신을 제거했다. 그런 다음 로봇을 대량생산하는데 그것은 로봇이 인간보다 값싸고 작업 능률이 높기 때문에 인간의 노동력을 대체할 수 있다고 생각했기 때문이다.

그러나 이 희곡의 원래 주제는 자본주의와 자유시장의 실패를 꼬집는 것이었다. 그럼에도 불구하고 이 희곡이 고전 작품으로 인정받는 것은 미래에 전개될 새로운 세상을 예리하게 보여주었기 때문이다.

아시모프의 소설을 영화화한 〈바이센테니얼 맨〉은 로봇을 주인공으로 하고 있다. 과학이 발달하면 기계와 인간의 차이가 없어질지 모른다는 생각을 갖게 할 만큼 감성적인 장면을 삽입하여 로봇의 미래를 보여준 것으로 유명하다.

〈바이센테니얼 맨〉에서 미래의 인간들은 심부름만 해주는 로봇에 만족하지 못하게 되는 상황을 보여준다. 이 영화에서는 사람과 기계의 교감이 가능하다고 설정했는데 이것은 아시모프가 그린 미래의 로봇상이었다. 현재의 과학기술로는 아직 예상하기 어려운 일이지만, 이러한 아이디어를 제공한 사람에게 가히 명성이 따르는 것은 당연한 일이다.

| 불가능을 가능으로 |

옛날부터 불가능의 영역은 항상 존재해왔다. 바퀴가 발명되기 전까지만 해도 인간이 뛰는 것보다 빨리 이동하는 것은 불가능의 영역이었고, 비행 원리가 알려질 때까지 우주는커녕 하늘로 올라가는 것 자체가 불가능의 영역이었다. 13세기 영국의 철학자 로저 베이컨은 다음 같은 기록을 남겼다.

"기계 한 가운데 사람이 앉아 날개를 저을 수 있는 비행기계를 만들 수 있다."

그의 아이디어는 250년 후 이탈리아에서 다시 등장한다. 화가이자 발명가로 잘 알려진 르네상스의 천재 레오나르도 다 빈치(1452~1519)는 비행기계를 스케치했다. 그리고 우리가 오늘날 '헬리콥터'라고 부르는 비행체도 도안했다. 그러나 로저 베이컨과 다 빈치 시대에는 비행기에 대한 생각이 어린 아이의 유치한 공상으로 치부되었다.

19세기 말까지도 '하늘을 나는 기계'는 상상 속에서나 가능한 일로 생각되었다. 하지만 1903년 라이트 형제에 의해 마침내 공상이 현실이 되었다.

1956년 영국의 한 왕실 천문학자는 "우주 비행이란 순 엉터리다"라고 주장했지만, 채 1년도 지나지 않은 1957년 최초의 인공위성이 우주로 발사되었고, 1969년 7월 20일에는 닐 암스트롱(Neil Armstrong, 1930~)을 태운 아폴로 11호가 인류 최초로 달에 착륙했다.

믿기지 않는 사실은, 원자폭탄이 개발되고 대형 여객기가 등장한 뒤에도 우주비행이 불가능하다고 말한 전문가들이 많이 있었다는 점이다. 어쨌든 "불가능하다"는 일부 지식인들의 단언에도 불구하고 인간은 우주여행에 성공했고, 그 이상 태양계 너머를 파악하려고 노력 중이다.

인간은 '이룰 수 없는 꿈', 즉 알 수 없는 미지의 것을 현실화시키기 위해 노력해 왔고 그 결실 덕택에 현재 우리들의 삶이 존재한다. 누군가가 불가능하다고 생각하는, 어떤 의미에서 절대로 실현될 수 없는 꿈을 극복해 온 인간의 의지가 있었기 때문이다. 다행한 것은 앞으로도 이런 전진은 계속될 것이라는 점이다.

인류가 태어난 이래 현대와 같은 문명을 이뤄낸 원동력은 인간이 미래를 꿈꾸기 시작했다는 데 있다. 원시인들에게 가장 중요한 일은 안전하고 풍부한 먹이를 확보하는 것이다. 먹이가 되는 사냥감의 습성을 예의 주시하면 그것들을 언제 어디에서 쉽게 잡을 수 있는지 예측 가능하게 된다. 즉 미래를 설계할 수 있는 것이다. 미래를 예시해 주는 정보야말로 인간에게 가장 유용한 지식이다.

일단 예시된 미래가 유용하다고 생각되면 인간은 그 꿈을 실현시키기 위해 모든 노력을 기울인다. 꿈을 실현시키기 위해 수만 내지 수십만 명이 필요할 수도 있다. 1969년 아폴로 11호에 탑승한 암스트롱이 달에 첫발을 내딛기까지 수많은 사람들이 한 가지 목적 즉 인간을 달에 착륙시키기 위해 총력을 기울였다.

엄밀한 의미에서 암스트롱이 달에 착륙할 수 있었던 것은 과학기술이 발달했기 때문이기도 하지만 달에 가고자 하는 꿈을 갖게 하고 이를 실현케 만든 사람들의 역할도 크게 기여했다. 그 가운데 SF 작가들의 영향력이 크다고 볼 수 있다.

상상으로 가득 찬 미래를 소재로 글을 쓰는 사람은 많지만 그 중에서도 SF 작가들의 상상력이 돋보이는 것은 과학적 배경지식을 바탕으로 실현 가능한 근거를 갖고 미래를 예측하기 때문이다.

아시모프와 함께 3대 SF작가로 꼽히며 영국의 자존심으로 불리는 〈스페이스 오디세이〉의 작가 아서 클라크(Arthur Charles Clarke, 1917~2008)는 런던 대학교 킹스칼리지에서 물리학과 수학을 전공했다. 〈스타십투르퍼스〉〈은하를 넘어서〉로 유명한 로버트 하인라인(Robert Anson Heinlein, 1907~1988)도 미 해군사관학교 졸업 후 구축함에서 근무하는 등 소위 과학계에서의 경력을 갖고 있다.

아서 클라크의 작품을 보면 그의 미래 예측 능력이 매우 뛰어난 것임을 알 수 있다. 그의 작품에는 '통신위성'과 '인터넷', '우주정거장', '핵 발전 우주선' 등이 등장하는데 이러한 것들이 현실화된 오늘날의 시각으로 보아도 그의 작가적 상상력이 현대 과학에 얼마나 많은 영향을 끼쳤는가를 알 수 있다.

1945년 클라크는 〈외계를 통한 통신 연계, 우주정거장에서 세계 통신이 가능한가〉라는 논문으로 통신위성의 등장을 예견했다. 논문의 내용은 약 3만6천 킬로미터 높이의 고정된 궤도에서 지구의 자전 주기와 정확하게 일치하는 인공위성이 광범위한 지역에 전파를 제공할 수 있다는 것이 핵심이다. 그후 1957년 소련이 발사한 세계 최초의 인공위성 스푸트니크 호가 발사됨으로써 그의 예견은 현실에서 정확하게 실현되었다. 클라크의 예언대로 정지 궤도 위성이 기술적으로 가능해졌을 때 과학계에서는 이를 '클라크 궤도(Clarke Orbit)'라고 이름 붙여 그의 예지력을 기렸다.

미래학자 앨빈 토플러는 "SF는 인류의 미래를 예측하는 미래사회학이다"라고 정의하며 이에 가장 적합한 작가로 클라크를 거명했다. 아시모프 역시 "그 누구도 아서 C. 클라크만큼 통찰력 있게 미래를 볼 수 없었다"고 극찬했고, 인류 최초로 달에 착륙한 닐 암스트롱은 "아서 클라크는 우리를 달로 이끈 결정적인 지적 동기를 제공했다"고 말했다.

새로운 것을 창조하는 데 있어 미래를 그리는 상상력만큼 중요한 것은 없다. 물론 상상력으로 미래를 예측하는 일은 누구나 할 수 있다. 그러나 탄탄한 과학적 지식을 갖춘다면 더욱 깊이 있는 아이디어를 이끌어낼 수가 있다.

아시모프가 특히 관심을 보인 것은 로봇이었다. 어느 면에서 로봇은 아시모프에 의해 크게 주목을 받았다고도 볼 수 있는데 그것은 아시모프가 '로봇의 3대 원칙'을 만든 장본인이기도 하기 때문이다.

| 미래의 틀을 예시하다 |

아시모프는 1920년 러시아에서 유태인 방앗간 집 아들로 태어나 세 살 때 온가족이 미국으로 이주한 뒤 전 생애를 미국인으로 살았다. 그는 원래 의사가 되려 했으나 피만 보면 실신하는 바람에 컬럼비아 대학교에서 생화학으로 박사학위를 받은 후 보스턴 의대에서 생화학 교수로 재직했던 정통 과학자였다.

유년기 때부터 SF소설에 흥미를 느낀 그는 19세 때 잡지에 SF소설 을 연재하여 인기를 끌기도 했다. 집필에 전념하기 위해 교수직을 그 만둔 후 그는 과학소설 외에도 판타지, 추리, 역사, 셰익스피어 연구, 문학비평, 에세이 등 다양한 분야의 글을 썼다. 그는 과학소설이 "변 화한다는 사실, 변화의 불가피성을 인정하는 문학의 한 갈래"라며 다 음과 같이 말했다.

"애당초 변화를 가정하지 않으면 과학소설과 같은 것은 존재하지 않는다. 현재와는 크게 다른 사회적, 물리적 배경에서 펼쳐지는 사건 을 제외시킨다면 과학소설이라 할 수 없기 때문이다. 현재와는 크게 다른 사회적, 물리적 배경에서 펼쳐지는 사건을 묘사하는 것이 최선 의 과학소설이다."

저술가로 성공한 그의 활동을 높이 평가해 종신교수직을 보장할 정도로 우대받은 아시모프는 그에 보답이라도 하듯 오로지 집필에만 열중했다. 글 쓰는 일 이외의 취미나 오락거리도 즐기지 않았으며 장 거리 여행도 하지 않았다. 그가 장거리 여행을 싫어한 것은 고소공포 증이 있어 비행기를 타지 않았기 때문이다.

'로봇의 대가'라고 불리는 아시모프가 로봇과 인연을 맺기 시작한 것은 본격적인 작가로 나서기 훨씬 전의 일이다. 그는 20세 때인 1940년 12월 23일 SF잡지 〈어스타운딩(Astounding)〉 편집장 존 캠벨과 함께 '로봇의 3대 원칙'을 만들었다. 당시 아시모프는 로봇을 소재로 한 세 번째 소설 〈라이어(Liar)〉를 구상 중이었는데 그들은 로봇 내부에 안전장치가 필요하다고 생각했다. 아시모프는 다음과 같이 로봇의 특성을 규정한 후 과학자들은 이들 규칙을 준수하면서 로봇을 만들어야 한다고 강조했다.

제1조, 로봇은 인간을 다치게 하거나, 태만하여 인간에게 상처를 입혀서는 안 된다.
제2조, 로봇은 인간의 명령에 따라야만 한다. 단 인간의 명령이 제1조에 해당될 경우는 제외한다.
제3조, 로봇은 스스로를 지켜야만 한다. 단 제1조와 제2조에 해당할 경우는 제외한다.

간단히 설명하면 로봇의 두뇌가 인간의 두뇌를 추월하지 못하도록 과학자들이 사전에 로봇의 기능을 제한해야 한다는 뜻이다. 아시모프는 이 원칙을 소설 〈아이 로봇(I, Robot)〉을 통해 발표했다. 이 원작소설을 영화로 만든 〈아이, 로봇〉에서 시종일관 유지되는 주제가 바로 '로봇의 3대 원칙'이다. 영화는 다음과 같은 메시지를 전달하고 있다.

로봇 NS-5는 로봇의 3대

영화 〈아이, 로봇〉

원칙을 지키도록 설계되었고 그 원칙을 분명히 지키는데, 그런데 인간들을 습격하기 시작한다. 제조과정에서 우연히 사람의 마음을 읽을 수 있게 된 로봇은 원칙 제1조를 잘못 해석해서 사람의 마음이 상하지 않도록 거짓말을 일삼는다. 〈아이, 로봇〉은 이처럼 로봇의 3대 원칙은 변화무쌍하며, 인간을 보호하도록 고안된 원칙이 도리어 인간을 위협하는 근거로 작용할 수도 있다고 우려한다.

이후 아시모프는 3개 원칙만으로는 인간을 로봇으로부터 보호하기에 충분치 않다는 것을 발견하고 "로봇은 인류에게 해를 끼쳐서는 안 되며 위험한 상황에 방치해서도 안 된다"라는 제0조를 추가로 발표했다. 과학 저널리스트 배일환은 그 이유를 다음과 같이 설명했다.

"어떤 사람이 로봇에게 '지구의 나무를 모두 태워버리라'고 명령할 경우 개별 인간을 직접 해치는 행위가 아니므로 로봇은 시키는 대로 모든 나무에 불을 지를 위험이 생긴다. 그러나 지구상에서 삼림이 사라지면 인류는 엄청난 재앙을 맞으므로 이를 막지 않으면 안 된다."

| 아시모프, 학문간의 융합을 보여주다 |

로봇 인공지능 연구 분야의 세계 최고봉으로 평가받고 있는 로드니 브룩스(Rodney Brooks, 1954~)는 근래에 만들어지는 로봇들이 이 원칙들을 지키도록 제작되고 있느냐는 질문에 "그렇지 않다"고 말하며 매우 재미있는 역설을 했다. 그 이유는 로봇들이 악하게 만들어지는 것이 아니라 아직 이 법칙을 지킬 만큼 감수성이 풍부하고 똑똑한 로봇을 만드는 방법을 모르기 때문이라는 것이다. 그는 현재 개발된 어떤 로봇도 아시모프의 법칙들 중 첫 번째 것에도 적용되는 사례를 발견하지 못했는데 그것은 로봇이 인간을 탐지해낼 방법을 갖지 못했기 때문이라는 지적이다.

아시모프의 로봇 3대 원칙은 차펙의 로봇이라는 개념이 탄생한 지 20년 후에 만들어졌지만, 70년이 지난 지금에도 로봇 3대 원칙이 유효한 것을 보면 미래를 예견하는 아시모프의 통찰력이 대단함을 알 수 있다. 전 세계 사람들이 그의 작품에 열광하는 이유이기도 하며 과학자 출신 작가인 그가 세계적인 베스트셀러 작가로서 성공한 이유이기도 하다.

그는 약 50년간 477권의 책을 출판했으며 한글로 번역된 책만 백 권이 넘는다. 매년 적어도 9~10권을 집필했다는 얘기다. 그의 대표작은 1951년에 쓴 먼 미래 은하계를 배경으로 한 〈파운데이션〉 시리즈인데 그의 나이 22세에 시작하여 그가 사망할 때까지 계속 집필되었다. 이 소설에서 그는 대제국의 몰락이 안이한 현실 안주였음을 경고하여 호평을 받았다.

〈영원의 끝〉, 〈아이, 로봇〉, 〈바이센테니얼 맨〉 등 출간하는 것마다

아이작 아시모프

베스트셀러가 되었고 그의 대표작 중 25편이 영화와 다큐멘터리로 만들어졌다. 다작 비결이 무엇이냐는 질문에 그는 다음과 같이 말했다. "글이 떠오르지 않을 때마다 생각하고 또 생각하다 못해 창문

에서 뛰어내려 죽고 싶을 때까지 생각한다."

한 에세이에서 아시모프는 자신이 죽어 하늘나라에 갔던 꿈 이야기를 이렇게 전했다.

아시모프 : "이게 하늘나라입니까?"

기록담당 천사 : "그렇다."

아시모프 : "착오입니다. 전 하늘나라를 믿지 않는데 어떻게 자격을 얻겠습니까?"

천사 : "누가 자격이 있는지는 우리가 결정한다. 네가 아니다."

아시모프 : "알겠습니다. (잠시 둘러본 뒤) 여기에 제가 사용할 만한 타자기가 있습니까?"

1992년에 죽을 때까지 무신론자였던 그였지만 성서 해설서까지 쓴 사람으로도 유명하다. 전천후 천재였던 아시모프는 "글 쓰는 행위에서 하늘나라를 느꼈죠. 그래서 반세기 넘도록 난 하늘나라에 있었습니다"라고 말한 행복한 글쟁이였다.

1959년, 영국의 C. P. 스노우 경은 유명한 캠브리지 개막 강연에서 과학과 인문학 사이의 단절에 대해 다음과 같이 심각하게 경고한 바 있다.

"두 문화(Two cultures), 즉 과학과 인문학 사이의 간극이 세상의 문제들을 해결하는 데 주된 방해물이 된다."

스노우 경이 강조한 것은 예를 들어 두 문화의 양 끝에 물리학자와 문학자가 있는데 이들이 대화를 나눈다고 해도 "서로가 서로를 이해할 수 없을 만큼 서로에 대해 무지하다"는 것이다.

스노우는 비과학자들이 과학적 소양을 쌓아 두 문화 사이의 괴리를 좁혀야 한다고 강조했지만 그 반대의 경우도 충분히 가능하다. 즉, 과학자들이 인문사회학적 소양과 이해를 넓힌다면 두 문화의 융합에 크게 기여할 수가 있다는 것이다. 당연한 일이지만 상상력을 한껏 발휘한 과학적 사고를 가진 아이디어는 과거는 물론 현재, 미래에도 크게 각광받게 될 것이다.

다행히도 요즘은 학문간 융합의 중요성이 강조되면서, "지식을 넘나들면서 통합한다"는 의미의 통섭(consilience)이 학계는 물론 사회 전반으로 확산되고 있다. 그런데 60여년 전에 이미 아시모프는 바로 이 같은 '통섭'의 중요성을 깨닫고, 자신의 전문지식을 살려 다른 분야에서 독보적인 경력을 쌓음으로써 큰 성공을 이룰 수 있었다. 그가 쓴 SF 소설만큼이나 진로에 대한 아시모프의 통찰력이 놀라울 따름이다.

27

인간의
행복 추구권을
보장하라

로버트 퍼치고트 Robert F. Furchgott, 1916~2009
거대 제약사에 역습을 가한 비아그라

미국의 〈비즈니스 워크〉지는 비아그라의 등장으로 삶의 질을 바꾸는 '생활의약의 시대'가 열렸다고 선언했다. 치료의 대상이 아니었던 '인간의 행복'이 약으로 지배되는 시대가 왔다는 것이다.

탈모방지제, 기억력 증진제, 노화방지제, 비만치료제, 콜레스테롤 감소제, 주름살 제거제, 혈색강화제 등은 일종의 행복감을 늘려주는 약이다. 그 중 발기부전 치료제로 개발된 비아그라는 삶의 질과 가치를 획기적으로 바꾸어주는 생활의약의 선두주자로 인식된다.

비아그라의 원리는 3명의 노벨상 수상자의 획기적인 이론에 바탕을 두고 있다. 1998년 노벨 생리의학상을 수상한 미국 뉴욕주립대 건강과학센터의 로버트 퍼치고트(Robert F. Furchgott) 박사, UCLA 의대의 루이스 이그나로(Louis Ignarro) 교수, 그리고 텍사스 의대의 페리드 뮤라드(Ferid Murad) 교수가 바로 그들이다.

이들이 공통적으로 연구한 물질은 자동차 배기가스에 섞여 나오는 공기 오염물질이자 지구 온난화의 주범으로 인식되는 일산화질소(NO)이

386

다. 그 일산화질소가 체내에서는 심장혈관 체계의 신호전달물질로 작용
한다는 점을 규명한 것이 수상 이유이다. 그런데 그 일산화질소가 성기
의 혈관을 확장시켜 발기가 이뤄진다는 원리에 착안해 만들어진 것이
'비아그라'이다.

| 용도가 바뀐 비아그라 |

의학용어로 발기부전 혹은 성교 불능은 원시시대부터 남성들의 최
대 고민거리였다. 발기부전이란 만족스러운 성관계를 가질 만큼 충
분히 발기가 되지 못하거나 이를 유지할 수 없는 상태가 전체 성행위
중 25퍼센트 이상일 때를 말한다.

남성의 성교 능력은 발기가 충분히 되는가에 따라 달라지는데, 발
기의 메커니즘이 의학적으로 매우 복잡해서 사람에 따라 쉽게 장애
를 일으키기도 한다.

발기는 다양한 성(性)적인 자극, 특히 접촉 자극에 의해 음경의 끝
부분에서 일어난다. 이때 신경이 흥분되면서 척수의 발기중추에 영
향을 주면 강한 동맥혈류가 음경의 해면체로 흐르게 된다. 혈액이 몰
려 해면체가 팽창되면 결합조직의 외피가 팽팽하게 당겨져 음경이
경직됨과 동시에 혈액을 흘려보내야 할 정맥은 좁아진다. 따라서 혈
액의 흐름이 지체되어 발기가 지속되는데 사정 후에는 혈액이 다시
해면체에서 흘러나와 발기가 풀리게 되는 것이다.

신체의 다른 부분에서는 동맥과 정맥이 따로 떨어져 있어서 동맥
이 팽창해도 부근의 정맥에 별다른 영향을 주지 않지만, 성기의 경우

좁은 곳에 동맥과 정맥이 함께 있어 동맥이 팽창하면 정맥이 압박을 받게 된다. 넓어진 동맥에 유입되는 혈액은 증가하지만, 동맥에 눌린 정맥의 피가 잘 빠져나가지 못해 성기에 유입된 혈액이 고여 발기가 유지되는 것이다.

문제는 발기가 여러 가지 심리적 · 물리적 요소에 의해 방해받는다는 점이다. 따라서 고대부터 남성들의 최대 관심사인 발기 지속력을 높이기 위해 사용되는 것이 정력제이다. 동양에서는 오래 전부터 동물의 조직과 장기로 정력제를 만들어왔는데 잘 알려진 예가 코뿔소의 뿔을 갈아 먹는 것이다. 이 때문에 코뿔소는 거의 멸종 위기에 처해 있다.

일산화질소(NO)의 주요 역할은 몸 곳곳에서 혈압 상승을 막는 일이다. 혈관은 혈관 내벽을 구성하는 한 층의 내피세포와 이를 둘러싸고 있는 여러 층의 평활근세포로 구성되어 있다. 혈압은 평활근세포가 수축하고 이완하는 정도에 따라 올라가거나 내려간다.

일산화질소는 내피세포에서 만들어지는데, 이곳에 있는 필수아미노산(L-아르기닌)에 일산화질소 합성효소가 작용하면 일산화질소가 형성된다. 일산화질소는 인접한 평활근세포로 들어가 평활근세포를 이완시키는 물질(c-GMP)을 만들어내고 그 결과 혈관이 확장된다.

일산화질소의 또 다른 역할은 혈소판이 응집되는 과정을 억제하는 일이다. 혈소판이 응집돼 혈관에 쌓이면 혈액의 흐름을 막는다. 따라서 일산화질소가 생성되지 않으면 동맥경화나 고혈압과 같은 혈관계 질환이 발생하며, 심하면 신경계 장애마저 일으킬 수 있다.

만일 음경에서 일산화질소 생성에 장애가 생기면 혈관 확장이 이루어지지 않아 발기부전이 올 수 있다. 비아그라는 c-GMP가 다른 효소에 의해 파괴되는 일을 막음으로써 음경의 혈관을 확장시키는 약제이다.

| 임상실험의 부작용이 만든 치료제 |

비아그라는 그야말로 예기치 않게 등장한 물질로 잘 알려져 있다.

1985년 미국의 다국적 제약회사인 화이자(Pfizer)의 영국 실험실에서 사이먼 캠벨(Simon Campbell)과 데이비드 로버츠(David Roberts) 팀은 심장병 치료용 물질을 개발하고 있었다.

그들은 포스트포디에스테라아제(PDE) 반응 억제제를 연구하고 있었는데 PDE는 남성이 성적으로 흥분할 때 생성되는 사이클릭GMP를 분해한다. 따라서 PDE의 작용을 억제하면 사이클릭GMP를 억제할 수 있다. 더구나 사이클릭GMP가 축적되면 평활근의 이완이 일어나 혈관 안에 혈액 공급이 증가된다.

화이자는 '자프리나스트(Zaprinast)'라는 이름의 약품을 개발하여 치료약으로의 활용 여부를 연구했으나 임상시험에서 많은 부작용이 생겨 생산을 중단했다. 그럼에도 불구하고 자프리나스트의 매력에 심취된 연구자들은 자프리나스트에 화학적 변화를 가해 실데나필이라는 물질을 개발했다. 실데나필은 인체흡수 능력이 훨씬 더 뛰어났고 무엇보다도 정제로 만들 수 있는 장점이 있었다.

그들은 실데나필이 심장병에 효과가 있을 것으로 생각하고 많은 지원자들을 상대로 임상실험에 들어갔다. 그런데 이번에도 본래 의도했던 심장관상동맥의 혈류량 증가가 신통치 않아 폐기대상 목록에 올려놓았다. 임상실험 규칙에 따르면 연구가 중단될 때 실험에 참가했던 환자들은 남은 약품들을 모두 돌려주도록 되어 있다. 그런데 이상하게 임상실험 환자들 가운데 남성들이 남은 약을 돌려주지도 않고 그 중 일부는 오히려 그 약을 더 달라고 요청했다. 이유를 조사해 보니 많은 남성 환자들이 약을 복용한 뒤 발기력이 뚜렷하게 좋아지는 놀라운 효과를 얻었다는 것이다. 심지어는 화이자 연구실에 외부인이 침입하여 약을 훔쳐갔다는 얘기까지 나돌았다.

추후에 알려진 사실이지만 비아그라의 주성분인 실데나필(sildenafil)이 인체 내의 일산화질소(NO)를 활성화시켜 발기를 유지시켰던 것이다.

화이자제약사는 흥분의 도가니에 휩싸였다. 심장약이 아닌 발기부전 치료제로 효과가 있다면 그야말로 '세기의 발명'이 될 것이고 심장약보다 엄청난 수익을 가져올 터였다. 곧바로 발기부전 환자그룹에 대한 임상시험이 실시되었고 4500명의 피험자 중에서 약 70퍼센트 이상의 남성이 긍정적인 효과를 보았다고 대답했다. 부작용도 허용범위 내였다.

1998년 화이자는 실데나필을 '비아그라'라는 이름으로 첫출시해 단 1년 만에 10억 달러 이상의 매출을 올렸다. 비아그라는 90개국 이상에서 판매되며 출시되자마자 폭발적인 반응을 얻었다. 비아그라는 단순히 발기부전을 치료하는 것이 아니라 남성들의 자존심을 치료해 준 것이다.

| 자존심을 치료해줍니다 |

비아그라가 탄생하게 된 데는 또 다른 극적인 드라마가 연관되어 있다.

비아그라가 등장하기 전만 해도 발기부전을 약으로 치료할 수 있다고 생각한 사람은 거의 없었다. 발기부전은 심리적인 요인 때문에 일어나는 현상이라는 것이 통념이었기 때문이다.

1983년, 이런 일반적인 통념을 깨트린 '깜짝쇼'가 벌어졌다. 화제의 주인공은 영국의 의사 자일스 브린들리(Giles Brindley, 1926~) 였다. 그는 미국 라스베이거스에 열린 비뇨기학회 강연에서 음경에 혈관이완제(정확히 말해 평활근 이완제)를 주사하면 발기부전을 치료할 수 있다고 발표했다. 수백 명의 청중이 반신반의하자 브린들리는 이미 예상이나 한 듯 "20분 전에 호텔 방에서 나의 음경에 고혈압 치료제 페녹시벤자민을 주사했다"고 말하고는 그 자리에서 바지를 내려 발기된 음경을 보여주었다. '백문이 불여일견'임을 말해주는 브린들리의 일화는 비아그라의 개발에 중요한 영향을 끼쳤다.

흔히 놀라거나 화가 날 때 '혈압이 오른다'고 말한다. 신장 옆에 붙은 부신에서 평상시보다 많은 아드레날린이 분비되기 때문이다. 아드레날린은 심장의 박동을 촉진하고 혈관을 수축시킨다. 심장에서 뿜어내는 피가 증가하면서 좁아진 혈관의 혈압이 오르는 것이다.

페녹시벤자민은 바로 아드레날린의 작용을 차단하는 고혈압 치료제로 심장 박동수를 줄이고 혈관을 이완시키는 역할을 한다. 깜짝쇼

를 벌인 브린들리가 사용한 페녹시벤자민과 같은 혈관 이완제를 직접 음경에 주사하면 그곳 혈류량이 증가해 발기가 일어날 수 있다.

그러나 화이자가 궁극적으로 발기부전 치료제로 사용한 것은 페녹시벤자민이 아니라 실데나필로, 페녹시벤자민과는 다른 메커니즘을 통해 혈관을 이완시키는 물질이다. 앞에서 말한 대로 실데나필의 원래 개발 목적은 고혈압 치료제였는데 브린들리 박사의 깜짝쇼를 전해 들은 화이자 사는 자신들이 개발한 고혈압 치료제도 발기를 촉진시킬지 모른다고 생각했던 것이다. 실데나필 역시 페녹시벤자민과 마찬가지로 고혈압 치료제이므로 성기의 혈관을 이완시켜 발기부전을 치료할 수도 있다는 그들의 예상이 맞아떨어진 것이다.

남성 발기부전 환자는 5~10퍼센트 정도로 알려져 있다. 이것도 지속적인 발기부전 환자의 수치일 뿐, 일시적으로 발기부전을 보이는 사람은 더 많을 것으로 추정된다. 그런데도 많은 나라에서 비아그라를 보험으로 처리할 수 없도록 규제하고 있는데 그 이유는 과잉진료로 인해 의료보험료가 급등하게 될까 염려하기 때문이다.

하지만 비아그라의 문제점은 엉뚱한 데서 나타났다. 발기부전을 겪지 않는 남성들조차 호기심에 비이그라를 먹기도 한 것이다. 전문가들은 비아그라가 생리적인 부작용이 없다고 해도 약효로 인한 무분별한 성욕이 문제라고 지적한다. 비아그라로 인해 섹스 가능 인구가 급격하게 늘면 이에 따른 사회문제를 우려하는 사람들도 있다.

생활의약의 사회적 부작용에서 가장 우려되는 부분은 인간 주체성의 상실인데 비아그라 또한 주체성을 왜곡할 혐의가 짙다는 설명이다. 보통사람의 경우 비아그라가 성기능에 대한 불필요한 열등감을 자극하고 부부간의 성적인 모든 문제를 한 알의 약으로 풀어버리려는 성급하고 천박한 생활습관이 야기될 수 있다고 〈과학동아〉의 전용훈 기자는 지적했다.

| 제약회사의 횡포를 막아낸 노벨상 수상자들 |

1998년 노벨상위원회는 그해 노벨 생리 · 의학상을 로버트 퍼치고트(Robert F. Furchgott, 1916~), 페리드 뮤라드(Ferid Murad, 1936~), 루이스 이그나로(Louis J. Ignarro, 1941~) 등 3명의 미국인 과학자에게 수여한다고 발표했다. 일산화질소(NO)가 심혈관계에서 신호 전달 분자로 작용한다는 사실을 밝혀낸 공로였다.

생리 · 의학상 수상자를 결정하는 스웨덴 스톡홀름 카롤린스카 연구소는 주로 자동차 배기가스로 배출되는 해로운 오염물질로만 알려진 일산화질소의 생물학적 역할을 밝혀낸 것은 놀라운 성과라고 말했다. 게다가 기체 중에서 체내에서 신호전달분자로 작용하는 것은 일산화질소가 유일했다.

아주 간단한 분자인 일산화질소의 역할은 1970~1980년대에 처음 알려지기 시작했다.

1977년에 미국 버지니아 대학교의 교수로 있던 뮤라드는 니트로글리세린 및 그것과 관련 있는 여러 가지 심장약이 일산화질소를 생성시키고, 무색무취의 이 기체가 혈관을 확장시킨다는 사실을 밝혀냈다. 1936년 미국 인디애나 주 화이팅에서 태어난 뮤라드는 1965년 오하이오 주 클리블랜드 웨스턴리저브 대학교에서 의학 박사학위를 받았다. 노벨상위원회는 뮤라드에 대한 노벨상 수상 이유로 1980년대

스탠퍼드대학교와 그후에 일리노이 주 애벗(Abbott)연구소에서 이룬 업적도 꼽았다.

퍼치고트 박사는 1916년 6월 4일 미국 사우스캐롤라이나 주 찰스턴에서 태어나 1940년 일리노이 주 에번스턴에 있는 노스웨스턴 대학교에서 생화학 박사학위를 받은 후 1956년 브루클린 소재 뉴욕주립 대학교의 약리학부 팀에 합류했다.

1980년 로버트 퍼치고트 박사는 독창적인 실험을 통해 혈관 내벽을 이루는 내피(內皮) 세포들이 미지의 신호전달분자를 만든다는 사실을 밝혀냈다. 신경전달물질인 아세틸콜린을 혈관에 투여할 때 서로 상반된 결과가 일어나는데, 혈관에 내피세포가 있으면 확장이 일어나고 내피세포를 벗겨내면 수축이 일어나는 것이다. 그는 아세틸콜린이 내피세포에 작용해 혈관을 확장시킨다는 의미에서 이를 혈관확장인자(EDRF)라고 명명했다. 이 물질이 혈관벽의 평활근에 신호를 보내 혈관을 확장시키는 것이다.

루이스 이그나로는 1941년 미국 브루클린에서 태어나 미네소타 대학교에서 약리학 박사학위를 받았다. 로스앤젤레스 캘리포니아 대학교에서 중요한 발견을 이루기 전인 1979~1985년 그는 미국 뉴올리

퍼치고트

언스의 툴레인 대학교 의과대학에서 약리학 교수로 재직했다.

이그나로는 혈관확장인자의 정체를 연구하던 중 1986년 혈관확장인자가 일산화질소(NO)와 동

394

일한 물질임을 밝혀냈다. 그의 연구는 혈관확장인자의 존재를 확인한 퍼치고트의 연구와는 거의 같은 시기에, 그러나 별개로 진행되었다. 그는 연구를 통해 살아 있는 생물체에서 기체 물질이 신호전달분자로 작용할 수 있다는 사실을 최초로 발견했다. 노벨상위원회는 이그나로에 대한 수상 이유로 혈관확장인자가 일산화질소라는 것을 밝힌 '뛰어난 분석력'을 꼽았다.

퍼치고트와 이그나로는 1986년에 열린 과학 학술회의에서 처음으로 자신들의 발견을 발표해 일산화질소에 대한 국제적인 연구 붐을 일으켰다. 노벨상위원회는 이 과학자들의 연구가 획기적인 발기부전 치료제 비아그라의 개발에 핵심적인 역할을 했다고 말했다.

| 거대 제약사의 탐욕을 막아내다 |

이들 노벨상 수상자 세 사람 모두 처음부터 발기부전 치료제를 예상하고 연구에 몰입한 것은 아니었다. 대부분 1980년대에 이루어진 그들의 연구는 혈관의 이완과 확장에 대한 새로운 메커니즘을 밝히는 데 초점이 맞춰져 있었다. 그것은 발기부전 치료제가 아닌 다른 질병들의 치료에 대한 연구로 이어졌다. 그런데 그들 세 사람의 연구에서 우연히 발기부전 치료제의 가능성을 밝혀낸 것이 다국적 제약사 화이자였던 것이다.

화이자는 특허법을 절묘하게 이용하여 발기부전 치료제 자체로 비아그라의 물질특허를 신청했다. 발기부전 치료제라는 명목이 물질특허로 규정된다는 것은 미국을 포함한 세계 각국에서 발기부전 치료제를 개발하려면 모두 화이자로부터 특허권을 사들여야 한다는 것을 의미한다. 한국인들이 그동안 정력제로 애용해온 민간요법이 모두 화이자의 특허에 저촉될 수 있다는 뜻이다.

화이자의 태도에 제일 먼저 반발하고 나선 나라가 영국이다. 발기부전을 치료하는 방법 즉 남자의 성기능을 증진시키려는 노력은 인간이 지구상에 등장한 이래 계속 시도되었으므로 이를 물질특허로 제한할 수 없다는 주장이었다.

결론을 말한다면, 영국 법정은 혈관 확장을 억제하는 모든 물질에 대해서가 아닌, 단지 실데나필에 한해서 특허가 유효하다는 판결을 내렸다. 이 판결로써 매우 광범위하게 보장되어 있던 화이자의 특허를 제한하여 다른 제약회사들이 비아그라와 유사한 방식으로 작용하는 발기부전 치료제를 개발하여 시장에 내놓을 수 있는 길을 열어주었다. 중국 등 일부 나라에서 비아그라와 유사한 효과를 내는 수많은 제품들이 값싸게 생산되는 근거가 되는 판결이다.

바로 이 소송에서 결정적인 역할을 한 것이 1998년 노벨상을 수상한 세 과학자들의 연구 논문이다. 이들은 비아그라가 판매되기 20년 전에 이미 미세분자 형태의 일산화질소가 유기체의 전달물질로서 큰

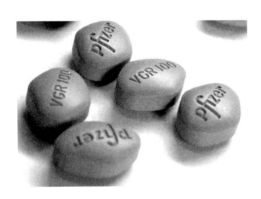

역할을 한다는 사실을 발표했는데, 이것이 바로 비아그라의 핵심이었다. 특히 노벨상위원회는 이들 과학자들의 연구가 음경 혈관에서 일산화질소(NO)의 효과

를 증대시키는 작용을 하는 성공적인 발기부전 치료제의 개발에 핵심적인 역할을 했다고 발표해주었다.

이들의 연구가 엄청난 이득을 가져다준 것은 아니지만 다국적기업인 거대 제약사의 탐욕을 막아냈다는 것은 신선한 일이다. 화이자가 비아그라를 독점적으로 생산했다면 현재 비아그라의 값은 수백 배 더 비싸게 팔리고 있을 것이다. 인간의 행복 추구권을 독점하려던 화이자의 과욕은 좌절되었다. 그것도 노벨상 수상자들의 논문으로 강타를 맞은 것이므로 변명의 여지도 없었다.

적어도 인간의 행복추구권을 독점하려던 거대 자본의 횡포를 막는데 과학자들의 전문 지식이 활용된 사례로 기록된다.

| 고산지대 등산의 필수품 발기부전제 |

비아그라와 같은 발기부전 치료제의 성분은 고산병(高山病)에도 즉효를 보인다. 해발 5천 미터 이상에서는 폐동맥의 혈압이 높아져 호흡이 가빠지고 가슴이 답답해진다. 비아그라는 말초혈관에서 혈액이 빠져나가는 것을 막아 발기를 지속시키는 원리인데, 이와 같은 원리가 고산병에도 적용되어 폐의 말초기관에 충분한 피를 공급해 혈압을 낮추는 것이다. 히말라야를 오르는 등산가들 사이에 이런 종류의 약이 상비약인 것은 상식이 되었다. 이런 이유로 화이자는 비아그라를 폐고혈압증 치료제로도 허가를 받아 판매하고 있다.

발기부전 치료제는 여성과 어린이에게도 처방되기도 하는데, 자궁막이 너무 얇아 생기는 불임에 비아그라를 투여하면, 그렇지 않은 그룹에 비해 수정란 착상에서 29퍼센트, 임신 성공률에서 45퍼센트 정도가 더 높다고 한다. 그리고 소아의 폐질환에 발기부전 치료제를 사용하면 호흡이 쉬워지고, 보행 속도가 빨라진다. 최근에는 장거리 비행으로 인한 시차(時差) 부적응에도 도움을 준다는 연구결과가 나왔다. 아르헨티나 국립대 연구진은 햄스터 수컷에 실데나필을 소량 투여한 뒤 평소보다 6시간 일찍 조명을 끄는 실험 결과를 발표했다. 약을 투여 받은 햄스터는 바뀐 시차에 맞춰 쳇바퀴를 돌렸다고 한다. 흥미롭게도 이 연구를 주도한 아르헨티나 킬메스 대학 연구팀은 엽기 노벨상으로 알려진 '이그노벨상'을 수상했다.

레이노 증후군은 추위 등으로 손가락이나 발가락의 미세혈관에 경련이 발생하는 것이 특징인데, 최종적으로 혈액순환장애로 인한 청색증과 통증을 유발하는 병이다. 이에 발기부전 치료제를 사용하면 대체로 40~60퍼센트 이상의 효과를 얻을 수 있다는 보고도 있다. 발기부전 치료제는 근육에 더 많은 산소를 공급해 경기력을 향상시킬 수 있다고 믿는 운동선수들도 복용한다고 알려져 있다. 미국 양키즈 야구팀의 투수인 '로켓맨' 클레멘스도 이 약을 자주 복용했다고 한다. 다른 용도로 사용할 때 발기부전 치료제의 가장 흔한 부작용은 두통과 안면홍조, 소화불량, 시각장애, 코피 출혈 등으로 알려져 있다.

한편 노벨상위원회는 노벨 생리·의학상의 수여와 관련해 매우 특별한 에피소드를 소개했다.

다이너마이트를 발명한 알프레드 노벨이 심장병을 앓았을 때, 그의 주치의는 니트로글리세린을 투여할 것을 권했다. 그런데 다이너마이트는 바로 그 니트로글리세린을 규조토(갑작스런 폭발을 막아주는 역할을 한다)에 흡수시켜 만든 것이었다. 폭발물이 어떻게 가슴의 고통을 덜어줄 수 있다는 것인지 도저히 납득할 수 없었던 노벨은 의사의 충고를 받아들이지 않았다. 그 답이 일산화질소에 있다는 것을 과학이 밝혀내는 데 100년이 걸렸다고 노벨상위원회는 설명했다.

뢴트겐은 X선의 발견으로 최초의 노벨상을 수상하는 등 많은 명예를 얻었으나 바이에른 정부가 제의한 귀족을 뜻하는 '폰(von)' 칭호는 거절했다. 뢴트겐은 X선은 자신이 발명한 것이 아니라 원래 있던 것을 발견한 것에 지나지 않으므로 온 인류의 것이 되어야 한다며 특허 신청을 단연코 거절했다. 에디슨은 감동하여 다음과 같이 말했다. "과학에 있어서도, 의학에 있어서도, 또 산업계에 있어서도 없어서는 안 될 귀중한 이 발견으로부터 금전적인 이익을 바라지 않았다는 것은 정말로 놀라운 일이다."

28

명예도
소중한
자산이다

빌헬름 뢴트겐 Wilhelm Röntgen, 1845~1923

인류의 공동 재산 뢴트겐선(X-ray)

과학기술 분야에서 20세기는 질풍노도의 시기였다. 그것은 20세기 직전에 이루어진 두 가지의 획기적인 발견 때문이다. 뢴트겐선(X선)과 방사선의 발견이 20세기 과학기술 발전의 기틀을 마련했다고 해도 과언이 아니다.

X선은 골절 부위나 부상자의 몸속에 박힌 파편, 유리 조각, 또는 어린 아이가 우연히 삼킨 물건 등을 찾아내는 데 사용된다. 또한 X선은 암을 찾아내는 것은 물론 암세포를 파괴하는 데도 사용되며 무좀의 치료에도 사용된다.

X선은 기초과학 연구에도 엄청난 공헌을 했다. X선을 사용하여 단백질 등의 3차원 분자구조를 알아낼 수 있었기 때문에 수많은 의약품이 개발될 수 있었다. 한편 X선을 사용하면 기계와 건물을 분해하거나 파괴하지 않고도, 이른바 비파괴검사로 구조적 결함을 찾아낼 수 있다. 또한 예술품의 진위(眞僞)를 가려내기도 하고, 덧칠된 그림 아래에 숨겨진 원화(原畵)를 알아내는 데도 사용된다. 테러범이 휴대하고 있을지 모를 불법

무기를 색출하여 여행객들의 안전한 여행을 돕는 것도 X선이 있기에 가능한 일이다.

이와 같은 문명의 이기를 발명한 사람에게는 당연히 그에 걸맞은 부와 명예가 당연히 따라야 할 것임은 틀림없다. 그러나 막대한 부를 포기하고 자신의 과학적 성과를 오직 인류의 행복을 위해 바친 사람들도 있다.

독일의 뢴트겐(Wilhelm Röntgen), 프랑스 화학자 베르톨레, 그리스의 파파니콜로 등은 자신의 연구 결과로 세계적인 부자가 될 기회를 얻었지만 이를 거부한 사람들이다. 자신들의 연구가 인류에 미칠 영향을 잘 알았던 이들은 자신들이 이룩한 성과를 모든 인류에게 아낌없이 주었다.

| 고등학교를 퇴학당하다 |

뢴트겐은 1845년 독일 라인 강변의 렌넵(Lennep)이라는 작은 마을에서 태어났다. 1848년 프랑스 2월혁명의 영향으로 독일에서도 혁명이 일어났을 때 그의 가족은 네덜란드로 이주했다. 얼마 후 다시 위트레흐트로 이주했고 뢴트겐은 위트레흐트 공업학교에 다녔다. 그는 반 친구가 선생님을 풍자해 그린 만화가 들통 났을 때 누가 그렸는지 고자질하라는 교장의 요구를 거절해 결국 1862년 퇴학당했다. 당시 학생기록부에 의하면 성적은 대체로 좋았지만 물리학 성적이 특히 나빴고 그의 행실은 '개선 요망'이었다.

뢴트겐

그는 개인교습을 받으며 위트레흐트 대학의 입학자격시험을 준비했지만 불합격해 청강생 자격으로 물리학과 화학, 동물학, 식물학 등을 공부했다.

그리고 1865년 정규학교 졸업장 없이 시험성적만으로 입학할 수 있는 취리히연방공과대학에 응시하여 합격했다. 거기서 그는 기계공학보다는 물리학에 관심을 가졌는데 당시 학계에서는 응용과학보다는 순수과학의 전망이 밝다고 생각했기 때문이다.

우수한 성적으로 대학을 졸업한 뢴트겐은 1869년 취리히 대학에서 단 1년 만에 열역학 분야의 물리학 박사학위를 받았다. 이후 그는 평생토록 존경한 실험물리학자 아우구스트 쿤트(August Kundt) 교수의 조교가 되어 뷔르츠부르크 대학의 교수가 된 그를 따라가 교수 자격시험 논문을 작성했으나 김나지움 졸업장이 없어 탈락했다. 뢴트겐은 쿤트와 함께 슈트라스부르크로 이주한 후에야 비로소 교수 자격을 얻었다. 사실 독일 학계에서 김나지움 졸업장이 없다는 것은 상당한 결격사유였는데 이를 극복하고 교수자격증을 얻었다는 것은 뢴트겐의 자질이 매우 뛰어났음을 의미한다.

그는 30세의 나이에 호엔하임 농업아카데미에서 수학·물리학 분야의 교수가 되었다.

이후 잠시 슈트라스부르크로 돌아갔다가 기센 대학의 초빙교수가 되었고 이어 실험물리학에서의 그의 업적을 인정한 뷔르츠부르크 대학에서 실험물리학과장 교수직을 제의받았다.

| 우연한 발견 |

1875년 영국의 물리학자 윌리엄 크룩스는 자신이 만든 진공관(크룩스관)에 전류를 통하면 관의 벽에서 엷은 녹색 형광빛을 띠는 것을 보고 그것이 진공관의 음극으로부터 나오는 음극선(음극에서 방출된 전자기파) 탓이라고 생각했다. 이후 많은 학자들이 음극선 연구에 도전했는데 1858년 독일의 율리우스 플뤼커(Julius Plucker, 1801~1868), 1855년 독일의 하인리히 가이슬러(Heinrich Geissler, 1814~1879), 1864년에 독일 태생의 룀코르프(Heinrich Daniel Rühmkorff, 1803~1877), 1869년 히토르프(Johann Wilhelm Hittorf, 1824~1914), 1886년 독일의 골트슈타인(Eugen Goldstein, 1850~1930)을 거쳐 1892년 헤르츠가 음극선이 얇은 금박을 통과할 수 있다는 사실을 발견했다.

헤르츠는 제자 레나르트(Philipp Eduard Anton von Lenard, 1862~1947)에게 계속 실험할 것을 권유했고, 음극선은 눈에 보이지 않지만 형광물질이 칠해져 있는 스크린에 비추어 스크린 위에 발생하는 형광을 검출할 수 있었다.

1894년 뢴트겐은 형광 현상 재현 실험을 위해 레나르트에게 음극선을 얇은 금속판에 쏘아주는 실험장치의 자문을 구했다. 이때 레나르트는 뢴트겐에게 '레나르트 창(음극선관의 한쪽 끝에 얇은 알루미늄 판을 댄 것)'에 사용되는 금속박편을 만드는 방법을 알려주었다.

1895년 11월 8일 뢴트겐은 산란된 형광이 유리관의 벽면에서 유출되는 것을 철저히 막기 위해 검고 두꺼운 종이로 크룩스관을 덮었다. 그런 후 실험실의 불을 끄고 크룩스관의 전원을 켰다. 그와 동시에 가까이에 설치된 백금시안화바륨을 바른 스크린이 도깨비불처럼 희미한 빛을 내기 시작했다.

크룩스관과 스크린 사이에 두툼한 책을 두거나 스크린을 더 멀리 떼어놓아도 여전히 방전 때마다 형광빛이 관찰되었다. 그러나 이것은 뢴트겐이 관찰하려고 했던 음극선은 아니었다. 음극선의 위력은 책을 관통할 만큼 강력하지 않다. 이전에 단 한 번도 언급된 적이 없는 강력한 무언가가 크룩스관에서 나와서 1미터 이상의 공기를 통과하여 형광 스크린을 빛나게 한 것이다. 이 놀라운 현상을 목격한 상황을 뢴트겐은 훗날 기자에게 다음과 같이 설명했다.

"그날 나는 검은 종이로 완전히 둘러싸여 있는 히토르프-크룩스관으로 작업을 하고 있었다. 책상 위에는 백금시안화바륨 종이 한 묶음이 놓여 있었다. 관에 전류를 흘려보내고 나자, 종이 위에는 이상한 검

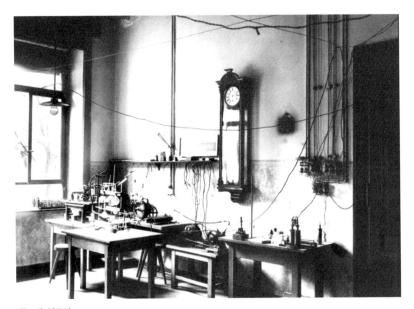

뢴트겐 연구실

은 선이 비스듬하게 생겼다. 당시 관점에서 보면 그것은 빛 때문에 생긴 것이다. 그러나 전기 아크등에서 나오는 빛조차 이렇게 뒤덮인 종이를 통과할 수 없기 때문에 관에서 빛이 나온다는 것은 불가능했다."

뢴트겐은 정체를 알 수 없는 이 불가사의한 방사선을 'X선'이라고 불렀다. 그는 실험을 계속하여 X선이 천 페이지에 달하는 책을 통과하는 것은 물론 나무, 고무 외에도 많은 물질들을 통과할 수 있다는 것을 발견했다. 반면에 이 X선을 차단하려면 적어도 1.5밀리 두께의 납으로 막아야 한다는 것도 알게 되었다. 여기서 뢴트겐은 아주 중요한 아이디어를 떠올리게 되는데 X선을 건판에 감광시켜 사진으로 찍을 수 있다고 생각한 것이다.

그는 X선이 통과하는 길에 사진 건판을 놓고 아내의 손을 그 사이에 놓도록 했다. 건판을 현상한 그는 예상대로 손가락뼈가 선명히 드러난 사진을 얻을 수 있었다. 뼈 둘레로 희미하게 근육의 형태가 나타났다. 역사상 최초로 산 사람의 뼈가 사진으로 찍힌 순간이었다! 그의 아내는 자신의 손가락뼈 사진을 보는 순간 놀라 비명을 질렀다.

| 살아있는 사람의 뼈를 찍다 |

뢴트겐은 뷔르츠부르크 물리의학협회에 자신의 X선 발견에 대해 〈신종 방사선에 관하여〉라는 제목의 보고서를 제출했다. 그의 논문을 접수한 협회는 그 중요성을 알아차리고 협회지 게재를 서둘렀다.

X선의 발견 소식이 전 세계로 확산되기까지는 불과 보름 여밖에 걸리지 않았다. 특히 독일, 오스트리아, 영국의 언론들이 이 놀라운

발견을 대서특필했다. 뢴트겐은 일약 세계적인 유명인사가 되었고 카이저 빌헬름 2세로부터 그의 발견을 치하하는 축전까지 받았다. 뢴트겐이 1896년 1월 23일, 구두로 자신의 논문을 발표했을 때는 이미 전 세계의 학자들이 X선의 발견을 알고 있었다.

크리스마스와 신년휴가 동안 그의 논문이 심사되고 게재가 결정된 후 교정·인쇄를 거쳐 저자에게 우송함과 동시에 신문에 발표되기까지 이 모든 것이 일사천리로 진행되었다. X선의 발견이 준 충격은 그만큼 대단한 것이었다.

논문 발표장에서 80세의 쾰리커(R. Kolliker)가 자청해서 실험 대상으로 나섰다. 스위스의 해부학자이자 동물학자인 쾰리커는 현미경을 이용하여 난자와 정자가 세포라는 것, 신경섬유가 가늘고 길게 뻗은 세포라는 것을 밝힌 사람이다. 뢴트겐은 그의 손을 X선으로 찍어 손뼈가 선명하게 나타난 것을 보여주어 청중들을 경탄케 했는데 당시 한 언론은 이렇게 논평했다.

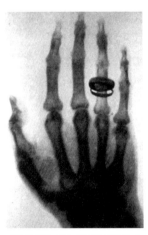

최초의 X선 사진, 뢴트겐 아내의 손

'X선의 발견은 과학의 여러 경이로운 업적에 또 하나를 추가했다. 캄캄한 어둠 속에서 사진이 찍히는 것도 이해하기 어려운데 불투명한 물체를 통과한 사진을 찍는다는 것은 거의 기적에 가깝다.'

이후 1년 동안 X선에 관한 논문이 1천 종, 단행본은 50권 가량 출판되었고, 1897년에는 '뢴트겐협회'가 결성되었다. 그해 11월 5일 뢴트겐협회에서 톰프슨(Elihu Thompson)이 발표한 내용은 당시의 상황을 가장 적절하게 표현하고 있다. "발견의 역사상 이것만큼 즉각적이고 널리 과학적으로 응용된 전례는 없다."

그러나 사람을 해부하지 않은 채 살아 있는 사람의 뼈를 보았다는 소문은 많은 두려움과 오해를 불러일으켰다. 뉴저지 주의 한 정치가는 오페라 극장의 쌍안경에 X선 사용을 금지하는 법안을 제출했으며 런던의 란제리 제조업체는 'X선이 통과하지 않음을 보증하는 속옷'을 광고했다. 이러한 소동이 벌어질 만큼 X선이 개인의 사생활을 침해할지 모른다는 우려가 널리 퍼졌다.

그러나 X선은 곧 활용되기 시작했다. 뉴햄프셔 주의 한 병원이 X선으로 골절을 진단했고 베를린의 의사는 X선으로 손가락에 꽂힌 유리 파편을 찾아냈다. 리버풀의 의사는 X선으로 소년의 머리에 박힌 탄환을 확인했고 맨체스터의 교수는 총 맞은 여자의 머리 속을 촬영했다.

이후 X선은 다양한 분야에서 급속한 속도로 응용되었다. X선이 갖는 과학과 의학에서의 잠재력을 파악한 노벨상위원회는 1901년 제1회 노벨 물리학상 수상자로 뢴트겐을 선정했다. 뢴트겐의 X선의 발견이 얼마나 획기적인가는 다음의 설명으로도 알 수 있다.

'의학에도 몇 번의 전환점이 있었다. 하나는 마취의 발견이고 그 다음에 항생제의 발견이지만 제일 큰 파장을 몰고 온 것은 X선의 발견이다. 의학에서는 환자라든가 상대방에게 고통을 주지 않고 몸 속을 보는 것이 꿈이었다. 그런데 그 전까지는 마취를 하고 배를 열어보는 방법이 최선이었다. 그러면 환자에게 당연히 고통이 따른다. X-ray는 몸에 전혀 고통과 해를 주지 않고 몸속을 들여다볼 수 있는 최초의 방법이었다.'

| 성공과 실패의 갈림길 |

사실 뢴트겐보다 X선을 먼저 발견한 과학자가 있었다. 미국의 굿 스피드는 뢴트겐보다 5년 전에 우연히 기체방전으로 사진 건판이 검어지는 현상을 보았는데 대수롭지 않게 생각하고 사진 건판을 치워버렸다. 크룩스나 레나르트도 X선 발견 직전의 상황까지 도달해 있었다.

사실 크룩스는 음극선 주변에서 사진 건판이 흐려지는 것을 자주 불평했고 레나르트는 음극선관 부근에서 일어나는 발광 현상을 목격하기도 했다. 그러나 그들은 음극선 성질을 연구하는 데만 몰두했기 때문에 X선을 발견할 기회를 놓쳤다. 그들은 이상한 광선이 발생하는 이유를 실험 장치의 오류로만 생각하여 실험 장치 제작자에게 항의하곤 했다. 뢴트겐의 가장 큰 업적은 우연히 발견한 것을 철저하게 추적해 결국 그것을 밝혀냈다는 점에 있다.

레나르트는 훗날 자신이 X선을 발견하지 못한 것을 매우 애석하게 생각했으며 뢴트겐이 논문에 자신의 도움에 대해 언급하지 않은 것을 못마땅하게 여겼다고 한다. 물론 레나르트도 음극선을 관 밖으로로 끌어내는 '레나르트의 창'의 제작에 성공하여, 음극선 연구에 신기원을 열었고 이 업적으로 1905년 노벨 물리학상을 받았다.

| 가난하지만 명예롭게 죽다 |

뢴트겐은 X선의 발견으로 최초의 노벨상을 수상하는 등 많은 명예를 얻었으나 바이에른 정부가 제의한 귀족을 뜻하는 '폰(von)' 칭호는 거절했다.

뢴트겐은 X선은 자신이 발명한 것이 아니라 원래 있던 것을 발견한 것에 지나지 않으므로 온 인류의 것이 되어야 한다며 특허 신청을 단연코 거절했다. 에디슨은 감동하여 다음과 같이 말했다.

"과학에서도, 의학에서도, 또 산업계에서도 없어서는 안 될 귀중한 이 발견으로부터 금전적인 이익을 바라지 않았다는 것은 정말로 놀라운 일이다."

지금도 그렇지만 당시에도 작은 아이디어만 생겨도 특허 등록을 통해 특허권을 확보하는 것이 최우선의 과제였다. 특허제도가 가져다주는 독점적 이득이 현대 문명을 촉진했다고 해도 과언이 아니다. 산업혁명 동안 많은 기술자들이 부자가 된 것도 특허제도에 의해 독점권을 행사할 수 있었기 때문이다. 특허의 선취권을 둘러싼 역사적인 소송들을 보아도 특허권의 위력을 짐작할 수 있다. 작은 발명이라도 전 세계적 독점권을 갖게 되면 엄청난 부와 명예를 얻게 되니, 자연히 과학기술 분야에 인재들이 몰리고 그만큼 과학기술이 진보하게 되는 것이다.

그런데 아이디어에 가까이 접할 수 있는 신기술을 다루는 곳은 대학교나 연구소였다. 당시의 대학이 선망의 대상이 된 것은 부자가 되는 가장 빠른 길이라고 생각되었기 때문이다. 산업혁명 이후 기술자가 육체노동자보다 우대받은 것도 그런 맥락이다.

그러나 뢴트겐은 과학의 발명이나 발견은 과학자 개인만의 것이 아니므로 온 인류가 공유하여야 한다는 사상을 실천했다. 그는 과학적 성과에 만족해서라기보다는 인류애적인 면에서 특허를 취득하지 않았던 것이다.

그러나 세상은 뢴트겐에게 친절하지 않았다. 제1차 세계대전의 패망으로 1920년대 독일 경제가 나락으로 떨어졌을 때 뢴트겐은 거의 거지나 다름없는 궁핍한 가운데 생을 마감했다.

한편 X선의 물리적 성질이 밝혀지면서 X선이 뜻하는 '미지(未知)의 선'이라는 의미가 약화되자, X선 대신 뢴트겐선이란 용어를 쓰자는 의견이 제시되었다. 지금도 독일어권에서는 X선을 뢴트겐선이라고 부른다. 그러나 영어권에서는 당초 뢴트겐이 명명한 것과 같이 X선으로 부르는데 영국의 한 과학 잡지는 그 이유를 다음과 같이 적었다.

'발견자에게는 미안한 일이지만 뢴트겐이라는 발음이 영국인에게는 어감이 좋지 않다.'

| 과학적 발명이나 발견은 인류 공동의 재산 |

1780년대 프랑스 화학자 베르톨레(C. L. Berthollet, 1748~1822)는 염소(鹽素)를 직물 표백에 응용하는 실험을 한 후 그 연구 결과를 발표했다. 증기기관으로 유명한 제임스 와트는 베르톨레의 논문에서 상업적 가능성을 알아보고 표백 사업에 종사하는 장인 제임스 맥그리거(James MacGregor)에게 그의 특허를 구입하라고 설득했다.

베르톨레를 직접 만난 와트는 몹시 당황했다. 베르톨레가 특허 제출은커녕 전혀 상업적인 계산도 하지 않은 채 표백법을 발표했음을 안 것이다. 무모한 그의 행동에 대해 와트는 "천하의 발견을 공개하여 이익을 챙길 가능성을 무산시켰다"며 힐난했다. 이에 대해 베르톨레는 "과학을 사랑하는 사람은 돈이 거의 필요 없다"며 과학의 윤리를 옹호했다.

프랑스혁명 이후 유럽의 강국들은 혁명의 물결이 전 유럽으로 파급될 것을 우려하여 오스트리아와 프로이센은 육지에서, 영국은 바다에서 프랑스를 봉쇄했다. 화약의 원료인 질산칼륨(KNO_3), 철 등 군수물자를 수입에 의존해온 프랑스는 더 이상 전쟁을 수행할 수 없는 상태가 되자 화학자인 베르톨레에게 도움을 청했다. 국가의 위급상황에서 베르톨레는 흙으로부터 질산칼륨을 만드는 방법을 발견하고 강철을 만드는 방법을 제시했다. 그가 조국 프랑스에 얼마나 중요한 역할을 했는지는 다음의 평으로도 알 수 있다.

"프랑스가 외국 군대로부터 유린당하는 것을 구한 것은 누가 뭐래도 베르톨레의 열정적인 활동, 두뇌, 정직 등이었다."

당시 프랑스 공화정은 로베스피에르(Robespierre) 주도 아래 공포정치를 일삼고 있었다. 로베스피에르는 정적들을 제거하기 위해 '공안위원회' 회의석상에서 불순분자들이 전장에 나갈 병사들과 병원에 입원한 병사들에게 독을 넣은 브랜디를 주었다고 고발했다. 공안위원회는 곧바로 범인으로 지목된 사람들을 체포한 후 증거물인 브랜디 샘플을 베르톨레에게 보내 분석을 의뢰했다.

베르톨레는 브랜디에 유독 물질이 전혀 들어 있지 않으며 아주 작은 석판(slate) 알갱이가 들어 있지만 이것을 걸러 제거하면 된다고 보고했다. 공안위원회는 즉각 베르톨레를 소환하여 분석이 부정확했음을 인정하라고 다그쳤다. 그러나 여전히 의견을 굽히지 않자 로베스피에르가 소리쳤다.

"당신은 그 브랜디에 독이 없다는 것을 어떻게 장담하는가?"

베르톨레는 주저하지 않고 로베스피에르가 보는 앞에서 브랜디를 걸러 한 컵을 쭉 들이마셨다. 그의 행동에 놀란 공안위원회 의장이 정말로 용기 있는 사람이라고 말하자 베르톨레가 대답했다.

"나에게는 저 보고서에 서명할 때 훨씬 더 큰 용기가 필요했소."

죽음을 무릅쓰고 과학자의 신념을 지킨 베르톨레는 응분의 보상을 받았다. 공포정치가 끝나고 나폴레옹이 집권한 뒤 백작 작위를 받는 등 큰 영예를 누렸다. 그리고 프랑스 위인들만 들어갈 수 있는 파리의 판테옹에 매장되었다.

| 자궁경부세포진 검사(PAP) |

현대인들의 암 발생율이 꾸준히 늘어가는 중에도, 여성 자궁암으로 인한 조기발견과 생존율은 예전보다 훨씬 높아졌다. 그중에서도 여성 자궁암 1기 완치율은 90%가 넘는데, 여기에는 한 과학자의 발견이 큰 기여를 했다.

자궁암 조기 진단법인 자궁경부세포진 검사(PAP)를 개발한 그리스의 파파니콜로(George Nicholas Papanicolaou, 1883~1962)는 특이한 과학자였다. 파파니콜로는 1883년 그리스의 한 소도시인 키미(Kymi)에서 의사의 아들로 태어나 아테네 대학에서 의사 자격을 얻었다. 그리고 독일로 건너가 예나와 프라이부르크에서 의학 공부를 계속했고 1910년 뮌헨에서 박사학위를 받았다. 1912년 발칸전쟁이 일어나자 의무부대에서 복무했는데, 그때 만난 그리스계 미국인으로부터 미국이야말로 희망의 나라라는 말을 듣고는 전쟁이 끝나자마자 무작정

아내와 함께 뉴욕으로 갔다.

미국에서 파파니콜로는 한동안 카펫 판매원으로 일하다가 뮌헨 시절 알고 지내던 교수의 소개로 뉴욕의 병원에서 병리부문 파트타임 일자리를 얻을 수 있었다. 이 병원은 코넬대학교 의과대학과 제휴하고 있어 그는 곧 코넬대학교 의과대학의 해부학 교실로 옮겨 몇 년 후 교수로 승진했다.

해부학 교실의 주임이었던 찰스 스톡카드(Charles Stockard)의 제안으로 함께 모르모트의 성주기(性週期, 동물의 발정주기 및 월경주기를 말함)를 연구하던 중, 파파니콜로는 성주기 동안 모르모트의 질 점막세포가 심하게 변하는 것을 발견했다. 그는 인간에게도 그런 현상이 있는지 알고 싶어 산부인과 환자들로부터 채취한 검사용 질 조직을 체계적으로 연구하기 시작했다. 그러다 우연히 자궁경부암에 걸린 환자의 검사용 조직을 얻어 현미경으로 조사하는 과정에서 아주 비정상적인 세포들을 발견했는데 이 세포들은 무엇보다도 크기, 모양, 색깔에서 다른 세포들과 확연히 구분되었다.

그는 자신의 발견이 아주 중요하고 특별하다는 것을 직감했다. 파파니콜로는 거의 5년 간 이 문제에 매달린 끝에 1923년 〈새로운 암 진단법〉이라는 논문을 발표했다. 그러나 그의 예상과 달리 의학계는 냉담했다.

여기에서 좌절했다면 파파니콜로의 이름은 과학사에서 찾아볼 수 없었을

파파니콜로

것이다. 그는 1943년 허버트 트라우트(Herbert F. Traut)와 함께 〈질(膣) 도말표본검사에 의한 자궁암 진단법〉이란 제목의 논문을 발표했다. 이번에는 큰 주목을 받았고 그의 도말표본검사법은 곧바로 세계적으로 알려지기 시작했다.

파파니콜로 테스트(PAP 검사)는 신뢰도가 높고 사용법이 간단해 곧바로 전 세계의 여성들을 위한 암 예방 프로그램에 사용되었다. 1959년 모스크바의 종양학 연구소는 러시아에서 800만 명의 여성이 파파니콜로 진단법을 사용하였고, 스웨덴의 20만 명 이상의 여성을 대상으로 한 10년간의 연구 자료는 PAP 검사를 통해 자궁암으로 인한 사망률이 75퍼센트 줄어들었다는 사실을 보여준다. 웁살라 의과대학은 여성이 3년마다 PAP 검사를 받는다면 자궁암 발생률은 연간 10만 명당 1~5명 정도에 그칠 것으로 추정했다.

오늘날 PAP 검사는 일반적인 정기 건강검진에 포함되어 있다. 미국의 경우 PAP 검사로 자궁경부암을 진단하지 못한 의사들에게 과실 치사 죄가 선고될 정도이다.

파파니콜로는 자신의 진단 방법이 다른 종류의 암에도 적용될 수 있음을 알고 있었다. 특히 그는 유방 분비물에서 나온 세포 검사를 통해 유방암 진단의 정확도를 높이고자 노력했다. 그로 인해 세포학적 암 진단법에 새로운 지평이 열렸다고 평가되는데 그는 1928년 자신의 논문에서 다음과 같이 예언했다.

"이러한 결과를 통해 암 문제에 대한 정확한 이해와 분석을 기대할 수 있을 뿐만 아니라 다른 기관에 발생한 암을 발견하는 방법들도 개발될 수 있을 것이다."

그가 창안한 세포학적 암 진단법은 오늘날 여러 가지 변형된 방법으로 결장, 신장, 방광, 전립선, 폐, 위, 유방은 물론 뇌 등 다양한 암 질환의 진단에 사용되고 있다.

파파니콜로는 자신의 발견이 여성들에게 미칠 영향이 엄청나다는 것을 잘 알고 있었지만 단호하게 특허 출원을 거부했다. PAP 테스트는 원래 있던 것을 발견한 것에 지나지 않으므로 온 인류의 것이 되어야 한다는 생각에서였다.

파파니콜로의 명성은 더욱 높아졌다. 그에게는 재산보다도 연구를 계속할 수 있는 기회 자체가 중요했다. 그의 이름을 내건 연구소가 만들어진 후 그는 보통 일주일에 60시간 이상 일했고 80여년의 생애 동안 1941년 단 한 번의 휴가를 제외하고 항상 연구소를 지켰다. 누군가 휴가를 가지 않은 이유를 물었을 때 그는 "일이 매우 즐겁고, 해야 할 일들이 산더미같이 쌓여 있기 때문"이라고 대답했다.

그는 3개 대학으로부터의 명예 학위와 그리스 정부로부터의 2개의 훈장, 암 학회나 여성 단체 등으로부터 수많은 상을 받았다. 그가 연구를 통해 얻고자 한 것은 명예와 부가 아니라 자신의 PAP 검사로 수많은 사람들의 생명을 구하는 일이었다. 1962년 그가 사망했을 때 〈메디칼 월드뉴스〉에 게재된 기사는 그의 업적을 단적으로 보여준다.

'25년 전 자궁암은 미국 여성에게 최대의 공포였다. 미국 암협회에 의하면 현재는 18만 명의 여성이 치료 후 "5년간 치유되고 생존했으며 건강했다"고 했으며 이것은 주로 PAP 표본 검사의 덕분이다.'

참고자료

〈에디슨이 전기의자를 발명한 까닭은〉, 최성환, 사이언스타임스, 2005.10.26

〈[오늘의 경제소사/1월2일] 〈1284〉 아시모프〉, 권홍우, 서울경제, 2009.01.01

〈[이민호의 IT경제학] 경제의 눈으로 주파수보기〉, 이민호, 아이뉴스24, 2003.12.18

〈[책갈피 속의 오늘]1920년 아이작 아시모프 출생〉, 김희경, 동아일보, 2006.01.02

〈남성호르몬 테스토스테론의 신비를 밝힌다〉, A. 설리번, 리더스다이제스트, 2000. 11.

〈내셔널지오그래픽의 발자취〉, 내셔널지오그래픽, 2000. 1.

〈뉴턴과 아인슈타인의 명언과 그 속에 담긴 이야기〉, 황원삼, 대중과학, 2007. 8.

〈니콜라 테슬라코일〉, 정광훈, 네이버케스트(오늘의 과학), 2010. 06. 25

〈로버트 풀턴〉, 월간 과학, 1989.6월호.

〈먹으면 행복해지는 약〉, 전용훈, 과학동아, 1998. 9월호.

〈민주주의 앞당긴 염료의 역사〉, 이덕환, 과학동아, 1999. 8월호.

〈비아그라 쓰임새 다양하네〉, 이영완, 조선일보, 2007.5.30

〈비아그라, 시차증도 치료〉, 윤철규, 뉴시스, 2007.5.22

〈세계 최초 철교… '철의 시대' 열어〉, 한국경제매거진, 이효정, 2007.05.23

〈세계상식백과〉, 리더스다이제스트 동아출판사, 1983

〈세상을 바꾼 의약품〉, 존 스완, 내셔널지오그래픽, 2005년 5월호.

〈시판 허가 내려진 응급피임약 논란〉, 김대공, 과학동아, 2001년 12월호.

〈앙리 베크렐〉, 모리 이즈미, 뉴턴, 2002.10월

〈에디슨과 겨룬 발명가 테슬라〉, 진호, 대중과학, 2009년 10월

〈완전한 피임을 위하여〉, 이인식, 과학동아, 1997년 5월

〈우여곡절로 점철된 신약개발의 드라마〉, 강건일, 과학동아, 1999년 11월

〈인구 감소는 황금시대의 전조〉. 최원석, 조선일보, 2006.1.11

〈전기의 마술사 니콜라 테슬라〉, 장석봉, 네이버케스트 〈역사의 인물〉, 2009.6.23

〈증기기관차의 발명〉, 내셔널지오그래픽, 네이버케스트, 2011.08.17

〈철학이 있는 SF 블록버스터 '아이, 로봇'의 모든 것〉, 김현정, 《씨네21》, 2004. 7. 27.

〈파열된 조화, 붕괴된 신념〉, 조준현, 인물과사상, 2010년 3월

《100 디스커버리》, 피터 메시니스, 생각의날개, 2011

《거의 모든 것의 역사》, 빌 브라이슨, 까치, 2005

《과학 카페(인체와 건강)》, KBS 〈과학카페〉 제작팀, 예담, 2009

《과학과 기술로 본 세계사 강의》, 제임스 E. 매클렐란 3세 외, 모티브, 2006

《과학기술사》, 석동호, 중원문화, 1987

《과학사 속의 대논쟁 10》, 핼 헬먼, 가람기획, 2000

《과학사신론》, 김영식 외, 다산출판사, 1999

《과학사의 뒷얘기 III(생물학·의학)》, A. 섯클리프 외, 현대과학신서, 1985

《과학사의 뒷얘기 IV(과학적발견)》, A. 섯클리프 외, 전파과학사, 1993

《과학사의 유쾌한 반란》, 하인리히 찬클, 아침이슬, 2009

《과학이 세상을 바꾼다》, 국가과학기술자문회의, 크리에디트, 2007

《과학자와 발명가》, 약암출판사, 1995

《광기와 우연의 역사》, 슈테판 츠바이크, 자작나무, 1996

《기계의 발명》, 홍신문화사, 1994

《기계의 진보》, 로버트 오브라이언, (주)한국일보 타임 라이프, 1986

《기술의 역사》, F. 클렘, 미래사, 1992

《기술자의 업적》, C. C. 퍼너스 외, (주)한국일보 타임 라이프, 1986

《내가 듣고 싶은 과학교실》, 데이비드 엘리엇 브로디 외, 가람기획, 2001

《랭킹 100 세계사를 바꾼 사람들》, 마이클 H. 하트, 에디터, 1993

《리더스다이제스트 잡학사전》, 두산동아, 1989

《문명의 불을 밝힌 과학의 선구자들》, 이세용, 겸지사, 1993

《문화와 유행상품의 역사(1)》, 찰스 패너티, 자작나무, 1997

《물리법칙으로 이루어진 세상》, 정갑수, 양문, 2007

《미래 속으로》, 에릭 뉴트, 이끌리오, 2001

《바퀴와 문명》, 윌프리드 오윈, (주)한국일보 타임 라이프, 1986

《발명상식사전》, 왕연중, 박문각, 2011

《부의 역사》, 권홍우, 인물과사상사, 2008

《불량직업 잔혹사》, 토니 로빈슨 외, 한숲, 2005

《사이언스 북》, 리처드 도킨스 외, 사이언스북스, 2002

《사이언스 오딧세이》, 찰스 플라워스, 가람기획, 1998

《상식으로 꼭 알아야 할 과학자 50》, 삼양미디어, 2008

《생각하라 그리고 성공하라》, 나폴레온 힐, 삼성출판사, 1980

《성과 문명》, 왕일가, 가람기획, 2001

《세계를 바꾼 20가지 공학기술》, 이인식 외, 생각의 나무, 2004

《세계의 최초들》, 피에르 제르마, 하늘연못, 2000

《소설처럼 읽는 미생물 사냥꾼 이야기》, 폴 드 크루이프, 몸과마음, 2005

《아시모프의 물리학》, 아이작 아시모프, 웅진출판, 1993

《역사에서 경영을 만나다》, 이재규, 사과나무, 2008

《왜 사람들은 이상한 것을 믿는가》, 마이클 셔머, 바다출판사, 2007

《우연과 행운의 과학적 발견이야기》, 로이스톤 M. 로버츠, 도서출판국제, 1997

《위대한 사람은 어떻게 꿈을 이뤘을까》, 게오르그 포프, 좋은생각, 2003

《유네스코 세계문화유산》, 마르코 카타네오 외, 생각의나무, 2006

《의학오디세이》, 강신익 외, 역사비평사, 2007

《인간의 삶을 뒤바꾼 위대한 발명들》, 이라 플래토우, 여강출판사, 2002

《일렉트릭 유니버스》, 데이비드 보더니스, 생각의나무, 2005

《자연의 탐구자들》, 정해상, 겸지사, 1989

《재미있는 파리 역사 산책》, 김복래, 북폴리오, 2004

《즐거운 과학산책》, 강건일, 학민사, 1996

《진정일의 교실 밖 화학 이야기》, 진정일, 양문, 2006

《천재 과학자들의 숨겨진 이야기》, 야마다 히로타카, 사람과책, 2002

《청소년을 위한 과학자 이야기》, 송성수, 신원문화사, 2002

《최무영 교수의 물리학 강의》, 최무영, 책갈피, 2009

《탐욕에 관한 진실》, M. 허시 골드버그, 중앙M&B, 1997

《하리하라의 생물학 카페》, 이은희, 궁리, 2002